# LIVRARIAS

JORGE CARRIÓN

# LIVRARIAS

Uma história da leitura e de leitores

3ª edição, revista e ampliada

Tradução
SILVIA MASSIMINI FELIX

© Jorge Carrión, 2013
Por meio de negociação com Literarische Agentur Mertin
Inh. Nicole Witt e. K., Frankfurt am Main, Alemanha.
© desta edição, Bazar do Tempo, 2025

Todos os direitos reservados e protegidos pela Lei nº 9.610, de 12.2.1998.
É proibida a reprodução total ou parcial sem a expressa anuência da editora.

Este livro foi revisado segundo o Acordo Ortográfico
da Língua Portuguesa de 1990, em vigor no Brasil desde 2009.

3ª edição, maio 2025

Direção editorial  ANA CECILIA IMPELLIZZIERI MARTINS
Coordenação editorial  CRISTIANE DE ANDRADE REIS (desta edição)
Edição de texto  MICHELLE STRZODA (primeira edição)
Tradução  SILVIA MASSIMINI FELIX
Tradução do prólogo  LARISSA BONTEMPI
Índice onomástico  GABRIELLA RUSSANO
Copidesque  SÁVIO ALENCAR (prólogo e epílogo)
Revisão  PAULA DINIZ
Projeto gráfico e diagramação  ANGELO BOTTINO
Impressão  ROTAPLAN

CIP-BRASIL. CATALOGAÇÃO NA PUBLICAÇÃO
SINDICATO NACIONAL DOS EDITORES DE LIVROS, RJ

C312L
2. ed.

    Carrión, Jorge
       Livrarias : uma história da leitura e de leitores / Jorge Carrión ;
tradução Silvia Massimini Felix. - 2. ed., rev. e ampl. - Rio de Janeiro :
Bazar do Tempo, 2025.

       Tradução de: Librerias
       ISBN 978-65-85984-56-0

       1. Livreiros e livrarias - História. 2. Livros e leitura - História.
I. Felix, Silvia Massimini. II. Título.

25-98164.0
                  CDD: 381.4500209
                  CDU: 655.4(09)

Gabriela Faray Ferreira Lopes - Bibliotecária - CRB-7/6643

BAZAR DO TEMPO
PRODUÇÕES E EMPREENDIMENTOS CULTURAIS LTDA.

Rua General Dionísio, 53, Humaitá
22271-050 – Rio de Janeiro – RJ
contato@bazardotempo.com.br
bazardotempo.com.br

"Uma livraria não é nada mais do que uma ideia no tempo."
— CARLOS PASCUAL,
"Los poderes del lector"
[Os poderes do leitor]

"Não tenho dúvida de que falo com frequência de coisas das quais os mestres do ofício versam melhor e com mais veracidade. Trata-se meramente do ensaio de minhas faculdades naturais, e em absoluto das adquiridas; e quem surpreender minha ignorância nada fará contra mim, pois dificilmente responderei diante dos demais por minhas opiniões se não respondo por elas nem mesmo diante de mim, nem as vejo com satisfação. Se alguém vai em busca da ciência, que a pegue onde ela estiver. De minha parte, de nada faço menos caso. Trata-se de minhas fantasias, e com elas não tento dar a conhecer as coisas, mas a mim mesmo."
— MICHEL DE MONTAIGNE,
"Dos livros"

"O mestre impressor do século XVI precisava ser hábil em várias tarefas. Além de impressor, ele também era livreiro, empresário capitalista, indexador e tradutor familiarizado com várias línguas, além de revisor e editor. Deveria ter um bom relacionamento com eminentes eruditos, por um lado, e com ricos mecenas e governantes, por outro. Sua contribuição especial para a vida intelectual não deveria ser subestimada."

— MARTYN LYONS,
*Livro: Uma história viva*

"Eles continuam lá.
Mas não continuarão por muito tempo.
Eu sei. É por isso que eu fui. Para me despedir. Cada vez que viajo, é invariavelmente para dizer adeus."

— SUSAN SONTAG,
"Passeio sem guia"

"Caminhar: ler um pedaço de terreno, decifrar um pedaço do mundo."

— OCTAVIO PAZ,
*O macaco gramático*

"Um homem não reconhece seu gênio até que o ponha à prova: a águia treme como a jovem pomba a primeira vez que desdobra as asas e se entrega ao voo. Um autor termina sua primeira obra sem saber, como o livreiro, seu valor. Se o livreiro nos pagar como ele acredita, então lhe vendemos o que gostamos. É o sucesso que instrui o comerciante e o literato."

— DENIS DIDEROT,
*Carta sobre o comércio de livros*

# SUMÁRIO

**15**

Roger Chartier
PRÓLOGO: UM CONVITE À VIAGEM

INTRODUÇÃO

**A partir de uma velha história de Stefan Zweig**

**25**

Cultura e memória coletiva ¶ *Mendel dos livros*, de Stefan Zweig ¶ O Café Gluck de Viena ¶ A livraria como politeísmo ¶ Um titã da memória ¶ Uma série de histórias do século XX ¶ "A Biblioteca de Babel", "O Aleph" e "Funes, o memorioso", de Borges ¶ *Mondo di carta* [Mundo de papel], de Pirandello, e *Enciclopédia dos mortos*, de Danilo Kiš ¶ O Povo do Livro ¶ Leitura e vergonha num mundo que aprende com violência a ditadura do passaporte ¶ O historiador como coletor e trapeiro ¶ Exemplos ¶ A memória como aterro sanitário ¶ A respeito de tudo que será tratado neste ensaio e muito mais ¶ A heterotopia de acordo com Foucault

CAPÍTULO 1

**Sempre a viagem**

**37**

Constante W. B. ¶ A livraria como mapa-múndi ¶ Convivência de épocas ¶ O clube internacional dos amantes de livrarias ¶ A Librería del Pensativo da Cidade da Guatemala ¶ O horror ¶ Sophos e Artemis Edinter ¶ O céu dos índios ¶ A escrivaninha do viajante como uma colagem de espaços e tempos

¶ Livrarias raras de viagens ¶ Altaïr, Ulyssus, Deviaje, Desnivel, Chatwins ¶ O mito Bruce Chatwin ¶ Stanfords ¶ Foyles ¶ As seis lojas da Daunt Books, as 34 de Au Vieux Campeur e a lógica do Moleskine ¶ As formas da ruína

CAPÍTULO 2

## Atenas: o início possível

**51**

O jovem leitor de Kaváfis ¶ Atenas como labirinto de túneis ¶ A passagem Pesmazoglou ¶ A Biblioteca Nacional da Grécia ¶ A sombra da Biblioteca de Alexandria ¶ Comércio de livros, livrarias e bibliotecas da Antiguidade greco-latina ¶ Alexis, Ovídio, Alfonso Reyes ¶ A livraria, a biblioteca e o cânone ¶ A queda do Império Romano e o nascimento do penhor de livros estudantis ¶ Ianos, Politia e acima de tudo a Librairie Kauffmann ¶ A história universal da destruição de livros e bancos ¶ O fogo e a prata

CAPÍTULO 3

## As livrarias mais antigas do mundo

**61**

Livros móveis ¶ A antiguidade certificada ¶ Bertrand (Lisboa), Hatchards (Londres) e a Librería de Ávila (Buenos Aires) ¶ Antigos livros modernos ¶ As livrarias nos séculos XVI e XVII de acordo com os estudos de Svend Dahl e Henry Petroski ¶ The Temple of the Muses ¶ Um testemunho de Goethe ¶ Algumas ideias sobre a corporeidade da leitura e sobre a livraria relacional a partir de *O artífice*, de Richard Sennett ¶ O pó dos livreiros e Romano Montroni ¶ Mutações de tempo, nome e espaço ¶ Bozzi, genovesa, a mais antiga da Itália ¶ Lello (Porto) e Luxemburg (Turim) ¶ Francesco Casanova, editor de Edmundo de Amicis, e Angelo Pezzana, anfitrião de Allen Ginsberg ¶ De volta a Lisboa e a seu terremoto, para terminar ¶ A Sailor's Reading Room (1864), de acordo com Sebald

CAPÍTULO 4

## Shakespeares and Companies

**75**

O livro, segundo Mallarmé ¶ Tecer, escrever, ler: mais duas passagens de *Passagens* ¶ A industrialização do livro no século XIX ¶ Os escândalos literários: Baudelaire e Flaubert ¶ Adrianne Monnier e Sylvia Beach: leitura comparada na rue de l'Odéon em Paris ¶ La Maison des Amis des Livres e a Shakespeare and Company ¶ A pequena livraria total ¶ A livreira como crítica literária ¶ A República

Mundial das Letras e sua suposta extraterritorialidade ¶ A livreira como juíza e parte interessada ¶ O nascimento de uma tradição ¶ A segunda Shakespeare and Company e a City Lights de San Francisco, livrarias irmãs ¶ George Whitman e Lawrence Ferlinghetti ¶ O escândalo de *Uivo* ¶ A massificação da boemia parisiense, de acordo com Ken Goffman ¶ Beatniks, hippies, massa crítica e canonização literária ¶ Continua abrindo até a meia-noite

CAPÍTULO 5

## Livrarias fatalmente políticas

### 93

A Inquisição no Novo Mundo ¶ Livraria entre duas águas na Bratislava ¶ A Karl Marx Buchhandlung de Berlim e *A vida dos outros*, um filme sobre a leitura ¶ *Europa Central* e *Um túmulo para Boris Davidovich* ¶ A ditadura como negociação textual ¶ A melhor livraria de Berlim Ocidental: Autorenbuchhandlung ¶ O encontro entre Stálin e Marx ¶ História Universal da Censura, que também é democrática ¶ Dr. Rushdie e Joseph Anton ¶ Livros que carregam cadáveres ¶ Christina Foyle viaja para a Rússia e seu pai envia um telegrama para Hitler ¶ Adolf, jovem leitor ¶ Mao Tsé-Tung, livreiro ¶ As grandes livrarias chinesas do regime ¶ O olfato dos soldados ¶ Leituras na prisão de Fidel Castro ¶ A livraria Universal de Miami ¶ Livreiros de Havana e as palavras de Antonio José Ponte e Jorge Edwards ¶ História Universal da Infâmia ¶ Os escritores mais perigosos e *booklovers* do século XX ¶ "O amante das livrarias", de Charles Roy

CAPÍTULO 6

## A livraria oriental?

### 115

As vozes de Marrakech ¶ Mas onde diabos começa o Oriente? ¶ Negociando em Budapeste ¶ O problema orientalista ¶ Tânger, de acordo com Delacroix ¶ Pintores hispânicos e escritores marroquinos ¶ Paul Bowles e o centro anglo-saxão do mito de Tânger ¶ A Librairie des Colonnes ¶ As Gerofi e os Bowles ¶ Rachel Muyal ¶ Juan Goytisolo nos reinos de taifa ¶ A conexão beat da *Movida* madrilenha ¶ A viagem como descoberta e reconhecimento ¶ Viajantes turcos e opiniões polêmicas no Bazar dos Livros de Istambul ¶ Istiklal Caddesi ou avenida da Independência

¶ Negacionismo e um olhar ardente como papel laminado ¶ Livrarias no Cairo e em Jerusalém ¶ A caligrafia na China e a barganha em Pequim ¶ O tecido de papel

CAPÍTULO 7

## América (1): "Coast to Coast"

### 131

Michel de Certeau e a cultura espacializada ¶ Nova York ¶ Chelsea Hotel ¶ A Geração Beat, de novo ¶ A Phoenix Bookshop e a Peace Eye Book Store, livrarias experimentais e pelos pubianos de poeta ¶ As lembranças fascinantes de Frances Steloff ¶ Uma carta de Henry Miller que menciona o Gothan Book Mart e o melhor crítico vivo dos Estados Unidos ¶ Gay Talese e Denis Diderot ¶ A maior cooperativa acadêmica do mundo fica em Chicago ¶ Paradas em Iowa, Denver e Portland ¶ A livraria mais antiga do Velho Oeste ¶ A Green Apple Books ou a periferia de San Francisco ¶ O amor e a livraria como tópicos cinematográficos ¶ Porão, templo, caverna: Ennis, Lovecraft, Steiner ¶ As livrarias de *A invenção de Hugo Cabret* e *Harry Potter* ¶ *Um corpo que cai* ou a réplica em Los Angeles a partir de um original de San Francisco ¶ Marilyn Monroe lê *Ulysses*

CAPÍTULO 8

## América (2): de Norte a Sul

### 153

A livraria como metáfora feminina ¶ A livraria dos poemas: a Leonardo da Vinci do Rio de Janeiro ¶ Detetive selvagem no labirinto livresco da Cidade do México ¶ Adolescência, livros e sexualidade ¶ *Paradiso*, de Lezama Lima ¶ A Inframundo, a El Laberinto, La Gran Pulpería del Libro venezuelana ¶ Ulises Milla e a fonética ¶ Felisberto Hernández, livreiro frustrado ¶ Uma tradição do exílio uruguaio ¶ Livraria El Virrey de Lima ¶ Seguindo a trilha de Bolaño no Chile ¶ Um crítico literário do Opus Dei ¶ Casas tomadas ¶ O cânone do Cone Sul ¶ Clássica e moderna, a grande Natu Poblet e a cultura nos subterrâneos ¶ A tradição livreira como linha de sucessão ¶ *Memorias de un librero* [Memórias de um livreiro], de Héctor Yánover ¶ A Librería de la Ciudad ¶ Cortázar e Borges ¶ Reencontro com Borges ¶ Mais uma vez nas livrarias de Paris ¶ A estrela distante e o noturno de dor, claros-escuros da história universal da infâmia e das belas-artes ¶ Muitos desapareceram por isso

CAPÍTULO 9

## Paris
## sem mitos

**177**

Amantes adolescentes ¶ *Fantômes de Tangier* [Fantasmas de Tânger], de Edgardo Cozarinsky ¶ O preso de Tânger ou Choukri mata seu pai ¶ *Paris não tem fim*, de Enrique Vila-Matas, e a Librairie Espagnole ¶ Duras em grafite ¶ As três grandes livrarias parisienses: Compagnie, L'Écume des Pages e La Hune ¶ Em memória de Bernard Gheerbrant, o verdadeiro herdeiro de Monnier e Beach ¶ A livraria como sex shop ¶ Fetichismo: arte e turismo ¶ Especificidades, rótulos e livros míticos ¶ Burroughs e Cortázar na tradição de Joyce ¶ A moda ¶ Como os Estados Unidos vampirizaram o modelo de Paris ¶ *Portrait of a Bookstore as an Old Man* [Retrato de uma livraria como um homem velho] ¶ Contra a Shakespeare and Company, segunda edição ¶ E a favor: Jeremy Mercer ¶ Rei Lear

CAPÍTULO 10

## Redes
## de livros

**195**

O nascimento da fluidez moderna ¶ O império Barnes & Noble ¶ A Family Christian Stores nasceu em uma fazenda ¶ Holanda, esse refúgio livre durante os séculos XVI e XVII ¶ Os livros populares eram cultos ¶ As folhas de cordel e suas versões europeias ¶ Investir em livraria e ferrovia ¶ Os primeiros guias Baedecker e a Bibliothèque de Chemins du Fer ¶ Quase um século e meio da A. H. Wheeler and Co. na Índia ¶ Kipling ¶ A WHSmith foi a primeira ¶ A democratização do mundo do livro ¶ Franco Moretti e o mercado comum do romance europeu ¶ A invenção de um mundo portátil ¶ Hudson News em um mundo globalizado ¶ Os Estados Unidos reinventam (e explodem) a sociedade de consumo ¶ As crises das redes de livros ¶ McNally Books ¶ O apocalipse de acordo com André Schiffrin ¶ E a metáfora final da *Reader's Digest*

CAPÍTULO 11

## Livros
## e livrarias
## do fim
## do mundo

**213**

Aviso aos navegantes ¶ Livrarias de emergência ¶ A Gleebooks em Sydney ¶ Livrarias e café em Melbourne ¶ O estilo do Antigo Império Britânico ¶ Paisagens arrasadas do fim do mundo ¶ Boekehuis (Joanesburgo) e The Book Lounge (Cidade do Cabo) ¶ Pensando na obra de Coetzee a partir de um livro de Reinaldo Laddaga ¶ O que têm em comum Coelho, García

Márquez e Coetzee? ¶ Chatwin e Bridges na Patagônia ¶ *Finis terrae* ¶ Bécherel e a rede europeia de povos livreiros ¶ O mistério do espaço e o fim de um tempo ¶ Sobre o apocalipse e os faróis

CAPÍTULO 12

## O show tem que continuar

### 225

Agentes secretos da sociedade do espetáculo ¶ Maré alta ¶ Duas fotografias da Laie ¶ As livrarias e o turismo ¶ O caso da Another Country ou a circulação do pitoresco ¶ A mais bela do mundo: a Boekhandel Selexyz Dominicanen de Maastricht ¶ Arquitetura e design de interiores: o fator decisivo do século XXI ¶ A El Ateneo Grand Splendid como precursora ¶ Mas a Eterna Cadencia é mais bonita ¶ Clássica e moderna no contexto dos anos 1980 e 1990 ¶ La Central de Barcelona e de Madri como modelo de transição entre dois séculos ¶ Estabelecimentos do Fondo de Cultura Económica e cafés-livrarias ¶ A El Péndulo da Cidade do México ¶ A livraria como galeria de arte: a The Last Bookstore, a Ler Devagar e outras ¶ O minimalismo como essência ¶ A 10 Corso Como de Milão ¶ Precursores australianos e estações de trem ¶ A ressignificação

CAPÍTULO 13

## As livrarias cotidianas

### 243

A infância leitora de Marcos Ordóñez ¶ Para terminar, o autor fica ainda mais autobiográfico ¶ César Aira em La Internacional Argentina ¶ E Diómedes Cordero e Ednodio Quintero em La Ballena Blanca ¶ A Livraria dos Escritores ¶ A confusão premeditada entre livraria e lar ¶ Ross, Tipos Infames, Antonio Machado, Literanta e santuários napolitanos ¶ Livreiros e amigos ¶ A Ítaca de Austerlitz ¶ A Robafaves, no centro de Mataró, e todo o círculo de leitores como periferia ¶ Laie e La Central, La Central e Laie ¶ O passeio como realização urbana (e uma citação de Walser) ¶ As outras livrarias de Barcelona: Documenta, Alibri, Negra y Criminal, Taifa, Pequod, +Bernat ¶ Sant Jordi: a cidade inteira como livraria ¶ Escritores e editores que distribuem bem seus livros ¶ Ciudad Vilas

CAPÍTULO 14

## Livrarias virtuais

**259**

A centenária Catalònia se torna um McDonald's ¶ A Pandora de Istambul como metáfora fértil ¶ Livrarias como ficções quânticas ¶ García Márquez e a livraria do Sábio Catalão ¶ Procurar a Librería Mundo na Barranquilla real e encontrá-la num mundo virtual ¶ De Montaigne a Alfonso Reyes: as páginas iluminadas ¶ Chartier e o debate dos Oitocentos sobre a ficção perigosa e a leitura extensiva ¶ Negociando com textos, dinheiro, magia e prestígio ¶ Encontros decisivos ¶ Ficções de classe e glamour cultural ¶ Os bárbaros, de acordo com Baricco ¶ Amazon & Company ¶ Obsolescência necessária ¶ As livrarias do futuro ¶ O Moleskine do meu iPad ¶ As livrarias são os pais ¶ O estranho caso de David Markson e a Strand ¶ Não há ideias, exceto nas coisas ¶ Fim

EPÍLOGO

## O fim de todos os inícios

2025

**279**

O início de *A história sem fim* e o final impossível da não ficção ¶ Uma década não é nada ¶ Profética. Casa de cultura ¶ Hibridações quase impossíveis ¶ Almedina Rato (Lisboa) e Studium (Veneza) ¶ O último dia da vida de Marcel Duchamp ¶ História de um livro (deste livro) ¶ Antonia e os gatos ¶ The English Bookshop, Lost Books, The Writer's Block e os pássaros ¶ Finestres e os refúgios climáticos ¶ Livrarias e bibliotecas ¶ Políticas, ecológicas e contracensoras ¶ Os finais de Borges ¶ Sophos (Guatemala) ¶ As livreiras mortas (e suas heranças) ¶ L'École de la Librairie ¶ Assemblages imprevistas ¶ A última frase sempre decepciona

**313** PANORAMA

**329** SOBRE AS CITAÇÕES

**329** WEBGRAFIA

**330** FILMOGRAFIA

**331** BIBLIOGRAFIA

**339** ÍNDICE ONOMÁSTICO

ROGER CHARTIER

# PRÓLOGO
## Um convite à viagem

ENTRAR EM uma livraria é sempre começar uma viagem. "Todas as livrarias são convites à viagem, sendo elas próprias viagens", escreve Jorge Carrión neste livro, publicado em 2013 pela primeira vez. Assim, a viagem que a livraria permite se opõe ao tesouro que a biblioteca conserva: "A biblioteca está sempre um passo atrás: olhando para o passado. A livraria, por sua vez, está ligada à essência do presente, sofre com ele, mas também se entusiasma com seu vício em mudanças." Daí a diferença entre os ofícios: "Enquanto o bibliotecário acumula, entesoura, no máximo empresta temporariamente a mercadoria – que deixa de sê-lo ou congela seu valor –, o livreiro adquire para se livrar do que adquiriu, compra e vende, põe em circulação. Seu negócio é o *trânsito*, a *passagem*."

Jorge Carrión projeta sobre a oposição entre livraria e biblioteca o contraste fundamental entre escrita e leitura, poeticamente formulado por Michel de Certeau no livro *A invenção do cotidiano:**

---

\* Michel de Certeau, *A invenção do cotidiano: artes de fazer*, trad. Ephraim Ferreira Alves, Vozes: Petrópolis, vol. 1, 2014.

Muito longe de serem escritores, fundadores do próprio lugar, herdeiros dos lavradores de antigamente – mas sobre o solo da linguagem –, cavadores de poços e construtores de casas, os leitores são viajantes: circulam pelas terras do próximo, nômades que caçam furtivamente através dos campos que não escreveram, que roubam os bens do Egito para deles desfrutar.

Os espaços da livraria são o primeiro território atravessado pelos leitores nômades.

As descrições magníficas das livrarias visitadas pelo incansável viajante Jorge Carrión permitem compreender não apenas sua diferença com as bibliotecas, mas a oposição entre as lógicas que governam a cultura impressa e o universo digital. A lógica da livraria, da página do jornal, do número da revista ou das partes do livro impresso é uma lógica da passagem. O leitor viaja entre os espaços da livraria, entre os artigos do jornal ou da revista e no corpo do livro. É essa lógica topográfica, espacial, que permite encontrar o que não se procurava, descobrir livros desconhecidos, aproveitar as surpresas do inesperado. A lógica da produção textual e das leituras no ambiente digital é muito diferente. É temática, tópica, algorítmica. Transforma os leitores em bancos de dados. Seus gostos, suas preferências, suas compras são previsíveis e tornam-se alvos das ofertas comerciais. No universo digital, é possível encontrar rapidamente o que se procura, mas não se descobre com facilidade o que era ignorado.

Tamanha observação deveria ser o suficiente para dissipar a certeza enganosa na suposta equivalência entre os objetos, os lugares e as práticas do mundo impresso e suas aparentes conversões sem perdas no universo digital de revistas e livros eletrônicos, do e-commerce ou das leituras diante da tela. Na perspectiva que rejeita a ideia de equivalência, as livrarias continuam desempenhando um papel imprescindível. Frequentadas pelos compradores de livros, defendidas pelos poderes públicos, respeitadas como uma das instituições essenciais do espaço público, nenhum perigo deveria ameaçá-las. Mas, infelizmente, não é assim. Jorge Carrión abria seu livro há doze anos com um diagnóstico cruel:

em todos os países do mundo, as livrarias [...] desapareceram ou estão desaparecendo, ou se tornaram uma atração turística e abriram seu site, ou se tornaram parte de uma rede de livrarias que compartilham o nome e se transformaram inevitavelmente, adaptando-se ao volátil – e fascinante – sinal dos tempos.

Quando seu livro foi traduzido em Portugal, em 2017, o editor o apresentava como "uma história de paixão, comércio e melancolia".

É verdade que a melancolia do que se perdeu atravessa as viagens que Jorge Carrión propõe. No mesmo ano da publicação original do livro, Barcelona – sua própria cidade – testemunhou o desaparecimento da livraria Catalònia, inaugurada em 1924 e transformada em um McDonald's. "Provavelmente [...] não tenha sido a primeira livraria que se tornou um restaurante de fast-food; mas é a única dessas metamorfoses que testemunhei." Dois anos depois, outra livraria fechou: a La Hune, que Jorge Carrión considerava uma das "três melhores" livrarias em Paris e cujo desaparecimento "inaugurou um duelo que ainda dura, que não se limita aos seus clientes parisienses, mas a todos aqueles que, em algum momento, entram por suas portas e saem um pouco, ou quase nada, mudados, mas de alguma forma mudados".

O caso de La Hune não é excepcional. Entre 2000 e 2019, 350 livrarias parisienses fecharam suas portas, com uma aceleração dos desaparecimentos a partir de 2007. A abertura de uma nova livraria, Ici, em outubro de 2018, foi celebrada pela imprensa como um evento extraordinário, sobretudo porque essa livraria ocupava o lugar de uma loja de roupas quando o mais comum era que acontecesse o contrário. Era o que o cantor Alain Souchon deplorava em 1999 na canção "*Rive gauche*", dedicada ao bairro mítico de Saint-Germain-des-Prés: "*les marchands malappris/ Viennent vendre leurs habits en librairie*" ("os mercadores bárbaros que agora vendem roupas nas livrarias").

A melancolia produzida pelas livrarias perdidas não se limita a Paris. Em fevereiro de 2015, Francisco Azevedo publicou no jornal brasileiro *O Globo* um artigo sobre o pesadelo que foi para ele a busca pelas livrarias que ele conhecia em Nova York e que não existiam mais.* Barnes & Noble em Lincoln Square, Coliseum Books, Rizzoli, Brentano's, substituída por uma loja de cosméticos, Drama Bookshop, que, assim como a Catalònia, foi transformada em um restaurante de fast-food, e a lendária Gotham Book Mart, substituída por uma joalheria. Única consolação: "a velha Strand continua de portas abertas. Paraíso! Quanta gente curiosa! Diferentes credos, raças e nacionalidades reunidos em torno do saber!" No entanto, uma pergunta que Jorge Carrión compartilha com Francisco Azevedo persiste ansiosa: "Como uma cidade sobrevive sem livrarias? Como consegue respirar?"

A fragilidade das livrarias, que pode levar ao seu desaparecimento, tem várias razões. A primeira, afirmada por Jorge Carrión, em seu manifesto *Contra Amazon*,** publicado em 2017, é a venda dos livros on-line. O primeiro parágrafo do texto ilustra de maneira espetacular a relação entre a expansão da Amazon e o fechamento das livrarias.

Durante 55 anos, esse edifício, um dos poucos exemplos da arquitetura industrial moderna de Barcelona, foi a sede da editora Gustavo Gili. Agora, após uma remodelação que custou vários milhões de euros, tornou-se a central de operações da Amazon nesta cidade. Graças a toda essa tecnologia da eficiência e ao imediatismo que agora comporta, Barcelona já é uma das 45 cidades do mundo em que a empresa garante a entrega do produto em uma hora.

A denúncia que se segue expõe tanto a apropriação de um patrimônio literário e intelectual por uma empresa que "não é uma livraria, mas um hipermercado" quanto a tirania dos algoritmos, que transformam trabalhadores humanos em ro-

---

* Referência ao artigo "Em busca das livrarias perdidas de Nova York", publicado na edição de 07/02/2015 de *O Globo*. [N.E.]

** Jorge Carrión, *Contra Amazon e outros ensaios sobre a humanidade dos livros*, trad. Reginaldo Pujol Filho e Tadeu Breda, Rio de Janeiro: Elefante, 2020.

bôs e leitores em bancos de dados que identificam seus interesses, preferências e gostos. Contra tamanha "expropriação simbólica" e "apesar de dependermos das telas", o manifesto afirma: "precisamos das livrarias do dia a dia para que continuem gerando as cartografias de todas essas distâncias que nos permitem nos localizar no mundo." Para defender as livrarias, um gesto simples é necessário: "os livros que não estão fora de catálogo, eu sempre compro em livrarias físicas, independentes e de confiança."

O manifesto de Jorge Carrión designava com perspicácia a ansiedade e os perigos que ameaçam, em nosso presente digital ou digitalizado, as livrarias e, além disso, todas as instituições da cultura impressa: bibliotecas, jornais, revistas, editoras. A compra de livros on-line não é a única razão da vulnerabilidade das livrarias. Nos bairros centrais das cidades, os altos preços dos aluguéis representam outra dificuldade. A prova *ao contrário* é o exemplo daquela nova livraria aberta em Paris em 2018: ela se instalou em um prédio cujo proprietário é a Ville de Paris, que concedeu ao seu gestor um aluguel moderado. A fragilidade das livrarias também decorre da rentabilidade lenta e limitada do mercado livreiro. Impõe-se às livrarias a mesma lógica financeira que ameaça o setor editorial. Em seu ensaio *Le livre et l'éditeur* [O livro e o editor], Éric Vigne a caracteriza como a imposição de uma rentabilidade de curtíssimo prazo, que implica a rápida rotatividade dos livros nas prateleiras e a falta de tempo para que eles encontrem seus leitores. Essa lógica é incompatível com os ritmos econômicos da venda dos livros que não são os best-sellers do momento.

Outras transformações que fragilizaram as livrarias foram também as mudanças nas práticas de leitura e nos hábitos dos leitores. Em uma pesquisa dedicada às práticas culturais dos franceses, publicada em 2020 pelo Ministério da Cultura, é apresentada uma estatística inquietante: mais de 80% dos indivíduos nascidos entre 1945 e 1974 declararam ter lido ao menos um livro durante o ano anterior (2018), mas, para os nascidos entre 1995 e 2004, esse percentual era de apenas 58%. A consequência dessa discrepância entre gerações é a diminuição global do percentual de leitores de livros: caiu de 73% em 1988 para apenas 62% em 2018 – uma perda de 11% de leitores. Fica claro, então, que os mais jovens estão se afastando da leitura de livros e da compra deles em livrarias. Moldada pelas práticas das redes sociais e pelos textos muito breves da comunicação eletrônica, a leitura dos leitores digitais, os *wreaders* de hoje, é uma leitura acelerada, apressada, impaciente, fragmentada e que fragmenta. Ela ignora o livro entendido como uma arquitetura textual, na qual cada elemento (parte, capítulo, parágrafo) desempenha um papel específico na construção do sentido. Inadequados às novas práticas de leitura, os livros – não apenas como objeto físico, mas também como forma de discurso – já não são mais buscados ou comprados. Para as livrarias, essa mutação na forma de ler pode se tornar fatal a médio ou longo prazo.

Devemos então nos desesperar e ler o livro de Jorge Carrión como uma viagem a um continente desaparecido ou que, inexoravelmente, está desaparecendo? Talvez não, se pensarmos no renascimento das livrarias independentes, que talvez seja uma consequência inesperada e paradoxal do crescimento do comércio on-line no contexto da pandemia de Covid. É o que sugere o caso dos Estados Unidos. Segundo a American Booksellers Association, o número de livrarias independentes aumentou 40% entre 2009 e 2018. Esse ressurgimento foi celebrado pelo Independent Bookstore Day, em 27 de abril de 2019, que destacou a proximidade entre as livrarias e as comunidades locais, assim como todas as relações humanas possibilitadas pelas experiências compartilhadas nos mesmos espaços. Nos últimos dois anos, na França também aumentou o número de novas livrarias. Talvez estejamos diante de uma mudança de rumo.

Além de um livro de viagens, *Livrarias* é também um livro de encontros. Mostra que, para Jorge Carrión, as livrarias são lugares onde ainda podem ser preservadas as trocas e as sociabilidades que estamos perdendo. A história nos ensina que a leitura se transformou, ao longo dos séculos, em uma prática silenciosa, solitária, que fez desaparecer os momentos compartilhados proporcionados pelas leituras coletivas em reuniões familiares, encontros entre amigos, sociedades literárias, compromissos militantes. Em um mundo no qual a leitura passou a ser identificada com uma relação pessoal, íntima, privada com o livro, ou com conversas sem presença física, mediadas por redes sociais, as livrarias multiplicam as possibilidades de encontros em torno do patrimônio escrito, da criação intelectual e das experiências estéticas.

Elas também são uma instituição fundamental do espaço público. Longa e rica é a história das livrarias que foram locais de resistência contra ditaduras, desde a Espanha de Franco até a Argentina do último governo militar. Hoje, em nosso tempo de reescritas enganosas do passado, de falsas "verdades", do crédito dado às teorias mais absurdas, as livrarias são um instrumento essencial de acesso aos saberes críticos. Numa época em que a própria noção de verdade é contestada, ameaçada, rejeitada, as livrarias mantêm o antigo vínculo estabelecido entre conhecimento e deliberação, circulação de escritos e uso público e crítico da razão.

O universo digital dá uma forma paroxística à tensão presente na cultura escrita a partir da Biblioteca de Alexandria, entre dois medos contraditórios: o medo da perda, da ausência, do esquecimento; e, por outro lado, o medo do excesso, da proliferação, da desordem dos discursos. Hoje, as possibilidades digitais prometem um arquivo total, preservação absoluta, uma memória sem limites e, ao mesmo tempo, produzem inquietação diante da impossibilidade de domar e organizar a superabundância de textos e informações. Ao estabelecer a ordem dos livros, seja ela qual for, as livrarias ajudam os leitores e transformam, segundo o léxico do Século de Ouro, a selva impenetrável dos livros em um jardim arranjado que, no entanto, preserva descobertas e surpresas, onde o livreiro leitor (que também é, por vezes, escritor) guia os leitores.

Descobrir novos livros, ouvir os conselhos do livreiro, conversar com um amigo folheando os livros são prazeres esperados de uma visita a uma livraria. Antes de Jorge Carrión, Pierre Corneille os representou em sua *"comédie" La Galerie du Palais* [A galeria do palácio], apresentada durante a temporada de 1632–1633 e publicada em 1637. Quatro cenas do primeiro ato são ambientadas numa livraria situada nas galerias do edifício do Parlamento de Paris, e especializada em novidades literárias. O livreiro inicia seu diálogo com o jovem nobre Dorimant: "Senhor, você gostaria de ver alguns livros recentes? Aqui estão os que estão na moda." Dorimant rejeita esses livros escritos por autores dos quais não gosta, quando seu amigo Lysandre chega à loja e os dois jovens nobres conversam sobre os gêneros que estão em voga e, particularmente, obras teatrais. Por fim, depois de outras propostas do livreiro ("Você gostaria de ver livros sobre eloquência?") e depois de ter lido os títulos de alguns livros e folheado outros, já encadernados, Dorimant escolhe três títulos que seus servos virão pagar mais tarde.

Típica dos nobres da época de Corneille, a agradável sociabilidade da livraria se estende hoje a todos. Cada um de nós se lembra das livrarias onde encontramos livros que transformaram nossas vidas. Cada um de nós se lembra dos livreiros atentos e sábios que foram nossos guias na floresta de títulos. Essas memórias não devem ser transformadas em nostalgia de um passado perdido. Pelo contrário, devem fortalecer a defesa e a preservação das livrarias no presente e no futuro. Em entrevista concedida em 2019, Antonio de las Heras expressou sua preocupação com "a crise dos lugares" causada pelo novo mundo digital. Enfatizou a necessidade de se preservar ou recuperar os espaços físicos que permitem experiências compartilhadas. As livrarias são um desses lugares onde os seres humanos se encontram e encontram outros "corpos", como também eram chamados os livros no Século de Ouro.

Em uma palestra proferida na Scuola per Librai em Veneza, em 1998, Umberto Eco imaginou uma livraria ideal:

> Nas minhas utopias há uma livraria que se arriscaria a contar a história do livro, que, quando entro, me mostra os últimos livros que chegaram e, quando avanço, me apresenta as obras que sobreviveram durante os últimos cinco anos, depois, as que sobreviveram nos últimos cinquenta anos e, por fim, em uma bela salinha nos fundos da livraria, as que sobreviveram por dois mil anos. Uma livraria que, no momento em que a visito, me conta a

história dos livros, da memória que está ligada a eles e a forma como viveram e sobreviveram.

Claro, nem toda livraria pode encarnar a utopia de Umberto Eco. Como sabemos, o mundo quase nunca se ajusta aos nossos sonhos ou desejos. As condições históricas delimitam as fronteiras do que é possível. No entanto, é a força da memória, dos sonhos, das utopias que deve inspirar decisões políticas, ações coletivas e comportamentos individuais que podem evitar a tristeza infinita de um mundo sem livrarias.

— ROGER CHARTIER
Paris, 2024

INTRODUÇÃO

# A PARTIR DE UMA VELHA HISTÓRIA DE STEFAN ZWEIG

> Pegue este povoado e divida as páginas, tantas por pessoa. E algum dia, quando a guerra tiver terminado, os livros poderão ser escritos de novo. As pessoas serão convocadas, uma a uma, para recitar o que sabem, e o imprimiremos até que chegue outra Era da Escuridão, na qual talvez tenhamos que repetir toda a operação. Mas esta é a maravilha do homem: nunca perde o ânimo nem o gosto o suficiente para abandonar o que deve fazer, porque sabe que é importante.
>
> — RAY BRADBURY,
> *Fahrenheit 451*

ENTRE UMA história concreta e toda a literatura universal se estabelece uma relação parecida com a que uma única livraria mantém com todas as livrarias que existem, existiram e talvez existirão. A sinédoque e a analogia são as figuras por excelência do pensamento humano: vou começar falando de todas as livrarias do presente e do passado, e quem sabe do futuro, por meio de um único relato, *Mendel dos livros* – escrito em 1929 por Stefan Zweig e ambientado na Viena que se despedia do império –, para me estender a outras histórias que também falaram de leitores e de livros ao longo de todo o palpitante século XX.

Para sua ambientação, Zweig não escolhe um dos gloriosos cafés vienenses, como o Frauenhuber ou o Imperial, um daqueles cafés que – como evoca em *O mundo de ontem* – eram "a melhor academia para nos informar de todas as novidades", mas um café menor, porque a história começa com um deslocamento do narrador para "os bairros da periferia". Ele é surpreendido pela chuva e se refugia no primeiro lugar que encontra em seu caminho. Depois de se sentar a uma mesa, é assaltado por uma sensação de familiaridade crescente. Passeia os olhos pela mobília, pelas mesas, pelo bilhar, pelo tabuleiro de xadrez, pela cabine telefônica, pressentindo que já esteve nesse mesmo lugar. E vasculha sua memória até enfim se lembrar, lembrar-se brutalmente.

Ele está no Café Gluck, e ali mesmo, à sua frente, o livreiro Jakob Mendel se sentava diariamente, todos os dias sem exceção, das sete e meia da manhã até o horário de fechamento, com seus catálogos e seus volumes empilhados. Enquanto por trás dos óculos memorizava listas e dados, ele cofiava a barba e os cachos no ritmo de uma leitura que tinha muito de oração: ele viera a Viena com a intenção de estudar para rabino, mas os livros antigos o desviaram dessa rota "para entregar-se ao politeísmo brilhante e multiforme dos livros". Para se tornar o Grande Mendel. Porque Mendel era "um prodígio único de memória", "um fenômeno bibliográfico", "o *miraculum mundi*, o arquivo mágico de todos os livros", "um titã":

"Atrás daquele rosto calcário e sujo, coberto por um musgo cinzento, cada nome e título que tivesse sido impresso alguma vez na capa de um livro se encontrava, fazendo parte de uma comunidade imperceptível de fantasmas, como cunhados em aço. De qualquer obra que tivesse aparecido, há dois dias ou há duzentos anos, Mendel conhecia no mesmo instante o lugar de publicação, o editor, o preço, novo ou de segunda mão. E de cada livro ele lembrava, com precisão infalível, ao mesmo tempo a encadernação, as ilustrações e as separatas em fac-símile. [...] Conhecia cada planta, cada infusão, cada estrela do cosmos perpetuamente abalado e sempre agitado do universo dos livros. Ele sabia mais sobre cada assunto do que os especialistas. Dominava as bibliotecas melhor do que os bibliotecários. Sabia de memória os acervos da maioria das casas comerciais, melhor do que seus proprietários, apesar de suas notas e arquivos, enquanto ele não dispunha mais que da magia da lembrança, daquela memória incomparável que, na realidade, só pode ser explicada através de centenas de exemplos diferentes."

As metáforas são incríveis: a barba é um musgo cinzento, os livros memorizados são espécies ou estrelas e compõem uma comunidade de fantasmas, um universo de textos. Seu conhecimento como vendedor ambulante, sem licença para abrir uma livraria, é superior ao de qualquer especialista ou bibliotecário. Sua livraria portátil, que encontrou a localização ideal em uma mesa – sempre a mesma – do Café Gluck, é um templo ao qual peregrinam todos aqueles que amam livros e os colecionam; e todos aqueles que também não conseguiram encontrar, seguindo as diretrizes oficiais, as referências bibliográficas que estavam procurando. Assim, em sua juventude universitária, depois de uma experiência insatisfatória na biblioteca, o narrador é conduzido à lendária mesa de café por um companheiro de estudos, um cicerone que lhe revela o lugar secreto não revelado nos guias ou nos mapas, que só é conhecido pelos iniciados.

*Mendel dos livros* poderia se inserir em uma série de relatos contemporâneos que giram em torno da relação entre memória e leitura, uma série que poderia começar em 1909 com *Mondo di carta*, de Luigi Pirandello, e terminar em 1981 com *Enciclopédia dos mortos*, de Danilo Kiš, passando pelo relato de Zweig e por três contos que Jorge Luis Borges escreveu na metade do século passado. Porque na obra borgiana a antiga tradição metalivresca adquire tal maturidade, tal transcendência que nos obriga a ler o que veio antes e o que veio depois em termos de precursores e herdeiros. "A Biblioteca de Babel", de 1941, descreve um universo hipertextual na forma de biblioteca em colmeia, desprovida de significado, e onde a leitura é quase exclusivamente deciframento (parece um paradoxo: no conto de Borges, a leitura por prazer é proibida). "O Aleph", publicado na *Sur* quatro anos depois, versa sobre como ler a redução da Biblioteca de Babel a uma esfera minúscula, em que se condensam todo o espaço e todo o tempo; e, acima de tudo, sobre a possibilidade de traduzir essa leitura em um poema, em uma linguagem que torne útil a existência do portentoso *aleph*. Mas sem dúvida é "Funes, o memorioso", datado de 1942, o conto de Borges que mais lembra o relato de Zweig, com seu protagonista nas margens das margens da civilização ocidental, encarnação, como Mendel, do gênio da memória:

"Babilônia, Londres e Nova York preencheram com feroz esplendor a imaginação dos homens; ninguém, em suas torres populosas ou suas avenidas urgentes, sentiu o calor e a pressão de uma realidade tão infatigável como a que dia e noite convergia sobre o infeliz Irineo, em seu pobre subúrbio sul-americano."

Como Mendel, Funes não desfruta de sua incrível capacidade de lembrar. Para eles, ler não significa desvendar argumentos, acompanhar itinerários vitais, compreender psicologias, abstrair, relacionar, pensar, experimentar nos nervos o medo e o prazer. Como acontecerá 44 anos depois com Número 5, o robô do filme *O incrível robô*, para eles, a leitura é absorção de dados, nuvem de etiquetas, indexação, processamento de informações: está isenta de desejo. As histórias de Zweig e Borges são absolutamente complementares: o velho e o jovem, a recordação total dos livros e a recordação exaustiva do mundo, a Biblioteca de Babel em um único cérebro e o aleph em uma única memória, ambos os personagens unidos por sua condição marginal e pobre.

Pirandello imagina, em *Mondo di carta*, uma cena de leitura que também é preenchida pela pobreza e pela obsessão. Mas Balicci, leitor tão viciado que sua pele foi mimetizada com a cor e a textura do papel, endividado por causa de seu vício, está ficando cego: "Todo o seu mundo estava lá! E agora não podia viver nele, exceto por aquela pequena porção que a memória lhe devolveria!". Reduzido a uma realidade tátil, a volumes desordenados como peças de Tétris, decide contratar alguém para classificar aqueles livros, para ordenar sua biblioteca, até que seu mundo seja "tirado do caos". Mas, depois disso, ele ainda se sente incompleto, órfão, por causa da impossibilidade de ler; então contrata uma leitora, Tilde Pagliocchini; mas sua voz o incomoda, sua entonação, e a única solução que eles acham é que ela leia em voz baixa, isto é, em silêncio, para que ele possa evocar, à velocidade das linhas e das páginas que passam, a mesma leitura, cada vez mais distante. Todo o seu mundo reordenado na memória.

Um mundo compreensível, reduzido graças à metáfora da biblioteca, da livraria portátil ou da memória fotográfica, descritível, cartográfico.

Não é por acaso que o protagonista do relato *Enciclopédia dos mortos*, de Kiš, seja precisamente um topógrafo. Toda a sua vida, nos mínimos detalhes, foi determinada por uma espécie de seita ou grupo de eruditos anônimos que desde o final do século XVIII realiza um projeto enciclopédico – paralelo ao do Iluminismo –, em que aparecem todos esses personagens da História que não são encontrados no resto das enciclopédias, as oficiais, as públicas, as que podem ser consultadas em qualquer biblioteca. É por isso que o conto especula sobre a existência de uma biblioteca nórdica onde se encontrariam as salas – cada uma dedicada a uma letra do alfabeto – da *Enciclopédia dos mortos*, cada volume acorrentado à sua prateleira, impossível de ser copiado ou reproduzido: apenas objetos de leituras parciais, vítimas imediatas do esquecimento.

"Minha memória, senhor, é como um depósito de lixo", diz Funes. Borges fala sempre sobre o fracasso: as três maravilhas que imagina que estão condenadas à morte ou ao absurdo. Já sabemos quão estúpidos são os versos que Carlos Argentino conseguiu escrever a partir do incrível aleph, cuja posse foi irremediavelmente desperdiçada. E o bibliotecário borgiano, viajante insistente pelos cantos da biblioteca, na velhice, enumera todas as certezas e esperanças que a humanidade foi perdendo ao longo dos séculos; e afirma no final de seu relatório: "Conheço distritos em que os jovens se prostram diante dos livros e beijam com barbaridade suas páginas, mas não sabem decifrar uma única letra". Encontramos o mesmo tom de elegia em todos os relatos mencionados: o protagonista pirandelliano fica cego, Mendel morre, a Biblioteca de Babel perde a população por causa de doenças pulmonares e suicídios, Beatriz Viterbo morre, o pai de *Borges* está doente e Funes morre de congestão pulmonar, o pai da narradora de Kiš também desapareceu. O que une essas seis histórias é a dor, de uma pessoa e de um mundo: "Memória de melancolia indescritível: às vezes viajei muitas noites por corredores e escadas polidas sem encontrar um único bibliotecário".

"Por isso, quando vi a mesa de mármore de Jakob Mendel, aquela fonte de oráculos, vazia como uma laje sepulcral, dormindo naquela sala, me sobreveio uma espécie de terror. Só então, ao longo dos anos, entendi o quanto desaparece com tais seres humanos. Primeiro, porque o que é único é cada vez mais valioso em um mundo como o nosso, que irremediavelmente está se tornando cada vez mais uniforme."

Sua natureza extraordinária, diz Zweig, só poderia ser narrada através de exemplos. Para contar o aleph, Borges recorre à enumeração caótica de fragmentos particulares de um ente capaz de processar o universal. Kiš – pós-borgiano – insiste que cada um dos exemplos que menciona é apenas uma pequena parte do material indexado pelos sábios anônimos. Uma mesa de um café de bairro pode ser a chave diminuta que abre as portas de uma das dimensões que se sobrepõem em todas as grandes cidades. E um homem pode ter a chave de acesso a um mundo que ignora as fronteiras geopolíticas, que entende a Europa como um espaço cultural único, que ultrapassa as guerras ou a queda dos impérios. Um espaço cultural que é sempre hospitaleiro, porque só existe no cérebro dos que viajam por ele. Ao contrário de Borges, para quem a História carece de importância, o objetivo de Zweig é falar sobre como a Primeira Guerra Mundial inventou as fronteiras contemporâneas. Mendel passara a vida inteira em paz, sem qualquer documento sobre sua nacionalidade de origem ou da pátria que o acolheu. De repente, os cartões-postais que ele envia para livrarias em Paris ou Londres, as capitais dos países inimigos, chamam a atenção do censor (esse leitor fundamental na história da perseguição dos livros, esse leitor que se dedicada a delatar leitores), porque em seu mundo livresco não chegou a notícia de que estão em guerra, e a polícia secreta descobre que Mendel é russo e, portanto, um potencial inimigo. Em uma briga, ele perde os óculos. É colocado em um campo de concentração durante dois anos, e sua atividade mais urgente, constante e íntima – a leitura – é congelada. Ele é solto graças a clientes importantes e influentes, colecionadores de livros conscientes de seu gênio. Mas quando regressa ao café já perdeu a capacidade de se concentrar e caminha irreversivelmente para o desengano e a morte.

É importante que ele seja um judeu errante, parte do Povo do Livro, que venha do Oriente e encontre sua desgraça e seu fim no Ocidente, mesmo que isso ocorra depois de décadas de assimilação inconsciente, de ser objeto de respeito e até mesmo veneração por parte dos poucos escolhidos que são capazes de avaliar sua excepcionalidade. Sua relação com a informação impressa, Zweig nos diz, preenchia todas as suas necessidades eróticas. Como os anciãos sábios da África negra, era um homem biblioteca, e sua obra, imaterial, energia acumulada e compartilhada.

Essa história é contada pela única pessoa que sobrevive dos velhos tempos, quando o café tinha outro proprietário e outros empregados e representava um mundo que se perdeu entre 1914 e 1918: uma velha por quem Mendel nutria um carinho sincero. Ela é a memória de uma existência condenada a esquecer – não fosse pelo fato de ser um escritor quem a ouve, para quem ela passa o testemunho que depois se converte em relato. Graças a todo esse processo de evocação e pesquisa, na distância crítica do tempo, esse narrador que tanto se parece com Zweig atinge o eco da epifania:

"Tudo o que de extraordinário e mais poderoso se produz em nossa existência é alcançado apenas através da concentração interior, através de uma sublime monotonia, sagradamente emparentada com a loucura. [...] E, no entanto, havia sido capaz de esquecê-lo. Claro, nos anos da guerra e entregue ao próprio trabalho, de maneira semelhante à sua."

A vergonha recai sobre ele. Porque se esqueceu de um modelo, de um professor. E de uma vítima. Toda a história se prepara para esse *reconhecimento*. E fala subterraneamente de um grande deslocamento: da periferia na juventude a um possível centro na maturidade que esqueceu a origem que não deveria ter sido esquecida. É a história de uma viagem a essa origem, uma viagem física que implica uma viagem mnemônica e culmina em uma homenagem. Generoso e irônico, o narrador permite que a velha analfabeta fique com o volume picante que pertencia a Mendel, um dos poucos vestígios sólidos de sua passagem pelo mundo. "Os livros são escritos", termina o texto, "apenas para, acima do próprio suspiro, unir os seres humanos e, assim, nos defendermos contra o reverso inexorável de toda existência: a fugacidade e o esquecimento".

Homenageando um livreiro portátil de um mundo desaparecido, coletando e reconstruindo sua história, Zweig se comporta como um historiador tal como o entendia Walter Benjamin: colecionador, trapeiro. A esse respeito, em seu livro *Diante do tempo: História da arte e anacronismo das histórias*, escreveu Georges Didi-Huberman: "O despojo oferece não só o suporte sintomático da ignorância – a verdade de um tempo reprimido da história –, mas também o próprio lugar e a textura do 'conteúdo das coisas', do 'trabalho sobre as coisas'". A memória de Funes é como uma lixeira.

Os contos que eu citei, possíveis exemplos de uma série contemporânea sobre a leitura e a memória, são, na verdade, explorações da relação entre a leitura e o esquecimento. Uma relação que ocorre através de objetos, desses volumes que são *recipientes*, os resultados do processo de um certo artesanato que chamamos de livros e que lemos como dejeto, como ruínas da textura do passado e de suas ideias que sobrevivem. Porque o destino do todo é ser reduzido a partes, fragmentos, enumerações caóticas, exemplos que se deixem ler.

Sobre os livros como objetos, como coisas, sobre as livrarias como vestígios arqueológicos, traparias ou arquivos que relutam em nos revelar o conhecimento que possuem, que se negam por sua própria natureza a ocupar o lugar na história da cultura que lhes corresponde, sobre sua condição muitas vezes contraespacial, oposta a uma gestão política do espaço em termos nacionais ou estatais, sobre a importância da herança, sobre a erosão do passado, sobre a memória e os livros, sobre o patrimônio intangível e sua concretização em materiais que tendem a se decompor, sobre a livraria e a biblioteca como Jano Bifronte ou almas gêmeas, sobre a censura sempre policial, sobre espaços apátridas, sobre a livraria como café e como lar além dos pontos cardeais, o leste e o oeste, Oriente e Ocidente, sobre as vidas e as obras dos livreiros, sedentários ou errantes, isolados ou membros da mesma tradição, sobre a tensão entre o único e o serial, sobre o poder do encontro em um contexto livresco e seu erotismo, sexo latente, sobre a leitura como obsessão e como loucura, mas também como impulso inconsciente ou como negócio, com seus correspondentes problemas de administração e seus abusos trabalhistas, sobre os muitos centros e as periferias infinitas, sobre o mundo como livraria e a livraria como mundo, sobre a ironia e a solenidade, sobre a história de todos os livros e sobre livros concretos, com nomes e sobrenomes em suas lombadas, de papel e pixels, sobre as livrarias universais e minhas livrarias particulares: sobre tudo isso versará este livro, que até recentemente estava em uma livraria, uma biblioteca ou na estante de um amigo e que agora pertence, mesmo que provisoriamente, leitor, à sua própria biblioteca.

Ou seja, ele acabou de sair de uma heterotopia para penetrar em outra, com as consequentes mudanças de sentido, com as consequentes alterações de significados. Assim *funcionará* este livro: propondo tanto o consolo das leituras ordenadoras como as digressões ou as contradições que inquietam ou ameaçam, reconstruindo tradições possíveis e lembrando ao mesmo tempo que não se fala mais do que de exemplos, de exceções de um mapa e uma cronologia das livrarias que é impossível reconstruir, que é feito de ausências e esquecimento, propondo analogias e sinédoques, coleção de fragmentos áureos e de despojos de uma história ou uma enciclopédia futura impossível de escrever.

> [A heterotopia] seria a desordem que faz brilhar os fragmentos de um grande número de ordens possíveis, na dimensão, sem lei nem geometria, do *heteróclito*; e entenda-se essa palavra o mais próximo possível de sua etimologia: as coisas estão "colocadas", "postas", "arrumadas" em lugares a tal ponto diferentes que é impossível encontrar para elas um espaço de recepção, definir por baixo de umas e outras um *lugar-comum*.
>
> — MICHEL FOUCAULT,
> *As palavras e as coisas*

# CAPÍTULO 1

# SEMPRE A VIAGEM

> Uma livraria dispõe manuais sobre amor ao lado de selos coloridos; faz Napoleão cavalgar em Marengo junto com as memórias de uma donzela de câmara e, entre um livro de sonhos e outro de cozinha, faz os ingleses antigos marcharem até as estradas largas e estreitas do Evangelho.
>
> — WALTER BENJAMIN,
> *Passagens*

CADA LIVRARIA condensa o mundo. Não é uma rota aérea, mas um corredor entre prateleiras o que une seu país e seus idiomas com extensas regiões onde outras línguas são faladas. Não é uma fronteira internacional, mas um passo – um simples passo – que deve ser dado para mudar de topografia e, portanto, de toponímia e, portanto, de tempo: um volume editado em 1976 está ao lado de outro publicado ontem, que acabou de chegar e ainda cheira a lignina (parente da baunilha); um trabalho acadêmico sobre migrações pré-históricas convive com um estudo sobre megalópoles do século XXI; depois das obras completas de Camus você se depara com as de Cervantes (em nenhum outro espaço reduzido é tão verdadeiro aquele verso de J. V. Foix: "*M'exalta el nou i m'enamora el vell*"). Não é uma rodovia, mas um lance de escadas, talvez um umbral ou nem mesmo isso: é uma virada o que vincula um gênero com outro, uma disciplina ou uma obsessão com seu reverso muitas vezes complementar: o drama grego com o grande romance norte-americano, a microbiologia com a fotografia, a história do Extremo Oriente com os romances populares de faroeste, a poesia hindu com as crônicas das Índias, a entomologia com a teoria do caos.

Para ter acesso à ordem cartográfica de toda livraria, a essa representação do mundo – dos muitos mundos que chamamos *mundo* – que tem muito de mapa, a essa esfera de liberdade em que o tempo vai se tornando escasso e o turismo se torna outro tipo de leitura, não é preciso ter passaporte. E, no entanto, em livrarias como a Green Apple Books de San Francisco, a La Ballena Blanca da Mérida venezuelana, a Robinson Crusoe 389 de Istambul, a La Lupa de Montevidéu, a L'Écume des Pages de Paris, a The Book Lounge da Cidade do Cabo, a Eterna Cadencia de Buenos Aires, a Rafael Alberti de Madri, a Cálamo y Antígona de Zaragoza, a Casa Tomada de Bogotá, a Metales Pesados de Santiago do Chile e sua filial de Valparaíso, a Dante & Descartes de Nápoles, a John Sandoe Books de Londres ou a Literanta de Palma de Maiorca, eu senti que estava carimbando algum tipo de documento, que estava acumulando selos que certificavam minha passagem por uma rota internacional das livrarias mais importantes, mais significativas, melhores e mais antigas, mais interessantes ou simplesmente mais acessíveis naquele momento, quando de repente começou a chover em Bratislava, quando eu precisava de um computador conectado à internet em Amã, quando eu tive que me sentar por alguns minutos no Rio de Janeiro ou quando eu estava cansado de tanto templo no Peru ou no Japão.

Foi na Librería del Pensativo da Cidade da Guatemala que peguei o primeiro selo. Eu tinha chegado no final de julho de 1998, e o país ainda estava tremendo com os estertores da morte do bispo Gerardi, que havia sido assassinado atrozmente dois dias depois de ter, como rosto visível do Escritório dos Direitos Humanos da Arquidiocese, apresentado os quatro volumes do relatório *Guatemala: Nunca Más* [Guatemala: nunca mais], onde foram documentadas cerca de 54 mil violações dos direitos fundamentais durante os quase 36 anos de ditadura militar. Seu crânio foi destruído, o que impossibilitou identificar suas características faciais. Daqueles meses instáveis, em que eu me mudei quatro ou cinco vezes de endereço, o centro cultural La Cúpula – formado pelo bar galeria

Los Girasoles, a livraria e outras lojas – era a coisa mais próxima que eu conhecia de uma casa. A Librería del Pensativo nasceu na vizinha La Antigua Guatemala, em 1987, quando o país ainda estava em guerra, graças à tenacidade da antropóloga feminista Ana María Cofiño, que naquele momento estava voltando de uma longa permanência no México. O local familiar da rua del Arco já tinha sido um posto de gasolina e uma oficina mecânica. Nos vulcões ao redor da cidade ainda soavam tiros distantes da guerrilha, do exército ou dos paramilitares. Como aconteceu e ainda acontece em tantas outras livrarias, como em maior ou menor medida ocorreu e ocorre em todas as livrarias do mundo, a importação de títulos que não se conseguiam obter no país centro-americano, a aposta na literatura nacional, as apresentações, as exposições de arte, a energia que logo uniu o local com o resto dos espaços recém-inaugurados, transformaram a Pensativo em um centro de resistência. E de abertura. Depois de fundar uma editora da literatura guatemalteca, também abriram uma filial na capital, que ofereceu seus serviços por doze anos, até 2006. E onde eu – embora ninguém ali soubesse – fui feliz.

Maurice Echeverría escreveu após seu fechamento:

> "Agora, com a presença da Sophos, ou com a expansão paulatina da Artemis Edinter, esquecemos que a Pensativo foi quem manteve, certa época, a lucidez e o fio intelectual depois da destruição dos cérebros."

Procuro a Sophos na internet: é definitivamente o lugar onde eu passaria minhas tardes se eu vivesse hoje na Cidade da Guatemala. É uma dessas livrarias espaçosas, cheias de luz e com restaurante, que proliferaram por toda parte, com um ar familiar como o da Ler Devagar de Lisboa, da El Péndulo da Cidade do México, da McNally Jackson de Nova York, da The London Review of Books de Londres ou da 10 Corso Como em Milão, espaços acostumados a acolher comunidades de leitores, a tornar-se rapidamente em ágora, local de encontro. A Artemis Edinter, que já existia em 1998 e segue na ativa há mais de trinta anos, agora tem oito filiais; provavelmente em minha biblioteca exista algum livro comprado em uma de suas lojas, mas não me lembro dela. Na Pensativo de La Cúpula vi os cabelos, o rosto e as mãos do poeta Humberto Ak'abal e aprendi de cor um poema seu acerca dessa cinta com a qual os maias seguram estátuas que às vezes são o triplo de seu peso e volume ("Para/ nosotros/ los indios/ el cielo termina/ donde comienza/ el mecapal" [Para/ nós/ os índios/ o céu termina/ onde começa/ a correia"]); vi um homem se ajoelhar para falar com seu filho de 3 anos e vi assomar da cintura de seu jeans a culatra de uma pistola; comprei *Que me maten si...* [Que me matem se...], de Rodrigo Rey Rosa, na edição da casa, um papel pobre que eu nunca havia tocado e que ainda me lembra daquele com que minha mãe enrolava meus sanduíches quando eu era criança, o tato dos mil exemplares impressos nas oficinas litográficas de Ediciones Don Quijote em 28 de dezembro de 1996, quase um mês depois das eleições diretas; ali comprei também *Guatemala: Nunca Más*, o resumo em um só volume dos quatro livros de ódio e morte do relatório original, *a militarização da infância, as violações sexuais massivas, a técnica a serviço da violência, o controle psicossexual da tropa*, tudo aquilo que é o contrário do que significa uma livraria.

Mais do que com um passaporte, me deparei com um mapa-múndi no dia em que por fim espalhei sobre minha escrivaninha todos aqueles selos (cartões, postais, anotações, fotografias, figurinhas que ia enfiando em pastas depois de cada viagem, à espera do momento de escrever este livro). Ou melhor: um mapa do meu mundo. E, portanto, submetido à minha própria biografia: quantas daquelas livrarias tinham fechado suas portas ou mudado de endereço, quantas haviam se multiplicado, quantas seriam agora inclusive multinacionais, teriam feito reajustes em sua planilha ou teriam aberto sua página na internet?

Um mapa atravessado pelos tempos de minhas viagens e necessariamente incompleto, em que superfícies enormes ainda não tinham sido percorridas nem, portanto, documentadas, em que dezenas, centenas de livrarias significativas e importantes ainda não haviam sido registradas (coletadas); mas que, no entanto, representava um possível estado de coisas de um cenário crepuscular e em mutação, o de um fenômeno que reclamava por ser historiado, pensado, mesmo que fosse apenas para ler sobre ele quem também se sentiu, nas livrarias espalhadas pelo mundo, como em embaixadas sem bandeira, máquinas de tempo, caravançarás ou páginas de um documento que nenhum Estado pode emitir. Porque em todos os países do mundo as livrarias como a Pensativo desapareceram ou estão desaparecendo, ou se tornaram uma atração turística e abriram seu site, ou se tornaram parte de uma rede de livrarias que compartilham o nome e se transformam inevitavelmente, adaptando-se ao volátil – e fascinante – sinal dos tempos. E lá estava, diante de mim, uma colagem que convidava àquilo que Didi-Huberman chamou, em *Atlas: Como levar o mundo às costas?*, um *conhecimento nômade*, no qual contam igualmente – como nos corredores de uma livraria – "o elemento *afetivo* tanto quanto o *cognitivo*", o tampo de minha escrivaninha entre "*classificação* e *desordem* ou, se se preferir, entre razão e imaginação", porque "as mesas servem ao mesmo tempo de campos operacionais para *dissociar*, despedaçar, destruir" e para "*aglutinar*, acumular, dispor" e, portanto, "coleta heterogeneidades, dá forma a relações múltiplas": "espaços e tempos heterogêneos não param de se encontrar, confrontar, atravessar ou amalgamar-se".

A história das livrarias é muito diferente da história das bibliotecas. Aquelas carecem de continuidade e apoio institucional. São livres pelo fato de serem as respostas, através de iniciativas privadas, para problemas públicos, mas, pelo mesmo motivo, não são estudadas, muitas vezes nem mesmo aparecem em guias de turismo nem lhe são dedicadas teses de doutorado até o tempo ter acabado com elas, que então se tornam mitos. Mitos como o da St. Paul's Churchyard, que – como leio em *18 Bookshops* [18 livrarias], de Anne Scott – figurava no século XVII entre as trinta outras livrarias The Parrot, cujo dono William Aspley não era apenas um dos livreiros, mas também um dos editores de Shakespeare. Mitos como o da rue de l'Odéon em Paris, que criou La Maison des Amis des Livres de Adrienne Monnier e a Shakespeare and Company de Sylvia Beach. Mitos como a Charing Cross Road, a avenida intergalática, a rua bibliófila de Londres por excelência, imortalizada no título do melhor livro de não ficção que eu li sobre livrarias, *84, Charing Cross Road*, de Helene Hanff (onde, como em qualquer loja de livros, a paixão bibliográfica está imbricada com os sentimentos humanos e o drama convive com a comédia), um exemplar de cuja primeira edição vi – emocionado – à venda por 250 libras na vitrine da Goldsboro Books, estabelecimento especializado na comercialização de primeiras edições autografadas, muito perto da mesma Charing Cross Roads onde ninguém soube me dizer onde a livraria de Hanff ficava. Mitos como a livraria Dei Marini, chamada depois de Casella, que foi fundada em Nápoles em 1825 por Gennaro Casella e mais tarde herdada por seu filho Francesco, que, na passagem do século XIX ao século XX, reuniu no local personagens como Filippo T. Marinetti, Eduardo De Filippo, Paul Valéry, Luigi Einaudi, G. Bernard Shaw ou Anatole France, que se hospedava no Hotel Hassler em Chiatamone, mas usava a livraria como se fosse a sala de estar de sua casa. Mitos como o da Livraria dos Escritores de Moscou, que, no final dos anos 1910 e no início dos anos 1920, aproveitou o breve parênteses de liberdade revolucionária para oferecer aos leitores um centro cultural gerenciado por intelectuais. A história das bibliotecas pode ser narrada cabalmente, mediante uma ordenação por cidades, regiões e nações, respeitando as fronteiras dos tratados internacionais, recorrendo à bibliografia especializada e ao próprio arquivo de cada uma delas, onde se documentou a evolução de seus acervos e de suas técnicas de classificação, e se conservam atas, contratos, recortes de imprensa, listas de aquisições e outros documentos que permitem estatísticas, relatórios e a cronologia. A história das livrarias, por sua vez, só pode ser relatada a partir do álbum de cartões-postais e fotos, do mapa situacional, da ponte provisória entre os estabelecimentos desaparecidos e aqueles que ainda existem, de certos fragmentos literários; do ensaio.

Ao classificar todos os cartões de visita, folhetos, códices, cartões-postais, catálogos, instantâneos, notas e fotocópias, encontrei várias livrarias que escapavam de qualquer critério cronológico ou geográfico, que não se deixavam compreender nas escalas e nas rotas que eu ia traçando para as outras, por mais conceituais e transversais que fossem. Tratava-se de livrarias especializadas em viagens, que constituem em si mesmas um paradoxo, pois todas as livrarias são convites à viagem, sendo elas próprias viagens. Assim como as livrarias especializadas no público infantil, em quadrinhos ou em livros antigos, as de viagens se diferenciam à primeira vista. Sua especialização se observa pela própria divisão do espaço: em vez de estar segmentado de acordo com gêneros, línguas ou disciplinas acadêmicas, está organizado de acordo com áreas geográficas. O extremo desse princípio é encontrado na Altaïr, cuja sede principal em Barcelona é um dos espaços de livros mais sedutores que eu conheço, onde os livros de poesia, os romances ou ensaios são classificados por países e continentes, então você os encontra ao lado dos guias e dos mapas. As livrarias de viagem são as únicas em que a cartografia é tão protagonista quanto o verso e a prosa. Se você seguir o itinerário que a Altaïr propõe, você passa os olhos pelas prateleiras e dá de cara, em primeiro lugar, com um quadro de anúncios de viajantes. Depois dele, expostos, os números da revista homônima. Em seguida, romances, livros de história e guias temáticos sobre Barcelona, numa constante internacional que a maioria das livrarias do mundo respeita, como se sua lógica fosse necessariamente partir do imediato, do local, e ir ao mais distante: o universo. Portanto, depois, o mundo, também ordenado de acordo com esse critério de distância, da Catalunha, Espanha e Europa até o resto dos continentes, espalhados pelos dois andares do estabelecimento. Abaixo estão os mapas-múndi e, mais adiante, no fundo, a agência de viagens. Porque a consequência necessária dos anúncios do quadro, das revistas, das leituras não pode ser outra além de partir.

A Ulyssus, em Girona, tem como *subtítulo* "Livraria de viagens" e, da mesma forma que os fundadores da Altaïr, Albert Padrol e Josep Bernadas, seu dono, Josep Maria Iglesias, se sente mais viajante do que livreiro ou editor. No comando da livraria Ulysse parisiense está Catherine Domain, exploradora e escritora, que obriga sua loja a viajar com ela, a cada verão, para o cassino de Hendaye. Por extensão simbólica, esse tipo de estabelecimento costuma estar cheio de mapas e globos terrestres: na Pied à Terre de Amsterdã, por exemplo, existem dezenas de globos que o olham de soslaio enquanto você procura por guias ou outras leituras. Seu slogan não pode ser mais enfático: "O Paraíso do viajante". A livraria madrilenha Deviaje prioriza sua natureza de agência: "Viagens sob medida, livraria, acessórios de viagem". A ordem dos fatores não altera o produto, porque a verdade é que as livrarias de viagem de todo o mundo também são grandes lojas de artigos práticos para viajar. Também em Madri, a Desnivel, especializada em montanha e aventura, vende dispositivos GPS e bússolas. O mesmo ocorre na berlinense Chatwins, que dedica boa parte de sua capacidade expositiva aos cadernos Moleskine, a ressurreição em série dos cadernos artesanais que Bruce Chatwin comprava em uma loja de Paris até que a família que os fabricava em Tours deixou de fazer isso em 1986, como ele nos conta em um livro que foi publicado no ano seguinte, *The Songlines* [Os traços da canção].

Embora suas cinzas tenham sido espalhadas em 1989, junto a uma capela bizantina em Kardamyli – uma das sete cidades que Agamenon oferece a Aquiles para que cesse seu assédio a Troia –, no sul do Peloponeso, perto do lar de um de seus mentores, Patrick Leigh Fermor (escritor viajante e membro, como ele, da Tradição Inquieta), seu funeral foi oficiado em uma igreja de Londres. Trinta anos antes, um jovem provinciano sem ofício ou dinheiro chamado Bruce Chatwin chegou à capital da Grã-Bretanha para trabalhar como aprendiz na Sotheby's, ignorante de seu futuro como escritor de viagens, como mitômano e, acima de tudo, como mito. Ignorante de que uma livraria em Berlim levaria seu nome. Entre as muitas livrarias que Chatwin descobriu no final da década de 1950 ao chegar à capital, destacam-se duas: a Foyles e a Stanfords. Uma generalista e a outra especializada em viagens. Uma cheia de livros e a outra cheia de mapas.

Em plena Charing Cross Road, seus cinquenta quilômetros de estantes transformaram a Foyles no maior labirinto livresco do mundo. Naquela época, era uma atração turística não só graças ao seu tamanho, mas também às ideias absurdas que sua proprietária, Christina Foyle, colocou em prática e que tornaram o estabelecimento um monstruoso anacronismo durante toda a segunda metade do século passado. Ideias como negar-se a usar calculadoras, caixas registradoras, telefones ou qualquer outro avanço tecnológico para fazer pedidos e efetuar vendas; ou como ordenar os livros por editoras e não por autores ou gêneros; ou como forçar os clientes a fazer três filas diferentes para pagar por suas compras; ou como demitir empregados sem mais nem menos. Sua direção caótica da Foyles – que havia sido fundada em 1903 – durou de 1945 a 1999. Sua excentricidade é explicada por via genética: William Foyle, seu pai, cometeu suas próprias loucuras antes de delegar a direção da livraria à filha. Mas deve-se atribuir a Christina a melhor iniciativa que a livraria realizou em toda a sua história: seus famosos almoços literários. Desde 21 de outubro de 1930 até hoje, cerca de meio milhão de leitores já almoçaram com mais de mil autores, como T.S. Eliot, H.G. Wells, Bernard Shaw, Winston Churchill e John Lennon.

As lendas negras agora são apenas parte do passado (e de livros como este): em 2014 a Foyles se transformou em uma grande livraria moderna e mudou-se para o edifício vizinho, no número 107 da mesma Charing Cross Road. A remodelação do antigo Central Saint Martins College of Art and Design foi realizada pelo escritório de arquitetos Lifschutz Davidson Sandilands, que, para enfrentar o desafio de projetar a maior livraria construída na Inglaterra no século XXI, optou por um grande pátio central vazio pelo qual a luz branca se derrama, reforçada por grandes lâmpadas que são a pontuação de um grande texto diáfano, cercado pelas escadas que sobem e descem, como orações subordinadas. A cafeteria – sempre movimentada – está no alto, ao lado de uma sala de exposições de projetos transmídia e o auditório; e no térreo, assim que você entra, a seguinte sentença o recebe: "Bem-vindo, amante dos livros, você está entre amigos". O que Christina diria se levantasse a cabeça... Bem, na verdade iria se deparar com uma parede inteira que evoca e comemora a importância de seus almoços multitudinários.

*Explore, descubra, inspire*: este é o slogan da Stanfords, como me recorda o marca-páginas que conservo de algumas das minhas visitas. Embora o negócio tenha sido fundado, em meados do século XIX, na mesma Charing Cross onde a Foyles sobrevive, sua famosa sede de Covent Garden abriu as portas ao público em 1901. Naquela época, já se criara uma relação sólida entre a Royal Geographical Society e a livraria, pois esta produzia os melhores mapas em uma época na qual a expansão do colonialismo britânico e o auge do turismo causaram uma produção cartográfica maciça. Embora em seus três andares – o chão de cada um deles coberto com um mapa gigantesco (Londres, o Himalaia, o Mundo) – encontrássemos também guias, literatura de viagem e acessórios, a grande protagonista do estabelecimento era a cartografia. Mesmo a bélica: desde os anos 1950 até a década de 1980, o porão foi ocupado pelo departamento de topografia aeronáutica e militar. Lembro-me de que cheguei à Stanfords porque alguém me disse, ou li em algum lugar, que Chatwin comprava seus mapas lá. A verdade é que não há registro de que seja o caso. A lista de clientes ilustres abarca o dr. Livingstone e o capitão Robert Scott, até Bill Bryson ou Sir Ranulph Fiennes, um dos últimos exploradores vivos, passando por Florence Nightingale, Cecil Rhodes, Wilfred Thesiger ou Sherlock Holmes, que encomenda na Stanfords o mapa da terra misteriosa que lhe permitirá resolver o caso de *O cão dos Baskerville*.

Ambas ainda existem. Por dois anos, Chatwin não pôde conhecer também a Daunt Books, uma livraria para leitores itinerantes, cuja primeira loja – um edifício eduardiano na Marylebone High Street em que a luz natural penetra através de vitrais enormes – foi inaugurada em 1991. É o projeto pessoal que James Daunt, filho de diplomatas e acostumado, portanto, às mudanças, começou depois de uma estadia em Nova York, quando decidiu que queria dedicar-se às suas duas paixões: as viagens e a leitura. Uma rede londrina com nove estabelecimentos que hoje conta apenas com seis. Já soma 39 por toda a geografia francesa a livraria Au Vieux Campeur, que desde 1941 oferece guias, mapas, livros de viagens e equipamentos para caminhadas, camping e montanhismo. É a lógica do Moleskine.

Entre o final do século XIX e início do século XX, muitos artistas profissionais e amadores adotaram o hábito de viajar com cadernos de páginas firmes que admitiam a aquarela ou o nanquim e de extremidades também consistentes para proteger os desenhos e as notas das inclemências climáticas, fabricados em várias partes da França e vendidos em Paris. Hoje sabemos que Wilde, Van Gogh, Matisse, Hemingway ou Picasso os usaram: mas quantos milhares de viajantes anônimos também fizeram isso? Onde estarão seus Moleskines? Assim os denomina Chatwin em seu mencionado relato australiano, e esse foi o ponto de partida que levou uma pequena empresa de Milão, a Nodo & Nodo, a lançar no mercado 5 mil cópias de cadernos Moleskine em 1999. Lembro-me de ter visto alguns deles, ou das edições limitadas que se seguiram à primeira tiragem, em uma livraria da rede Feltrinelli em Florença, e que recebi imediatamente uma injeção de prazer fetichista, administrada pelo *reconhecimento*. O mesmo que sente qualquer leitor sistemático ao entrar na Lello do Porto ou na City Lights de San Francisco. Durante alguns anos, para comprar um Moleskine era preciso viajar. Não era necessário ir a uma loja parisiense, mas eles não eram encontrados em todas as livrarias do mundo. Em 2008, foram distribuídos em cerca de 15 mil lojas em mais de cinquenta países. Para abastecê-las, embora o design ainda seja italiano, a produção foi para a China. Até 2009, eu tinha de ir a Lisboa se quisesse entrar na livraria Bertrand, a mais antiga do mundo; depois inauguraram uma loja da rede em Barcelona, onde moro, e a serialidade ganhou outra batalha – a enésima – contra essa velha ideia, já quase sem corpos que a encarnem: a aura.

> Seguimos o corredor estreito e escuro até que entrei num sebo, onde maços de papel atados e empoeirados falavam sobre todas as formas de ruína.
>
> — WALTER BENJAMIN,
> *Passagens*

# CAPÍTULO 2

# ATENAS: O INÍCIO POSSÍVEL

> Ele veio ler. Estão abertos
> dois ou três livros, de historiadores e poetas.
> Mas ele mal leu dez minutos,
> deixou-os de lado. E adormeceu
> em um sofá. Pertence plenamente aos livros,
> mas tem vinte e três anos.
>
> — KAVÁFIS,
> "Veio ler"

PODEMOS ANDAR por Atenas e lê-la como um estranho mercado de livrarias. A estranheza, é claro, é menos causada pela decadência do meio ambiente e pela sensação palpável da Antiguidade do que pelo idioma em que foram escritos os nomes dos locais como os indicadores das estantes, para não falar dos títulos dos livros e os nomes de seus autores. Para o leitor ocidental, o Oriente começa onde começam os alfabetos desconhecidos: em Sarajevo, em Belgrado, em Atenas. Nas prateleiras das livrarias de Granada ou Veneza, não há rastro alfabético de tudo o que, em um passado já remoto, chegou do Oriente: lemos livros traduzidos para nossos idiomas e nos esquecemos de que os seus também existiram. A importância da cultura grega antiga, de sua filosofia e sua literatura não é entendida sem sua localização geográfica entre o Mediterrâneo e a Ásia, entre os etruscos e os persas, diante dos líbios, os egípcios e os fenícios. Sua condição de arquipélago de embaixadas. Ou de aqueduto radial. Ou de rede de túneis entre diferentes alfabetos.

Depois de muita pesquisa na internet, guiando-me pelo cartão de um dos estabelecimentos que conservo desde o verão de 2006, uma década depois encontro uma alusão em inglês para o lugar que procuro: *Books Arcade*. Galeria do Livro ou Passagem do Livro, uma sucessão de vinte lojas com portas de ferro forjado onde ficam 45 selos editoriais, incluindo a Kedros e as Ediciones del Banco Nacional. Sentado em uma das muitas poltronas do corredor, sob um dos ventiladores de teto que trituravam o calor em câmera lenta, tomei algumas notas sobre a relação entre as livrarias e as bibliotecas. Porque a passagem Pesmazoglou – pois também assim é chamada, em alusão a uma de suas ruas de acesso – é o oposto da Biblioteca Nacional da Grécia.

O Túnel diante do Edifício. A Galeria sem data de inauguração diante do Monumento narrado em detalhes: de estilo neoclássico, financiado desde a diáspora pelos irmãos Vallianos, a primeira pedra da Biblioteca Nacional foi colocada em 1888 e sua inauguração ocorreu em 1903. Nela se conservam cerca de 4,5 mil manuscritos em grego antigo, códices cristãos e importantes documentos sobre a Revolução Grega (não é por acaso que a ideia de criá-lo foi, ao que parece, de Johann Jakob Mayer, amante da cultura helênica e companheiro de armas de Lord Byron). Mas qualquer biblioteca é mais do que um edifício: é uma coleção bibliográfica. Antes de sua sede atual, a Nacional se alojou no orfanato de Aegina, nos banhos do Mercado Romano, na igreja de San Eleftherios e na Universidade de Otto; deverá ser transferida para um novo edifício monumental, na costa marítima, projetado pelo arquiteto Renzo Piano. É por isso que a atual Biblioteca de Alexandria não é mais do que o eco sem força do grito original: embora sua arquitetura seja alucinante, mesmo que dialogue com o mar próximo e com os 120 alfabetos que se inscrevem em sua superfície reflexiva, embora turistas de todo o mundo venham contemplá-la, suas paredes não acumulam volumes suficientes para que ainda seja a reencarnação da que lhe empresta seu nome mítico.

A sombra da Biblioteca de Alexandria é tão densa que eclipsou o resto das bibliotecas anteriores, contemporâneas e futuras, e apagou da memória coletiva as livrarias que a alimentaram. Porque ela não nasceu do nada: foi a principal cliente dos comerciantes de livros do Mediterrâneo Oriental durante o século III a.C. A biblioteca não pode existir sem a livraria, que está vinculada desde suas origens à editora. O comércio de livros já se desenvolvera antes do século V a.C., pois nessa época – em que a escrita ganha força diante da oralidade na cultura helênica – eram conhecidos em boa parte do Leste mediterrâneo os trabalhos dos principais filósofos, historiadores e poetas que hoje consideramos clássicos. Ateneu cita um trabalho perdido de Alexis, do século IV a.C., intitulado *Linos*, onde o protagonista diz ao jovem Hércules:

> "Pegue um desses livros bonitos. Veja os títulos, se você estiver interessado em algum. Você tem Orfeu, Hesíodo, Querilo, Homero, Epicarmo. Aqui há peças teatrais e o que mais você quiser. Sua escolha permitirá apreciar seus interesses e seu gosto."

Hércules acaba escolhendo um livro de receitas e frustra as expectativas de seu acompanhante. Porque o negócio da livraria inclui todos os tipos de textos e gostos leitores: discursos, poemas, notas, livros técnicos ou de direito, coleções de piadas. E também contempla todos os tipos de qualidades: as primeiras editoras foram constituídas por grupos de copistas cuja capacidade de concentração, disciplina, rigor e nível de exploração laboral dependia do número de mudanças e erros de impressão que continham as cópias que seriam postas em circulação. Para otimizar o tempo, alguém ditava e os demais transcreviam. É por isso que os editores romanos eram capazes de lançar no mercado várias centenas de cópias de uma só vez. Em seu exílio, Ovídio se consolava lembrando-se de que era "o autor mais lido do mundo", porque as cópias de suas obras chegavam até os últimos confins do império.

Alfonso Reyes, em seu *Libros y libreros en la Antigüedad* [Livros e livreiros na Antiguidade] – um resumo do trabalho de *The World of Books in Classical Antiquity* [O mundo dos livros na Antiguidade clássica], de H. L. Pinner, que só foi publicado após sua morte –, fala sobre "comerciante de livros" para se referir aos primeiros editores, distribuidores e livreiros, como Ático, amigo de Cícero, que monopolizava todas as facetas do negócio. Parece que as primeiras livrarias gregas e romanas eram ou postos ambulantes e bancas onde se vendiam ou se alugavam livros (espécies de *bibliotecas itinerantes*), ou locais anexos às editoras. "Em Roma, as livrarias eram conhecidas, pelo menos nos dias de Cícero e Catulo", escreve Reyes: "Encontravam-se nos melhores distritos comerciais e serviam de local de encontro de eruditos e bibliófilos". Os irmãos Sosii, editores de Horácio, Secundus, um dos editores de Marcial, e Atrecto, entre muitos outros homens de negócios, dirigiam suas instalações no entorno do Fórum. Na porta estavam as listas que anunciavam as novidades. E por uma pequena quantia você poderia consultar os volumes mais valiosos, em uma espécie de empréstimo fugaz. O mesmo acontecia nas grandes cidades do império, como Reims ou Lyon, cujas excelentes livrarias surpreenderam Plínio, o Jovem, quando verificou que também ali se vendiam suas obras.

Para que os ricaços romanos se vangloriassem de uma biblioteca, estendeu-se não só a compra e venda de exemplares preciosos, mas também a aquisição de volumes por quilo, para cobrir uma parede de aparente cultura. As coleções privadas, muitas vezes nas mãos dos bibliófilos, se alimentavam diretamente das livrarias e foram o modelo das coleções públicas, ou seja, das bibliotecas, que não provêm da democracia, mas da tirania: as duas primeiras são atribuídas a Polícrates, tirano de Samos, e a Pisístrato, tirano de Atenas. Biblioteca é poder: com a pilhagem da campanha na Dalmácia, o general Asínio Polião fundou no ano 39 a.C. a Biblioteca de Roma. Pela primeira vez se exibiram em público e lado a lado títulos gregos e romanos. Quatro séculos depois, havia 28 bibliotecas na capital do Baixo Império. Como a Biblioteca de Pérgamo ou como a Palatina, agora são também ruínas.

A Biblioteca de Alexandria, ao que parece, foi inspirada na biblioteca privada de Aristóteles, provavelmente a primeira da história submetida a um sistema de classificação. O diálogo entre as coleções particulares e as coleções públicas, entre a livraria e a biblioteca, é portanto tão antigo quanto a civilização; mas a balança da história sempre se inclina pela segunda. A livraria é leve; a biblioteca é pesada. A leveza do presente contínuo se opõe ao peso da tradição. Não há nada mais estranho à ideia de livraria do que a de patrimônio. Enquanto o bibliotecário acumula, entesoura, no máximo empresta temporariamente a mercadoria – que deixa de sê-lo ou congela seu valor –, o livreiro adquire para se livrar do que adquiriu, compra e vende, põe em circulação. Seu negócio é o *trânsito*, a *passagem*. A biblioteca está sempre um passo atrás: olhando para o passado. A livraria, por sua vez, está ligada à essência do presente, sofre com ele, mas também se entusiasma com seu vício em mudanças. Se a História garante a continuidade da biblioteca, o futuro ameaça constantemente a existência da livraria. A biblioteca é sólida, monumental, está ligada ao poder, aos governos municipais, aos Estados e seus exércitos: além do espólio patrimonial do Egito, o "exército de Napoleão tomou cerca de 1,5 mil manuscritos dos Países Baixos e outros 1,5 mil da Itália, principalmente de Bolonha e do Vaticano", escreveu Peter Burke em seu livro *Uma história social do conhecimento*, para alimentar a voracidade das bibliotecas francesas. A livraria, por outro lado, é líquida, temporária, dura o espaço de sua capacidade de manter com mudanças mínimas uma ideia no tempo. A biblioteca é estabilidade. A livraria distribui, a biblioteca conserva.

A livraria é uma crise perpétua, sujeita ao conflito entre a *novidade* e o *acervo*, e precisamente por essa razão se situa no centro do debate sobre os cânones culturais. Os grandes autores romanos estavam cientes de que sua influência dependia do acesso do público à sua produção intelectual. A figura de Homero está localizada justamente nos dois séculos anteriores à consolidação do negócio da livraria, e sua centralidade no cânone ocidental guarda uma relação direta com o fato de ser um dos escritores gregos de cuja obra conservamos mais fragmentos. Isto é: um dos mais copiados. Um dos mais difundidos, vendidos, presenteados, roubados, comprados por colecionadores, leitores comuns, livreiros, bibliófilos, administradores de biblioteca. Dos rolos de papiro e de pergaminho e dos códices das livrarias gregas e romanas, de todo o capital textual que puseram em circulação, provisoriamente confinado a espaços privados e públicos, a maioria do qual foi destruída em inúmeras guerras, incêndios e mudanças, depende nossa ideia de tradição cultural, nossa lista de autores e títulos de referência. A localização da livraria é fundamental na estruturação daqueles cânones: houve um tempo em que Atenas ou Roma eram os possíveis centros de mundos possíveis. Sobre aquelas capitais perdidas e improváveis, construímos toda a cultura posterior.

Com a queda do Império Romano, o tráfego de livros diminuiu. Os mosteiros medievais continuaram com a tarefa de difundir a cultura escrita, através dos copistas, enquanto o papel estava realizando sua longa viagem da China, onde foi inventado, para o sul da Europa, graças ao islã. O pergaminho era tão caro que muitas vezes alguns textos eram apagados para que outros surgissem em seu lugar: existem poucas metáforas tão poderosas de como funciona a transmissão cultural do que a do palimpsesto. Na Idade Média, um livro poderia ter cerca de cem cópias manuscritas, ser lido por alguns milhares de pessoas e ouvido por muitas mais, uma vez que a oralidade voltou a ser mais importante do que a leitura individual. Tudo isso não significava que o comércio de livraria não prosseguisse, pois não só a classe eclesiástica e a nobre tinham necessidade de ler, também os cada vez mais numerosos estudantes universitários tinham de se abastecer com textos impressos, já que entre os séculos XI e XIII são fundadas as universidades mais antigas da Europa (Bolonha, Oxford, Paris, Cambridge, Salamanca, Nápoles...). Como Alberto Manguel escreveu em *Uma história da leitura*:

> "Desde o final do século XII, aproximadamente, os livros passaram a ser objetos comerciais e na Europa seu valor pecuniário estava suficientemente estabelecido para que os credores os aceitassem como garantia subsidiária; anotações onde esses compromissos foram registrados são encontradas em inúmeros livros medievais, sobretudo naqueles que pertenciam a estudantes."

O penhor de livros foi uma constante desde então, até a popularização da fotocópia pela Xerox, em meados do século passado. As copiadoras convivem, nos arredores da Biblioteca Nacional da Grécia e na vizinha Academia de Atenas, com universidades, editoras, centros culturais e a parte mais compacta do mercado de livrarias, porque todas essas instituições se retroalimentam mutuamente. Lembro-me de que no amplo piano-bar da livraria Ianos, parte de uma *cadeia de civilização*, com suas estantes de mogno e sua sinalização em branco sobre verde-maçã, li um trecho de uma edição da poesia de Kaváfis que levava na mochila, porque não conseguia entender nenhum daqueles volumes que me cercavam. Lembro que, entre as prateleiras de madeira escura da livraria Politeia, passei horas espiando, entre os milhares de livros em grego, as poucas centenas que haviam sido publicadas em inglês. As instalações, divididas em dois andares e um porão, têm quatro portas de acesso. Trata-se de um desses espaços superiluminados: retângulos infinitos de luz, contendo apenas seis focos circulares, fazem brilhar as lombadas, os títulos e o chão. *Politeia* significa "teoria da cidade".

Acabei entrando na Librairie Kauffmann. Não somente porque era a livraria francesa em Atenas e, portanto, um lugar onde há livros que eu posso ler, mas porque era uma dessas livrarias em que você precisa carimbar seu passaporte inexistente. A imagem fundadora é impressionante: em branco e preto, datada de 1919, mostra um quiosque atendido por uma mulher com a cabeça parcialmente coberta, vestida ao modo oriental, acima da qual se lê "Librairie Kauffmann". Foi assim que Hermann Kauffmann começou seu negócio, com uma banca de rua em que vendia livros usados em francês. Dez anos depois, ele se instalou na rua Zoodochos Pigis, que cresceria ao longo do tempo até se transformar em uma espécie de grande apartamento com vista para a avenida, e adicionou novos volumes à sua oferta graças a um acordo com a editora Hachette, de modo que não tardou a se tornar o point das pessoas mais antenadas, que frequentavam o local para se abastecer de leituras em francês, e onde seus filhos compraram livros didáticos e as leituras obrigatórias de suas escolas e academias de língua francesa. Na parede da escada, ao lado de fotografias de Frida Kahlo ou André Malraux, há um diploma concedido a Kauffmann pela L'Exposition Internationale des Arts et des Techniques de Paris, 1937. Com a ajuda da Hachette, criou a Agência Helênica de Distribuição. Depois de sua morte, em 1965, sua viúva assumiu a empresa e promoveu iniciativas importantes, como a coleção "Confluences" de literatura grega traduzida para o francês, ou a publicação do *Dictionnaire français-grec moderne* [Dicionário francês-grego moderno]. É isso que toda livraria especializada em língua estrangeira deveria ser: um dicionário pelo menos bilíngue.

> Nunca consegui traduzir o poema 1001 de Catulo como gostaria. Mas, ao longo dos anos em que trabalhei nele, comecei a considerar a tradução como uma sala onde se procura, às cegas, o interruptor da luz. Talvez uma tradução nunca termine.
>
> — ANNE CARSON,
> *Nox*

# CAPÍTULO 3

# AS LIVRARIAS MAIS ANTIGAS DO MUNDO

> Nunca pude ler um livro com entrega a ele; sempre, a cada passo, o comentário da inteligência ou da imaginação me estorvou a sequência da própria narrativa. No fim de minutos, quem escrevia era eu.
>
> — FERNANDO PESSOA,
> *O livro do desassossego*

UMA LIVRARIA não só tem que ser antiga, também deve parecer antiga. Quando você entra na livraria Bertrand, no número 73 da rua Garrett em Lisboa, a poucos passos de distância do Café A Brasileira e da estátua de Fernando Pessoa e, portanto, em pleno coração do Chiado, o B sobre o fundo vermelho do logotipo orgulhosamente mostra uma data: 1732. Na primeira sala, tudo aponta para esse venerável passado que sublinha a data: a vitrine de livros destacados; as escadas corrediças ou o degrau de madeira que permite o acesso às prateleiras mais altas de algumas estantes antigas; a chapa enferrujada que batiza como "Sala Aquilino Ribeiro" o lugar onde você está, em homenagem a um de seus clientes mais ilustres, assíduo como Oliveira Martins, Eça de Queirós, Antero de Quental ou José Cardoso Pires; e sobretudo o diploma da Guinness World Records que certifica que é a mais antiga livraria ativa do mundo.

Uma atividade ininterrupta. E documentada. No número 1 da Trinity Street, em Cambridge, foram vendidos livros por longos intervalos desde 1581, com clientes tão célebres como William Makepeace Thackeray e Charles Kingsley, mas também por longos períodos o estabelecimento foi exclusivamente a sede da Cambridge University Press, sem venda direta ao público.

No mesmo terreno pantanoso da ausência de documentos confiáveis, na Cracóvia encontramos a Matras – ainda chamada Gebether & Wolff pelos mais velhos –, cujas origens míticas remontam ao século XVII (quando o comerciante de livros Franz Jacob Mertzenich abriu uma livraria no mesmo lugar), com continuidade desde 1872 e sede de um famoso salão literário naquela virada de século e de importantes eventos em nossos dias, tanto que é Cidade Unesco da Literatura. Por isso talvez seja a Librairie Delamain de Paris, que abriu suas portas na Comédie-Française em 1700, 1703 ou 1710 – de acordo com as fontes – e só se mudou para a rue de Saint Honoré em 1906, a verdadeira mais antiga livraria do mundo; mas ela não pode comprovar essa venturosa atividade ininterrupta, em parte porque, ao longo de sua extensa história, pelo menos sofreu um incêndio e uma inundação, e isso, sem dúvida, reduziu seu arquivo. O que sobreviveu na memória coletiva é que, durante o século XVIII, foi administrada pela mesma família Duchesne que editou Rétif de La Bretonne, Voltaire e Rousseau; e que seu proprietário mais famoso durante o século XX, o editor Pierre-Victor Stock, perdeu-a em um jogo de pôquer. A livraria P&G Wells de Winchester parece ser a mais antiga do Reino Unido, e quem sabe se não é a mais antiga do mundo com local único, isto é, radicalmente independente (no final do século XX abriu sua única filial, na universidade). Conservam-se recibos de compra de livros datados de 1729 e, ao que parece, a atividade regular na sede da College Street remonta à década de 1750. Durante a década seguinte, em 1768, a Hodges Figgis começou a negociar com livros e está ainda ativa e não é apenas a mais antiga da Irlanda, mas também a maior, com um estoque de 60 mil exemplares; e até a mais dublinense, porque aparece no mais dublinense de todos os livros, que não é *Dublinenses*, mas o *Ulysses* do mesmo James Joyce ("Ela, ela, ela. Que ela? A virgem na janela da Hodges Figgis na segunda-feira procurando por um dos livros de alfabeto que você iria escrever"). A mais antiga de

Londres é a Hatchards, que abriu suas portas em 1797 e não as fechou de novo, com seu prédio aristocrático no número 187 da Piccadilly e seu retrato a óleo do fundador, John Hatchard, que proporciona à instituição a pátina prescritiva de antiguidade e respeito. Agora pertence à rede Waterstones, mas não perdeu um pingo de sua identidade acarpetada: continua a oferecer, ao contrário do habitual em livrarias mais populares, no primeiro andar os romances, e no térreo os livros de história e de ensaio em capa dura, que seus clientes regulares sempre compram, a caminho da Royal Academy ou das alfaiatarias da Jermyn Street. Nos últimos anos desenvolveram um serviço de assinatura que, na nossa era de algoritmos, emprega três grandes leitores para estudar os gostos dos assinantes e envia-lhes periodicamente seus volumes selecionados. Mary Kennedy, que me guiou tanto no interior da livraria quanto por sua história, orgulhosamente me disse: "Todos têm o direito de devolver os títulos de que não gostarem, mas tivemos uma devolução apenas uma vez".

Em minha biografia, a única livraria do século XIX realmente importante talvez seja a portenha Librería de Ávila – em frente à igreja de San Ignacio e a poucos passos do Colegio Nacional de Buenos Aires –, que aparentemente foi fundada em 1785, pois foi então que se instalou na mesma esquina uma mercearia que, além de oferecer mantimentos e licores, vendia livros. Se a P&G imprimia livros para o Winchester College, sua contemporânea de Buenos Aires estava vinculada à instituição educacional vizinha, inclusive até no nome: Librería del Colegio. Não há documentos sobre ela, no mesmo endereço, até 1830: "Antigos Livros Modernos" lê-se em sua fachada. No subsolo comprei, durante minha primeira visita a Buenos Aires, em julho de 2002, alguns exemplares da revista *Sur*. Tocar livros antigos é uma das poucas experiências táteis que podem nos conectar com o passado remoto. Embora o conceito de *livraria antiquária* seja típico do século XVIII, devido ao correspondente auge de disciplinas como história e arqueologia, nos séculos XVI e XVII, foi desenvolvido por encadernadores e livreiros, que trabalhavam tanto com livros impressos como com cópias manuscritas. O mesmo pode ser dito dos catálogos dos impressores e editores, que evoluíram a partir de listas simples de publicações até sofisticados libretos de luxo. Nunca toquei uma dessas relíquias. Nem mesmo um livro que não tenha sido impresso.

Svend Dahl escreveu, em *Histoire du livre* [História do livro], que nos primeiros anos da imprensa os manuscritos prevaleceram sobre os livros impressos, pelo verniz de prestígio, como o papiro antigamente tinha sobre o pergaminho, ou nos anos 1960 do século passado, o livro composto à mão sobre o livro de composição mecânica. No início, o impressor era o próprio livreiro: "Mas os vendedores ambulantes logo apareceram, indo de cidade em cidade e oferecendo os livros comprados dos impressores". Apregoavam nas ruas a lista de títulos que tinham e anunciavam a pousada onde estavam hospedados e onde instalariam seu mercado nômade. Também havia postos fixos nas grandes cidades. Desde o século XVI, as cópias de um mesmo livro podiam ser milhares e os leitores, centenas de milhares: nesses cem anos chegam a pulular na Europa mais de 100 mil livros impressos diferentes. Um sistema duplo de exposição classificada dos livros é então desenvolvido: por meio de gavetas ou arquivos e estantes, porque o usual era ter livros não encadernados, para que o cliente pudesse escolher o tipo de encadernação que queria para o seu exemplar. Daí as coleções caprichosas de títulos que não têm mais nada em comum além das lombadas que seus proprietários escolheram para eles. Alguns deles se encontram, completos, no subsolo da Librería de Ávila e nos sebos perto da portenha avenida de Mayo.

Como eram as livrarias no século XVIII, quando a Bertrand Livreiros, a Hatchards e a Librería del Colegio abriram suas portas em Lisboa, Londres e Buenos Aires, respectivamente? De acordo com as gravuras do século XVII e XVIII que Henry Petroski estudou no livro *The Book on the Bookshelf* [O livro na estante], um passeio detalhado pela história de como dispomos nossos livros, o livreiro se postava atrás de uma grande mesa, de onde dirigia o negócio, que muitas vezes se comunicava fisicamente com a imprensa ou a casa editorial da qual dependia, e ao seu redor se exibia esse grande arquivo de pastas costuradas, mas não encadernadas, que eram as livrarias. As gavetas muitas vezes faziam parte do balcão, como se observa em uma famosa ilustração da The Temple of the Muses, talvez a livraria mais lendária e bela do século XVIII, localizada na londrina Finsbury Square e dirigida por James Lackington, que se recusava a destruir os livros que não vendia e os saldava, em sintonia com o que entendia como sua *missão* profissional. Petroski escreveu: "Os livros são a chave do conhecimento, da razão e da felicidade, e qualquer pessoa deve ter o direito de ter acesso a eles a preços possíveis, independentemente de seu nível econômico, sua classe social ou seu sexo".

Entre os testemunhos escritos das livrarias do século XVIII também se destaca o de Goethe, que em 26 de setembro de 1786, observava em sua *Viagem à Itália*:

"Finalmente consegui a obra de Palladio, não a edição original que vi em Vicenza, cujas pranchas são impressas em madeira, mas uma cópia fiel, uma edição fac-similar em aço, organizada por um homem excelente, Smith, o antigo cônsul inglês em Veneza. É preciso reconhecer que os ingleses já há muito sabiam reconhecer o que é bom, e sabem divulgá-lo de maneira grandiosa. Na oportunidade dessa aquisição, pude conhecer uma livraria, que na Itália tem uma aparência totalmente diferente. Os livros todos ficam disponíveis ao redor, e durante o dia inteiro encontra-se boa companhia. Todos os que de alguma maneira têm a ver com literatura, como clérigos seculares, nobres e artistas, circulam por aqui. Pode-se pedir um livro, folheá-lo, ler e conversar da maneira que se desejar. Foi assim que, quando perguntei pela obra de Palladio, descobri uma meia dúzia de senhores que, juntos, voltaram sua atenção a mim. Enquanto o proprietário ia buscar o livro, elogiaram a obra e informaram-me sobre a existência do original e da cópia. Eles próprios tinham grande familiaridade com a obra e com o mérito do autor. Por terem me tomado por um arquiteto, louvaram minha escolha de ter dado precedência aos estudos desse mestre entre todos os outros, dizendo-me que Palladio podia ser muito mais útil do que Vitrúvio no que diz respeito aos aspectos práticos da arquitetura, pois se dedicara mais profundamente ao estudo dos antigos e da Antiguidade, buscando adequá-la às nossas necessidades contemporâneas. Conversei por longo tempo com esses homens tão gentis, descobri ainda mais alguma coisa sobre os monumentos da cidade e, por fim, me despedi."

A primeira oração evidencia a realização de um desejo: o objetivo da visita a qualquer livraria. A última, a aquisição de um conhecimento que não é encontrado diretamente nos livros, mas nas pessoas que os rodeiam. O que é mais surpreendente para o estudioso e viajante alemão é o fato de que os livros estejam todos encadernados e que sejam completamente acessíveis, para que os visitantes possam dialogar tanto entre eles quanto com os volumes. A encadernação uniforme não se espalhou pela Europa até que fosse feita pela máquina correspondente, por volta de 1823, quando as livrarias começaram lentamente a parecer bibliotecas, porque ofereceram produtos acabados, e não livros feitos pela metade, de modo que a surpresa de Goethe tem a ver com o que eram encadernações artesanais. Em *Viagem sentimental* (1768), Laurence Sterne entra em uma livraria do cais de Conti para comprar uma "coleção de Shakespeare", mas o livreiro responde que não possui nenhuma. O viajante, indignado, pega o que está na mesa e pergunta: "E esta?". E o livreiro explica que não é dele, mas de um conde, que o enviou para que o encadernasse: é um "*esprit fort*", ele explica, "um amante dos livros ingleses" e do bom relacionamento com os ilhéus.

Em 1802, quando Chateaubriand viajou para Avignon alertado por uma falsificação dos quatro volumes de *O gênio do cristianismo*, como ele nos conta em suas memórias, "de livraria em livraria, consegui encontrar o falsificador, que não sabia quem eu era". Muitas eram as livrarias em cada cidade e da maioria não conservamos memória alguma. Tendemos a pensar na literatura como uma abstração, quando a verdade é que se trata de uma rede incompreensível de objetos, corpos, materiais e espaços. Olhos que leem, mãos que escrevem e folheiam páginas e que sustentam tomos, sinapses cerebrais, pés que levam a livrarias e bibliotecas, ou vice-versa, desejo bioquímico, dinheiro que compra, papel, papelão e pano, estantes que contêm, madeira triturada e bosques desaparecidos, mais olhos e mãos que dirigem caminhões, carregam caixas, ordenam volumes, bisbilhotam, olham e folheiam, contratos, letras, números e fotografias, depósitos, instalações, metros quadrados da cidade, caracteres, telas, palavras de tinta e de pixels.

Da raiz linguística *poiéin*, que significa "fazer", deriva a palavra *poesia*, que na Grécia antiga significava "literatura". Em *O artífice*, o sociólogo Richard Sennett explorou a conexão íntima entre mão e olho: "Todo bom artífice mantém um diálogo entre práticas concretas e o pensamento; esse diálogo evolui até se converter em hábitos, que, por sua vez, estabelecem um ritmo entre a solução e a descoberta de problemas". Ele fala, sobretudo, de carpinteiros, músicos, cozinheiros, *luthiers*, o que comumente entendemos por artesãos; mas a verdade é que seu reflexo pode ser transferido tanto aos inúmeros artesãos que sempre participaram da criação de um livro (fabricantes de papel, tipógrafos, impressores, encadernadores, ilustradores) quanto ao próprio corpo de qualquer leitor, à dilatação de suas pupilas, à sua capacidade de concentração, à sua postura corporal, à sua memória digital (nas pontas dos dedos).

A própria escrita, como caligrafia – isto é, manufatura –, ainda está sujeita à disciplina da perfeição em civilizações como a chinesa ou árabe. E na história da cultura é muito recente a passagem de escrever à mão para fazê-lo digitando. Embora a figura do livreiro não intervenha diretamente na criação do objeto, pode-se entendê-la como a do *leitor artesanal*, aquele que, depois das 10 mil horas que, segundo vários estudos, é preciso para ser um especialista em alguma prática, é capaz de unir trabalho com excelência, o fazer com a poesia.

Algumas livrarias do mundo cultivam com esmero sua dimensão tátil, de modo que papel e madeira sejam testemunhados por essa tradição de leitores artesanais. As cinco lojas inglesas da Topping & Company, por exemplo, foram decoradas com estantes feitas por carpinteiros locais; e tanto os pequenos cartazes que indicam as seções como os cartões em que os livreiros recomendam alguns títulos foram escritos à mão. A robusta seção de poesia do estabelecimento de Bath assinala a importância de que uma livraria englobe e amplifique os interesses da comunidade em que se inscreve. "As pessoas dessa pequena cidade orgulham-se de seu amor pela poesia", disse-me um de seus livreiros, Saber Khan, "e nós, por oferecer-lhes um dos mais importantes acervos de poesia do país". Como os leitores e carpinteiros são diferentes em cada lugar, cada uma das Topping & Company "tem sua própria identidade, como irmãos e irmãs, mas em todas elas o café é gratuito, porque não se pode negar a ninguém uma xícara de café". Vi leitores durante horas em suas mesas e cadeiras de madeira. E a cama e o prato de comida do cachorro que passeia pela livraria, sua casa, a nossa. Seu slogan, *A proper old-fashioned bookshop*", poderia ser traduzido como: "Uma autêntica livraria à moda antiga" ou "Uma livraria como Deus manda, fora de moda".

Como me disse José Pinho, a *alma mater* da lisboeta Ler Devagar, uma livraria é capaz de regenerar o tecido social e econômico da área onde está funcionando, porque é puro presente, motor de mudança acelerada. É por isso que não é de admirar que muitas livrarias façam parte de projetos sociais. Penso nas que estão ligadas, em muitas cidades da América Latina, à cooperativa Eloísa Cartonera, a partir da sede argentina, com os livros encadernados por trabalhadores informais que catam papel e papelão nas ruas. Penso no La Jícara, um restaurante delicioso de comida local cercado por uma livraria dupla, para crianças e adultos, que vende apenas livros de selos independentes, em Oaxaca, no México. Penso na Housing Works Bookstore Café, que é administrada exclusivamente por voluntários e dedica todo o lucro da venda de livros, do aluguel do espaço e da cafeteria para ajudar os mais desfavorecidos de Nova York. São livrarias que estendem a mão para construir redes humanas. Não há melhor metáfora da tradição livresca, porque lemos tanto com os olhos como com as mãos. Em minhas viagens, contaram-me a mesma história muitas vezes. Aquela ocasião em que era necessário mudar as instalações e os clientes, que já eram amigos, se ofereceram para ajudar na mudança. Aquela rede que uniu a antiga sede da Auzolan, em Pamplona, com a nova. Ou as da RiverRun em Portsmouth.

Ou as da Robinson Crusoe em Istambul. Ou as da Nollegiu, no bairro de Poblenou, em Barcelona.

Romano Montroni, que durante décadas trabalhou na Feltrinelli da Piazza di Porta Ravegnana, em Bolonha, em "El decálogo del librero" [O decálogo do livreiro], escreveu que "o cliente é a pessoa mais importante da empresa", e situou o pó no centro da atividade diária da livraria: "Você tem que tirá-lo todos os dias, e todos devem fazê-lo!", exclama em *Vender el alma: El oficio de librero* [Vender a alma: o ofício do livreiro]: "O pó é um assunto de vital importância para um livreiro. Você tem que limpar o pó pela manhã, durante a primeira meia hora, de cima para baixo e no sentido horário. Quando tira o pó, o livreiro memoriza onde estão os livros e conhece-os *fisicamente*".

Pelo menos desde a Roma Antiga, as livrarias são os espaços relacionais em que a textualidade se torna mais física, mais do que na sala de aula ou na biblioteca, por causa de seu dinamismo. E são principalmente os leitores que se movem, que ligam os exemplares expostos ao caixa e, portanto, aos livreiros, que tiram moedas, notas ou cartões de crédito e os trocam por livros, que em seus movimentos observam o que os outros procuram ou compram. Os livros, os livreiros e as livrarias permanecem bastante quietos, se os compararmos aos clientes, que não param de entrar e sair e cujo papel é precisamente este, o movimento. Eles são viajantes na cidade em miniatura, cujo objetivo é fazer com que as letras – silenciosas no interior do livro – tornem-se móveis durante o tempo de uma leitura (e sua memória), porque, como Mallarmé escreveu: "O livro, expansão total da letra, deve extrair dela, diretamente, uma mobilidade". No entanto, a própria livraria, com ou sem compradores ou curiosos em seu interior, possui ritmos cardíacos próprios. Não apenas os de desempacotar, ordenar, devolver e repor. Não é apenas o caso das mudanças de pessoal. As livrarias também têm um relacionamento conflitivo com as instalações que as contêm, que parcialmente as definem, mas não as constituem. E com seus próprios nomes, que muitas vezes mudam com seus sucessivos proprietários. Por dentro e por fora, as livrarias são portáteis e mutantes. É por isso que o Guinness Record da

Livraria mais Antiga do Mundo é o da livraria Bertrand, porque é a única que pode comprovar sua longa continuidade desde a data de sua fundação. O mais comum é que, no mínimo, mude de nome sempre que mudar de mãos.

A mais antiga da Itália ilustra esse problema: a Livraria Bozzi foi fundada em 1810 e permanece aberta em uma decadente esquina de Gênova, mas seu primeiro proprietário, sobrevivente da Revolução Francesa, chamava-se Antonio Beuf; em 1927, foi adquirida por Alberto Colombo, pai da primeira esposa de Mario Bozzi, que dá nome ao estabelecimento até hoje, e que é dirigido por Tonino Bozzi. A livraria Lello no Porto é outro exemplo disso. A empresa foi fundada com o nome de Livraria International Ernesto Chardron, na rua dos Clérigos; em 1881, José Pinto de Sousa estabeleceu-a na rua do Almada; treze anos depois, ela foi vendida por Mathieux Lugan a José Lello e seu irmão António, que a renomearam como Sociedade José Pinto Sousa Lello & Irmão. Se as mudanças não fossem suficientes, depois da construção do edifício atual – entre neogótico e art déco –, em 1906, a livraria teria seu nome reduzido em 1919: Livraria Lello & Irmão. Quando a visitei, há mais de vinte anos, vi pendurado o artigo que Enrique Vila-Matas lhe dedicou, onde a qualifica como a mais linda do mundo. O cartão que eu guardo da minha visita em 2002 é de um elegante papel ligeiramente áspero, com o logotipo e o endereço impresso em tinta violeta. Livraria Lello, lê-se sob a ilustração. Prólogo Livreiros, S.A. se chamava a empresa que a administrava. Hoje pertence à Fundação Livraria Lello.

Uma história semelhante esconde outra livraria de referência internacional e contemporânea, a Luxemburg de Turim. Embora tenha sido fundada em 1872 – se admitimos, insisto, que as mudanças de proprietário, local e nome próprio não acabam com a identidade de uma livraria –, também teve, como a de Ávila, um nome diferente durante a maior parte de sua existência. Dirigida por Francesco Casanova, importante editor piemontês, a livraria Casanova foi um centro cultural de primeira magnitude nas últimas décadas do século XIX e as primeiras do século XX. A cronista napolitana Matilde Serao, o decadentista Antonio Fogazzaro e o criador do verismo Giovanni Verga eram alguns de seus frequentadores.

Casanova forjou uma amizade íntima com Edmundo de Amicis, de quem publicou *Gli Azzurri e i Rossi* [Os azuis e os vermelhos] em 1897. Se sob sua direção o local soube sintonizar-se com o espírito de sua época, quando o projeto foi retomado em 1963 pelo ativista e escritor Angelo Pezzana, que renomeou a livraria como Hellas, o novo proprietário também saberia encontrar a frequência dos novos tempos. Tendo como proprietário o fundador do primeiro movimento de libertação homossexual da Itália, não é surpreendente que nela tenha se apresentado, em 17 de fevereiro de 1972, com uma leitura poética e uma apresentação musical, a revista contracultural e psicodélica *Tampax*, que mais tarde produziria outra, a *Zombie International*. Juntamente com Fernanda Pivano, a grande difusora da literatura estadunidense na Itália, Allen Ginsberg visitou cinco anos antes a livraria e recitou em seu subsolo. Quando em 1992, Ginsberg voltou a Turim, leu uma continuação de "Hum Bom!", o poema que havia iniciado em 1971, com Bush e Saddam como personagens (estou escutando o áudio no YouTube enquanto escrevo isso: esse é o eco do batimento cardíaco de livraria durante aqueles anos 1970). Foi o próprio Pezzana que mudou o nome do estabelecimento em 1975: Luxemburg Libreria Internazionale. Ela não interrompeu sua atividade política e cultural: esteve na retaguarda tanto do nascimento da International Gay Association e da Associação Ítalo-Israelense quanto da criação da Feira do Livro de Turim. No final do primeiro andar, sob a escada de madeira, o pequeno escritório do livreiro está decorado com bandeiras de Israel e da Itália; e a seção judaica é quase tão bem sortida como a de revistas internacionais da entrada ou a dos livros em outras línguas europeias do piso superior. Uma fotografia em preto e branco mostra o poeta beat, e um recorte amarelado de jornal certifica sua visita. Em uma vitrine se exibem as faturas e comandas de Francesco Casanova. É o próprio Pezzana, com os óculos no último milímetro do nariz, que me cobra a cópia que eu comprei, para dar a Marilena, do último romance de Alessandro Baricco. O acesso ao subsolo está fechado.

Preserva-se um catálogo da Bertrand Livreiros de 1755, o ano do terremoto de Lisboa. Nele, os irmãos franceses indexam quase 2 mil títulos, um terço dos quais são livros de história, outro de ciência e artes, e o último é dividido entre direito, teologia e literatura. A maioria está escrita em francês e foi editada em Paris. Poucos meses depois do terremoto, muitos livreiros italianos e franceses da capital portuguesa já haviam retomado suas atividades, e embora não se conservem catálogos da Bertrand Livreiros desses anos, o que existem são folhas de pedidos de títulos, enviadas ao Santo Ofício e ao órgão censor que posteriormente herdou suas funções. Em um dos leilões públicos de terrenos devastados pelo terremoto de 1773, obtiveram a localização definitiva da livraria, na chamada então rua das Portas de Santa Catarina. A empresa foi familiar até 1876, ano em que foi transferida pelo último descendente direto, João Augusto Bertrand Martin, à empresa Carvalho & Cia. Foi a primeira das muitas sociedades comerciais que possuíram desde então uma marca que, em algum momento, para que não se duvidasse de sua antiguidade, incorporou na inicial B a cifra 1732.

Lê-se "Fundada em 1872" no cartão que Pezzana me dá antes de se despedir.

> De acordo com meu costume, já na primeira manhã depois de chegar a Southwold, fui à Reading Room com a intenção de tomar algumas notas sobre o que aconteceu no dia anterior. Primeiro fiquei folheando, como já fiz algumas vezes, o caderno de navegação do Southwold, o navio de guarda ancorado no cais desde o outono de 1914. [...] Sempre que decifro uma dessas notas fico maravilhado com o fato de que uma estrela já extinta há muito tempo, no ar ou na água, ainda possa estar visível aqui, no papel.
>
> — W.G. SEBALD,
> *Os anéis de Saturno*

# CAPÍTULO 4

# SHAKESPEARES AND COMPANIES

> O descrédito no qual se encontra a livraria tem que ver menos com uma suspensão de suas operações (eu não vejo dessa maneira) do que com sua notória impotência em relação à obra excepcional.
>
> — STÉPHANE MALLARMÉ,
> *Fragmentos sobre o livro*

COMEÇAMOS ESTE capítulo com uma citação de *L'histoire par le théâtre* [A história através do teatro] (1865), de Théodore Muret, anotada por Benjamin em seu inconcluso e já mencionado projeto *Passagens*:

> "Havia necessariamente costureiras, que trabalhavam em grandes tamboretes voltados para o exterior, sem que nenhum vidro as separasse, e seus rostos ágeis não supunham, para alguns transeuntes, o menor dos atrativos do lugar. Além disso, as Galeries de Bois eram o centro da nova livraria."

A associação entre tecer e escrever, entre tecido e texto, entre a costureira e o artista, é uma constante na história da literatura e da arte. A atração pelas artesãs, por seus corpos femininos, está relacionada nessas linhas com o consumo cultural. Muret enfatiza a ausência de vidro, na época em que todas as livrarias começam a ter vitrines, uma exibição transparente da mercadoria que compartilham com lojas de brinquedos ou roupas. Quando Zweig narra o retorno de Jakob Mendel a Viena, após dois anos confinado no campo de concentração, refere-se às "vitrines cheias de livros" da cidade, porque é nelas que se torna exterior a experiência interior das livrarias e, com isso, a exuberância da vida cultural urbana. A seguinte anotação de Benjamin provavelmente se deve à associação de ideias:

> "Julius Rodenberg sobre a pequena sala de leitura em uma passagem da Opéra: 'Que acolhedora se apresenta em minha memória essa pequena câmara na penumbra, com suas altas fileiras de livros, suas mesas verdes, seu gerente de cabelos vermelhos (um grande amante dos livros, que sempre estava lendo romances em vez de apresentá-los aos outros), seus jornais alemães, que alegravam o coração do alemão todas as manhãs (com exceção da *Kölnische Zeitung*, que aparecia em média apenas uma vez a cada quinze dias). E se talvez houvesse novidades de Paris, este era o lugar onde se descobriria, era lá que as escutávamos'."

Os salões, os gabinetes de leitura, os ateneus, os cafés ou as livrarias compartilham a natureza de lares postiços e de núcleos políticos de tráfego de informações, como se observa no romance *O viajante do século*, de Andrés Neuman, que, a propósito, escreveu que as livrarias são "lares de passagem". A imprensa estrangeira e a local dialogam nos cérebros *extraterritoriais* dos viajantes e exilados, que se deslocam de capital em capital europeia enquanto a Grand Tour vai se extinguindo. A Europa se torna um grande espaço de fluxo de livros graças à sua produção industrial, que é acompanhada pela proliferação de redes de livrarias, a multiplicação do folhetim como forma novelística comercial por excelência, o aumento exponencial de pessoas alfabetizadas e a transformação do continente em um vasto emaranhado de linhas férreas. Paralelamente, consolidam-se as instituições que cuidam da produção editorial e do marketing. Na Alemanha, por exemplo – como Svend Dahl nos lembra –, em 1825 é criada a Associação dos Livreiros, que consegue, 23 anos depois, acabar com a censura e que, em 1870, consegue que seja emitida uma disposição válida para todo o país, de acordo com a qual os direitos autorais permanecerão em vigor durante os trinta anos posteriores ao falecimento. Na época, já se consolidara o sistema de comissões e atacadistas intermediários. Como o restante dos bens de consumo, os livros também estão sujeitos à legislação do trabalho, à competição, à publicidade ou ao escândalo.

Não é por acaso que os dois maiores escândalos literários do século XIX foram simultâneos e ocorreram em Paris (além do de Oscar Wilde, que, por sua vez, morreu, afundado na indigência, também na capital francesa). Os julgamentos de 1857 por ofensa à moralidade e às boas maneiras contra Charles Baudelaire, por sua obra-prima *As flores do mal*, e contra Gustave Flaubert, por sua obra *Madame Bovary*, constituem uma casuística perfeita para refletir sobre as mudanças que estavam ocorrendo na indústria do livro e na história literária. Possíveis respostas a perguntas como: até onde vai a responsabilidade do escritor com relação ao que ele escreve? E se for ficção? A censura é legítima em uma sociedade democrática? Até que ponto um livro pode influenciar uma pessoa? Qual é o relacionamento legal do editor com o livro? E a gráfica, o distribuidor e o livreiro? Todas essas perguntas têm precedentes ilustres: depois de ser denunciado por seu pároco, Diderot foi julgado em 1747 por *Cartas sobre os cegos* e confinado na fortaleza de Vincennes, até que os livreiros associados conseguiram sua liberdade, argumentando que, se o projeto da *Enciclopédia* não fosse adiante, a principal vítima seria a indústria nacional. Quando se publicou *El origen del narrador* [A origem do narrador], uma compilação das atas de ambos os julgamentos do século XIX, Daniel Link interpretou corretamente o título do volume: "Tem a ver especialmente com a noção (moderna) de autor: seu aparecimento e desaparecimento ao mesmo tempo da cena (do crime) e a maneira pela qual a responsabilidade (penal e ética) permite relacionar certas declarações com determinados nomes próprios". Baudelaire perdeu o julgamento (uma multa e a supressão de seis poemas); Flaubert ganhou. As atas mostram que o principal protagonista de ambos os processos foi o advogado Ernest Pinard. Curiosamente, foi no julgamento em que perdeu que ele se revelou um excelente crítico literário. A ele devemos a interpretação do romance que até hoje é majoritária. Todo leitor é crítico, mas apenas aqueles que de alguma forma tornam pública sua opinião sobre o que leem tornam-se críticos literários. Pinard foi um destes, com toda propriedade, que pode ser comprovada nas atas do julgamento.

O poeta passou toda a sua vida querendo escrever uma "história de *As flores do mal*" para esclarecer que seu livro, mesmo que tenha sido condenado como imoral, era "profundamente moral". O que aconteceu *fisicamente* com ele? Seu editor, Poulet-Malassis, continuou a vender a edição completa de *As flores do mal* pelo dobro do preço original e comercializou alguns exemplares com menos páginas, mutiladas. E em 1858 uma segunda edição foi colocada em circulação, novamente íntegra, que se esgotou em alguns meses. Ao contrário do que aconteceu com Wilde, que foi uma verdadeira tragédia, os escândalos protagonizados por Flaubert e Baudelaire não tiveram sérias repercussões. Mas eles continuam a condicionar a leitura de ambas as obras-primas no século XXI. E daquelas que as seguiram.

A leitura literária, por causa de sua penetração social, é condicionada por uma série de agentes críticos e microcríticos. Que seja um fiscal e que também possamos conhecê-lo através dos textos que escreveu é um fato extraordinário, quase tanto como que se revele como tal um livreiro. Não obstante, as duas mais importantes livrarias parisienses da primeira metade do século XX – e talvez do mundo e do século – publicaram seus livros de memórias que nos permitem ver o funcionamento relacional e crítico de uma livraria de referência. A leitura em paralelo de *Rue de l'Odéon*, de Adrianne Monnier, e de *Shakespeare and Company: Uma livraria na Paris do entreguerras*, de Sylvia Beach, permite falar em dois projetos gêmeos. Inclusive coincidentes em seu financiamento inicial, porque Monnier conseguiu abrir La Maison des Amis des Livres em 1915 graças a uma indenização que seu pai reivindicou (por um acidente ferroviário). No caso de Beach, foi sua mãe que lhe emprestou todas as suas economias para que pudesse investi-las no negócio, que abriu suas portas em um endereço próximo em 1919 e mudou-se para a rue de l'Odéon dois anos depois. Para ambas, a coisa mais importante do ofício é a possibilidade de travar amizade com escritores que também são clientes e que se tornam amigos. A maior parte dos livros respectivos está justamente dedicada ao catálogo de visitantes ilustres: Walter Benjamin, André Breton, Paul Valéry, Jules Romain ou Léon-Paul Fargue, entre outros, no caso de La Maison des Amis des Livres; Ernest Hemingway, Francis Scott Fitzgerald, Jean Prévost, André Gide, James Joyce ou Valery Larbaud, no caso da Shakespeare and Company. Se é que a diferenciação é correta, porque visitar a rue de l'Odéon significava visitar ambas as livrarias e o público e as amizades das duas livreiras se misturaram tanto em atividades culturais como na vida pessoal. Enquanto Monnier mantém uma certa equanimidade e dedica dimensões semelhantes a todos os seus afetos, Beach opta por Joyce, a quem, antes de conhecer, já considerava "o maior escritor de minha época". Toda a família Joyce estava entrelaçada com a Shakespeare and Company desde o início: os jovens Giorgio e Lucia levaram caixas quando a livraria se mudou de suas instalações iniciais na rue Dupuytren para a sede definitiva na l'Odéon, que serviu de escritório postal e bancário de toda a família; e Lucia foi mais tarde amante de Samuel Beckett, assistente de seu pai, e de Myrsine Moschos, a assistente de Beach e sua ajudante na livraria. O processo de edição de *Ulysses* constitui o argumento central de seu livro, e a personalidade de seu autor invade o texto, para o bem e para o mal, como uma chuva de borboletas brancas e pretas. Não acho que a centralidade desse livro e desse autor sejam casuais: as *livrarias literárias* constroem seu discurso situando em seu centro o gosto elevado que leva à *dificuldade*. Como Pierre Bourdieu diz em *A distinção: Crítica social do julgamento*: "Toda a linguagem da estética está contida em uma rejeição, por princípio, do *fácil*, compreendido em todos os sentidos que a ética e a estética burguesas dão a essa palavra".

Monnier fala sobre "as belas visitas: as dos autores e dos fãs instruídos". Beach, dos "peregrinos" que chegam dos Estados Unidos atraídos pelo halo que imprimia na cidade a presença de Picasso, Pound ou Stravinski. Na verdade, torna-se uma autêntica "guia turística" quando visitantes como Sherwood Anderson – entre muitos outros – pedem-lhe para levá-los à residência de Gertrude Stein; e documenta essa atividade em seu santuário de peregrinação graças à cumplicidade de Man Ray, cujas fotografias decoram o estabelecimento. Ambos os locais também eram bibliotecas de empréstimos ("naqueles tempos não havia dinheiro para comprar livros", explica Hemingway em *Paris é uma festa*). E na Shakespeare and Company também havia um quarto de hóspedes. Assim, a livraria englobava a galeria de arte, a biblioteca, o hotel. E a embaixada: Beach se orgulha de ter comprado a maior bandeira dos Estados Unidos em toda Paris. E o centro cultural: em ambas se realizavam periodicamente recitais e conferências; e La Maison organizou tanto a primeira audição pública de "Socrate", de Erik Satie, em 1919, como a primeira leitura de *Ulysses* dois anos mais tarde. Música e literatura *difíceis* e *distintas*.

Beach decidiu manter a livraria aberta durante a ocupação, mas sua nacionalidade e suas amizades judaicas chamaram a atenção dos nazistas. Certo dia, em 1941, se apresentou um "oficial alemão de alto escalão" e, em "um inglês perfeito", disse que queria comprar o exemplar de *Finnegans Wake* que estava na vitrine. Beach se recusou a vendê-lo. Depois de quinze dias, ele voltou a ameaçá-la. E a intelectual decidiu fechar o estabelecimento e armazenar todo o material em um apartamento no mesmo prédio, logo acima de onde vivia. Ela passou seis meses em um campo de concentração. Ao voltar a Paris, permaneceu escondida: "Eu visitava todo dia, embora secretamente, a rue de l'Odéon e, na livraria de Adrianne, descobri as últimas notícias; também podia ver os últimos livros de Éditions de Minuit, que eram clandestinos". Hemingway foi soldado do exército aliado que libertou em 1944 a rua das livrarias míticas (e então ele foi ao bar do Ritz, para *libertá-lo* também). La Maison continuou aberta até 1951, quatro anos antes da morte de Monnier, que se suicidou após oito meses ouvindo ruídos dentro de sua cabeça.

Durante essas décadas, foi certamente Léon-Paul Fargue a principal ponte entre essa Paris franco-anglo-saxã e a Paris hispano-americana. Alejo Carpentier o descreve como um homem de incrível erudição e poesia brilhante, sempre vestido de azul-marinho, o último notívago, viciado na metrópole e relutante em viajar. Apesar de seus itinerários irregulares e sua falta de pontualidade, aparentemente ele era fiel à Cervejaria Lipp, ao Café de Flore – onde se encontrava com Picasso –, à rue de l'Odéon e à casa de Elvira de Alvear, onde se encontrava com Arturo Uslar Pietri e Miguel Ángel Asturias. Outro poeta fetiche e ponte entre ambos os extremos era Paul Valéry, que Victoria Ocampo conheceu em sua viagem de 1928, uma viagem crucial, porque naquela época estava preparando o grande projeto de sua vida, a revista *Sur*, cujo primeiro número seria publicado três anos depois. Durante vários meses foi conhecendo filósofos, escritores e artistas plásticos. Visitou o russo Lev Shestov em companhia de José Ortega y Gasset. Da reunião com Pierre Drieu La Rochelle não saiu ilesa: escaparam para Londres enredados em uma paixão adúltera. Depois de conhecer Monnier e Beach, que a apresentaram à obra de Virginia Woolf, Ocampo voltou a atravessar o canal da Mancha para conhecê-la em 1934 e regressou novamente em 1939, em companhia de Gisèle Freund, que tirou fotos de Woolf mais famosas do que aquelas que Man Ray fez de Ocampo. O casal de livreiras também a apresentou a Valery Larbaud. E Monnier foi várias vezes tomar chá na casa alugada em Paris, durante a década anterior, por Alfonso Reyes e sua esposa. Mas, a julgar por seus artigos, cartas e livros, nenhum desses nomes hispano-americanos ficou na memória das livreiras parisienses.

Não há dúvida de que ambas estavam radicalmente comprometidas com a literatura de seu tempo: a dona da Shakespeare and Company arriscou suas economias para editar a obra-prima de um homem; a da La Maison des Amis des Livres, para publicar sua própria revista literária, *Le Navire d'Argent*. Mas Monnier tem um perfil crítico muito mais acentuado do que Beach e maior vontade de intervenção direta no debate de sua época. Um dos textos que compõem o livro é uma leitura aprofundada da poesia de Pierre Reverdy. Beach evoca uma conversa, depois do jantar no qual conheceu pessoalmente Joyce, em que Jules Benda e Monnier discutem sobre os melhores autores franceses contemporâneos. Em relação às vanguardas, ela afirma que "nós éramos todos muito conscientes de que estávamos indo em direção a um renascimento". E sobre a função de uma livraria em relação ao seu presente literário, diz:

"É realmente indispensável que uma casa consagrada aos livros seja fundada e dirigida com consciência por alguém que conjugue a maior das erudições com o amor pela novidade, e que, sem se tornar esnobe, esteja preparado para potencializar as verdades e as fórmulas novas."

Para satisfazer tanto a maioria como a minoria, é necessário fazer autênticas piruetas e, acima de tudo, dispor de muito espaço. La Maison era uma livraria pequena e, portanto, é normal que seu acervo tenha sido limitado. Muitos dos escritores que a visitam verificam se seus livros estão à vista, ou os entregam para o acervo, de modo que é compreensível que o círculo de amigos e de cúmplices esteja representado na oferta, sobretudo se a dona da empresa os defende esteticamente em suas intervenções culturais. Dessa forma, a livraria se torna um lugar anômalo, onde a obra excepcional que, de acordo com Mallarmé, não conseguia encontrar um espaço na livraria moderna, não só está à venda, mas encontra assinantes, investidores, tradutores, editores.

"E quantas descobertas são possíveis em uma livraria", escreve Monnier, "onde passam obrigatoriamente, entre os transeuntes anônimos, as Plêiades, os que para nós já parecem um pouco 'grandes pessoas azuis', e com um simples sorriso justificam o que chamamos nossas melhores esperanças." A livreira, crítica e agitadora cultural se inclui na elite. Apesar de suas dificuldades em encontrar uma editora ou sobreviver, eles são os melhores escritores de sua época. Possuem a aura de reconhecimento: são *reconhecidos* por aqueles que os veem pessoalmente, porque antes, se não os leram, os viram fotografados, como acontecia com a torre Eiffel. Chateaubriand diz, na passagem mencionada anteriormente, sobre a pirataria de sua obra, em *Memórias de além-túmulo*:

"Eu estava felizmente bem-disposto; minha reputação me tornava a vida leve: há muitos sonhos na primeira embriaguez da fama, e os olhos são preenchidos primeiro com as delícias da luz que aparece; mas quando essa luz se apaga, deixa-os no escuro; se isso durar, o costume de vê-la logo torna você insensível a ela."

A palavra-chave, é claro, é *reputação*. Dela depende outra, tão crucial e também feminina, a *consagração*. Desde o nascimento da modernidade, o complexo sistema literário se articulou através de nós consagratórios: a publicação em determinadas editoras ou coleções, os elogios de certos críticos ou escritores, a tradução para certas línguas, a conquista de homenagens, prêmios, reconhecimentos de importância primeiro local e depois internacional, o convívio com certas pessoas, o frequentar cafés, salões, livrarias. Paris, o país e a língua que *capitaliza* constituíram, durante o século XIX e a primeira metade do XX, a primeira e mais influente república literária do mundo, o centro a partir do qual se legitimava boa parte da literatura mundial. Quando Goethe descreve a livraria em sua obra *Viagem à Itália*, relata três sistemas culturais de caráter nacional: o alemão que carrega (e é a língua em que ele escreve esse livro), o inglês (a elogiada edição em inglês do livro que ele compra) e o italiano (Palladio e a própria livraria). Como nos lembrou Pascale Casanova, Goethe falou em sua obra tanto de uma *literatura mundial* como de um *mercado mundial de bens culturais*. Ele tinha plena consciência de que a modernidade seria baseada na transformação dos objetos culturais e artísticos em mercadoria que se move em dois mercados paralelos, o simbólico (cujo objetivo é o prestígio, a distinção) e o econômico (cujo objetivo é obter benefícios pelo trabalho feito, entre artesanal e artístico).

Como acontece na grande maioria das biografias, ensaios e estudos conjuntos sobre épocas e lugares cruciais da história da cultura, em *A república mundial das letras* Casanova não fala sobre a importância das livrarias nessa geopolítica literária progressivamente internacional. As exceções, como geralmente acontece em tantos outros títulos, são a Shakespeare and Company, citada em uma ocasião a propósito de Joyce, e La Maison des Amis des Livres, que algumas páginas antes aparece em um parágrafo sobre o tópico do escritor como passageiro sem pátria institucionalizada:

> "Esse ajuste improvável transforma por um longo período
> de tempo Paris, na França, e todas as partes do mundo na
> capital dessa República sem fronteiras ou limites, pátria

universal livre de todo patriotismo, o reino da literatura que se constitui contra as leis comuns dos Estados, lugar transnacional cujos únicos imperativos são os de arte e literatura: a República Mundial das Letras. 'Aqui', Henri Michaux escreve sobre a livraria de Adrianne Monnier, que foi um dos templos parisienses de consagração literária, 'está a pátria daqueles que não encontraram uma pátria, seres livres de quaisquer laços'. Paris torna-se assim a capital daqueles que se proclamam sem nação e acima das leis: os artistas."

No artigo que dá título a *Extraterritorial: A literatura e a revolução da linguagem*, de 1969, George Steiner fala sobre autores pós-modernos como Borges, Beckett ou Nabokov, representantes de uma "imaginação multilíngue", de uma "tradução internalizada", que os levaria a produzir uma obra prodigiosa. Friedrich Nietzsche se maravilhava com o fato de que, em Turim, quando ele morava lá, houvesse livrarias trilíngues. Mais ao norte, em outra cidade transfronteiriça e poliglota, Trieste, a livraria Antiquaria, na época de entreguerras, foi o lugar onde grandes escritores triestinos, como o próprio poeta que dirigia a livraria, Umberto Saba, ou seu amigo Italo Svevo, conversavam com escritores de diversas origens, como James Joyce. As mudanças de endereço e de idioma levam, portanto, a uma extraterritorialidade artística; mas, como cidadãos, os artistas permaneceriam sujeitos às leis formais e, como autores, às regras do jogo dos respectivos campos literários. Embora os escritores pudessem cultivar em Paris uma simulação de liberdade, talvez fosse mais fácil de fazer em relação à geopolítica do que em relação a mecanismos de consagração literária. Monnier era, além de livreira, crítica literária: juíza e parte interessada. Sua importância consagratória foi percebida por seus contemporâneos: em 1923, foi acusada publicamente de ter influenciado de forma poderosa, com suas recomendações de leitura, o livro *Histoire de la littérature française contemporaine* [História da literatura francesa contemporânea], de René Lalou (que, de acordo com um artigo de opinião publicado em *Les Cahiers Idéalistes*, "ignorou aqueles cujos livros não estão em suas prateleiras"). Em sua defesa, a livreira argumenta que se limitava a dispor de títulos que não se encontravam no resto das livrarias e, ao enumerá-los, articula um cânone.

O binômio criado com Monnier e Beach constituiu um duplo polo anti-institucional: respectivamente, em oposição às grandes plataformas locais de legitimação (diários, revistas, universidades, órgãos governamentais) e, como consulado cultural na clandestinidade, em oposição às grandes plataformas estadunidenses de legitimação (especialmente: editoriais). De Paris, burlou-se a censura dos Estados Unidos, que tornava impossível publicar a obra de Joyce em Nova York: um cúmplice de Beach passou por balsa cópias do *Ulysses* do Canadá escondidas em suas calças. A ênfase contraespacial e antinacional foi enfatizada ao extremo durante a ocupação nazista, quando se tornou um bunker de resistência simbólica.

Em 1953, Monnier escreveu um texto intitulado "Memórias de Londres", no qual lembra sua primeira viagem à capital inglesa, em 1909, quando tinha 17 anos. Chama a atenção que não mencione qualquer livraria. Pode ser devido ao fato de que sua vocação não existisse então, mas na escritura retrospectiva é comum forçar os mitos de origem. Eu diria que o motivo é mais simples: no início do século passado, era difícil ter consciência de pertencer a uma tradição. E, de fato, a forte tradição das livrarias independentes entrelaçadas conceitualmente do século XX (as *Shakespeares and Company*) nasce com o trânsito entre a biblioteca e a livraria que iluminou Sylvia Beach:

"Certo dia, vi na Biblioteca Nacional que uma das críticas – *Verso y prosa* [Verso e prosa] de Paul Fort, se bem me lembro – podia ser adquirida na livraria de A. Monnier, na rua de l'Odéon, 7, Paris-VI. Eu nunca tinha ouvido esse nome, não estava familiarizada com o bairro, mas algo irresistível dentro de mim me atraía para o lugar onde iriam acontecer coisas tão importantes comigo. Cruzei o Sena e logo me encontrei na rue de l'Odéon. No final da rua, havia um teatro que poderia lembrar as Casas Coloniais de Princeton e, no meio da rua, no lado esquerdo, se via uma pequena livraria cinza com as palavras 'A. Monnier' em cima da porta. Contemplei os livros atrativos da vitrine e, examinando dentro da loja, vi todas as paredes cobertas de estantes cheias de volumes cobertos com esse papel de celofane com o qual os livros franceses estão forrados enquanto esperam, geralmente por um longo tempo, que os levem ao encadernador. Aqui e ali também havia retratos interessantes de escritores. [...] 'Eu gosto muito da América', ela me disse; eu respondi que também gostava muito da França. E como nossa futura colaboração nos mostrou, dizíamos isso a sério."

O livro foi publicado em 1959 e seu receptor natural era o público anglo-saxão (a isso se deve a comparação com Princeton), com a consciência de que sua livraria era um marco inevitável e que a reconstrução de suas origens tinha interesse para a história da literatura. A história da descoberta é a de uma viagem causada por uma leitura e supõe o cruzamento de uma fronteira (o Sena) para chegar ao desconhecido. Através da vitrine (a segunda fronteira), Beach se une à surpresa de Goethe: ainda existiam estabelecimentos que não encadernavam os volumes, para o leitor fazê-lo de acordo com seu gosto. O desejo do olhar é direcionado tanto para os livros expostos (*atrativos*) como para os retratos dos escritores (*interessantes*), que até hoje constituem uma decoração habitual das livrarias. Finalmente: a aliança é selada com uma declaração de gostos que é, na distância do tempo, reinterpretada como uma declaração de intenções. E de amor: Monnier e Beach foram um casal durante cerca de quinze anos, embora o relacionamento íntimo não apareça nos livros que escreveram (nem, pelo menos, de modo enfático, que foram algumas das primeiras livreiras do mundo, totalmente autônomas do poder ou do investimento masculino). Essa aliança é a primeira pedra do mito. Beach estava ciente de que chegara quatro anos mais tarde, que se situava em uma linha que tinha sido inaugurada pela Maison des Amis des Livres. O que não podia saber é que, quando publicou seu livro, ambas as livrarias já faziam parte de uma tradição na qual a Geração Perdida estava ligada à Geração Beat. Sobre a primeira, a propósito, Beach escreveu: "Não consigo pensar em uma geração que merecesse menos esse nome".

A segunda Shakespeare and Company abriu as portas no número 37 da rue de la Bûcherie em 1951, com o nome de Le Mistral, e até 1964, após a morte de Sylvia Beach, não foi renomeada como sua admirada antecessora. George Whitman era pouco mais que um desprezível vagabundo ianque com experiência no exército quando chegou a Paris. Depois de se formar em 1935 em ciências e jornalismo, passou vários anos viajando pelo mundo, até que a entrada dos Estados Unidos na Segunda Guerra Mundial levou-o a um ambulatório médico na Groenlândia, ao norte do Círculo Ártico, e posteriormente à base militar de Taunton em Massachusetts, onde abriu uma primeira e rudimentar livraria. Foi lá que descobriu que precisavam de gente na França e foi como voluntário para um campo de órfãos; mas se sentiu atraído pela capital, mudou-se e se inscreveu em um curso na Sorbonne. Comprou alguns livros em inglês, com a intenção de cobrar uma pequena taxa de empréstimo, e de repente viu que seu quarto alugado foi invadido por estranhos em busca de leitura; então se preparou para ter sempre pão e sopa quente para aqueles que visitavam seu comércio incipiente. Esse foi o embrião comunista de sua futura livraria.

Whitman sempre foi um personagem incômodo para os padrões americanos. Em Paris vendia livros proibidos, como *Trópico de câncer*, de Henry Miller, para soldados de seu país. Seu *sonho americano* seguia, como escreveu Jeremy Mercer, o princípio marxista: "Dê o que puder, pegue o que precisar"; e ele sempre entendeu seu projeto como uma espécie de utopia. Desde o primeiro dia instalou em Le Mistral uma cama, um fogão para aquecer comida e uma biblioteca de empréstimo para aqueles que não podiam comprar livros. A fusão de livraria e abrigo foi total por décadas: para isso Whitman sacrificou sua intimidade, vivendo constantemente com estranhos. Na Shakespeare and Company se hospedaram cerca de 100 mil pessoas por sessenta anos, em troca de algumas horas de trabalho na livraria e de dedicar-se à escrita e à leitura, porque o livro novo convive com o usado, e a presença de sofás e poltronas convida o uso do prédio como se fosse uma grande biblioteca. A divisa que a rege foi escrita sobre um dos umbrais do labirinto: "Seja gentil com estranhos, pois eles podem ser anjos disfarçados". Poeta amador, Whitman afirmou em várias ocasiões que sua grande obra era a livraria: seus quartos seriam diferentes capítulos de um mesmo romance.

Em uma das vitrines da Shakespeare and Company se lê: "City Lights Books". E na parte superior da porta da City Lights, em San Francisco, provavelmente tenha sido o próprio Lawrence Ferlinghetti que pintou à mão sobre um fundo verde: "Paris. Shakespeare+Co". Irmanada com seu modelo parisiense, consciente de seu pertencimento à mesma estirpe, depois dos quatro anos que o poeta beat passou estudando na Sorbonne, durante os quais se tornou amigo de Whitman em seu cômodo alugado, cheio de livros e ambientado pela sopa fumegante, a mítica livraria da Costa Oeste nasceu apenas dois anos após seu retorno, em 1953. Logo se tornou um selo editorial, publicando livros do próprio Ferlinghetti e de poetas como Denise Levertov, Gregory Corso, William Carlos Williams ou Allen Ginsberg. O catálogo não se limitava à poesia beat, mas muitas de suas obras estão nessa órbita: dos contos de Bukowski aos textos políticos de Noam Chomsky. A editora e seu editor entraram na história da literatura no outono de 1955, depois da leitura de Ginsberg na Six Gallery da cidade: Ferlinghetti propôs-lhe que publicasse *Uivo* em seu selo. Isso aconteceu e, depois de um curto período de tempo, ele foi recolhido pela polícia, que acusou um funcionário da livraria e o editor de encorajar a obscenidade. O julgamento teve um ótimo acompanhamento midiático e sua decisão, a favor da City Lights Publishers, ainda é um marco na história judicial dos Estados Unidos em matéria de liberdade de expressão. "Livros, não bombas" lê-se em um grafite no papel, pendurado na escada. Porque nas paredes, a livraria vai se definindo a si mesma: "Espaço de encontros literários"; "Bem-vindo, sente-se e leia um livro".

A leitura pública e a performance foram comuns desde o início tanto na livraria parisiense como na californiana. Em um famoso recital de 1959 na City Lights, Ginsberg disse que, para escrever o que ele estava prestes a declamar, ele se concentrara até captar um ritmo e que, a partir dele, improvisava com a ajuda de algo muito parecido com a *inspiração divina*;

ele também protagonizou recitais em frente à Shakespeare and Company, bêbado de vinho tinto. Ambas têm vocação de agitação, de biblioteca, de hospitalidade e de abertura para o novo. Portanto, nas duas há um seção robusta de fanzines, que continuam sendo um dos meios de expressão da mesma contracultura que se formou em paralelo a elas na década de 1950. Da sacada da Shakespeare and Company, Whitman testemunhou os eventos de maio de 68. Não é uma coincidência que, em ambas, as salas de poesia e leitura estejam no topo da construção, se você levar em consideração seu estilo andarilho, beatnik, contestador, em suma: neorromântico. Sua constante renovação é assegurada na livraria parisiense pelo contínuo fluxo de corpos jovens, temporariamente boêmios.

Como Ken Goffman disse em *A contracultura através dos tempos*, a sociedade artística francesa de mudança do século xix ao século xx relacionou a busca pela originalidade artística com a vida boêmia:

"Durante as primeiras quatro décadas do século xx, essa boemia artística parisiense explodiu de tal forma que era quase um movimento de massas. Literalmente, centenas de artistas, escritores e figuras históricas universais cujas obras inovadoras (e, em alguns casos, personalidades dasafiadoras) ainda ressoam hoje, depois de passar pelos portais do que o historiador da literatura Donald Pizer chamou 'O Grande Momento de Paris'. [...] De acordo com Dan Franck, autor da obra histórica *Boêmios*: 'Paris ... tornou-se a capital do mundo. Não havia mais um punhado de artistas nas ruas... mas centenas, milhares deles. Foi um florescimento artístico de uma riqueza e qualidade que nunca teve rival'."

A saturação de Paris tem uma data-limite: 1939. Durante a Segunda Guerra Mundial, a cidade parcialmente teve sua vida cultural congelada, enquanto o território dos Estados Unidos e sua atividade intelectual permaneceram intactos. Uma vez que os anos 1940 passaram e, com eles, seus mitos políticos e militares, nos anos 1950 se abriram fissuras que permitiram a penetração de uma incipiente vida boêmia ao ritmo do bebop.

Do movimento beat ao movimento beatnik já se produz uma primeira expansão quantitativa. Ferlinghetti conta que nos anos 1960 começaram a chegar ônibus de beatniks às portas da City Lights, como parte de sua peregrinação pela topografia de Kerouac, Snyder, Burroughs e companhia. Mas é com o movimento hippie que se massifica a nova versão da boemia, já totalmente desprovida do impulso elitista e distinto dos primeiros dândis. Uma autêntica nova cultura de massas, porque depois da Segunda Guerra Mundial, o grau de alfabetização e sofisticação do Ocidente é tal que nele podem coexistir várias massas culturais, cada uma com suas características perfeitamente definidas e apenas parcialmente contraditórias.

Falta chegar a um consenso e, portanto, é necessário que exista uma massa crítica de seguidores, de leitores, para que uma geração literária seja canonizada. As duas últimas da literatura americana, a Geração Perdida e a Beat, entraram no cânone graças – entre outros muitos fatores – à atividade da primeira Shakespeare and Company e sua retroalimentação com La Maison des Amis des Livres na rue de l'Odéon, e à City Lights e o resto dos núcleos culturais da "San Francisco Renaissance". Assim é conhecido em inglês o período de esplendor cultural que a cidade da Costa Oeste viveu nos anos 1950. Não é mera coincidênicia que renaissance seja uma palavra de origem francesa.

> Dezoito meses depois de chegar à cidade, Ferlinghetti uniu forças com as de Martin e, juntos, abriram uma livraria no térreo. O espírito do lugar (como o de Whitman em Paris) era pessoal, informal e amistoso. Rexroth descreveu a poesia que queria escrever como uma poesia "de mim para você", e a City Lights era uma livraria "de mim para você". Martin e Ferlinghetti decidiram dedicá-la apenas a livros de bolso. Ficava aberta até a meia-noite, sete dias por semana.
>
> — JAMES CAMPBELL,
> *This is the Beat Generation*
> [Esta é a Geração Beat]

# CAPÍTULO 5

# LIVRARIAS FATALMENTE POLÍTICAS

> Também, ordenamos que, daqui em diante, nenhum livreiro, comerciante de livros ou qualquer outra pessoa, ouse trazer a essas partes Bíblias ou Novos Testamentos das referidas impressões depravadas ou de outras que contenham alguns erros, mesmo que sejam excluídos da maneira que se mandam apagar agora os erros das Bíblias e Novos Testamentos que atualmente existem nessas partes, sob as penalidades nesta nossa carta contidas.
>
> — FRANCISCO FERNÁNDEZ DEL CASTILLO,
> *Libros y libreros del siglo XVI*
> *[Livros e livreiros do século XVI]*

UM PÔSTER da Cicciolina, então atriz pornográfica, futura política italiana, com os lábios vermelhos e um vestido decotado; e ao lado, um pôster do bairro barroco vizinho. Uma boa oferta de novidades e revistas de vários países ao lado de manchas nas paredes, sob lâmpadas queimadas, inúteis. Encontrei esse tipo de contradição no início do século na livraria La Reduta, na rua Paleckého, Bratislava, ao lado de um parque tranquilo, apesar das faíscas intermitentes que, ao passar, os bondes disparavam. Essa sensação de se encontrar entre dois momentos históricos, que compartilham todos os lugares cruzados pelo comunismo. Os expositores dedicavam o mesmo espaço à literatura eslovena e à literatura tcheca, mas o grosso das novidades em eslovaco era superior, como se afirmasse com orgulho certo estado da questão no âmbito de um processo de transição muito lento.

Berlim inteira comunica a mesma sensação de divisora de águas. Se, da Alexanderplatz, você atravessa esse amplo bulevar de estética socialista batizado como avenida Stálin e mais tarde chamado Karl-Marx-Allee, tão amplo que por ele poderia desfilar todo um exército com vários tanques um ao lado do outro, você se surpreende de que, naquela megalomania espacial, nesse cenário perfeito para intimidação política, tanta ênfase seja dada à cultura. Porque a primeira coisa que você encontra é o grande mural da Casa do Professor, com sua exaltação colorida e pedagógica do mundo do trabalho. Logo depois, à esquerda, você vê a fachada do Kino Internacional, que desde 1963 recebeu as estreias da DEFA (Deutsche Film AG). A partir dele há o Cafe Moskau, o Bar Babette, o CSA Bar e você finalmente chega à Karl Marx Buchhandlung, a velha livraria comunista, que, após o fechamento em 2008, abriga uma produtora cinematográfica em que, à sua esquerda, se encontrava o Rose-Theater. Dois anos antes do fechamento, a livraria atuou como cenário para o final de *A vida dos outros*, um filme que fala principalmente sobre leitura.

Porque Gerd Wiesler, capitão da Stasi que assina seus relatórios como HGW XX/7, ocupa todo o seu tempo em ler (ouvindo) a vida diária do escritor Georg Dreyman e sua parceira, a atriz Christa-Maria Sieland. Em um momento essencial da história, o espião subtrai um dos livros da biblioteca de Dreyman, escritos por Bertolt Brecht, uma passagem estreita pela qual ele penetra timidamente na dissidência. Se o livro se torna assim o símbolo da leitura dissidente, uma máquina de escrever contrabandeada do Ocidente – pois o serviço de inteligência controlava todas as máquinas de escrever da República Democrática Alemã – constitui o símbolo da escrita contestatória. É nela que Dreyman, até então ligado ao regime, mas desencantado pela perseguição de seus amigos e a infidelidade de sua namorada (que concorda em dormir com um ministro da Cultura do RDA para não ser condenada ao ostracismo), escreve um artigo sobre a alta taxa de suicídio que o governo mantém em segredo. É publicado no *Der Spiegel*, porque Wiesler começou a simpatizar com o casal e protegê-lo, escrevendo relatórios em que elimina a atividade suspeita que se realiza em sua casa. Graças a ele, a máquina de escrever não é encontrada durante uma inspeção, e Dreyman se livra das consequências de sua *traição*, embora Christa-Maria morra acidentalmente durante a inspeção. Como seu superior intui – com razão, mas sem provas – que o espião mudou de lado, rebaixa-o à pura leitura: abrir as cartas dos suspeitos no serviço postal, ler a correspondência privada daqueles que poderiam estar informando o inimigo ou conspirando para derrubar o regime. Depois da queda do muro de Berlim, o escritor acessa os arquivos da Stasi e descobre a existência do informante e seu papel em fatos que até então não tinha sido capaz de interpretar. Procura por ele, que agora é um carteiro. Vai de casa em casa entregando envelopes fechados, respeitados pelo direito à privacidade. Ele não se decide a falar com ele. Dois anos mais tarde, Wiesler passa em frente à Karl Marx Buchhandlung e para ao reconhecer Georg Dreyman no cartaz que, da vitrine, anuncia a publicação de um novo livro dele. Entra. É dedicado ao HGW xx/7. "Para presente?", pergunta o caixa. "Não, é para mim", ele responde. O filme termina com essa resposta, nesta livraria que é agora um grande escritório, mas cujas prateleiras eu reconheço tanto pelo filme como por minhas visitas de 2005. Fotografo o mural de Karl Marx, com seu rosto barbudo e violeta, encurralado em uma extremidade das instalações. Esses rastros.

Em seu romance *Europa Central*, William T. Vollmann se introduz no cérebro de um daqueles espiões que atuaram como leitores constantes da vida dos seres humanos que, a seus olhos, eram autênticos personagens literários. Um cérebro crítico e censor. Ele é responsável pelo controle dos passos de Akhmatova e escreve, escolhendo uma metáfora que foi transformada em realidade pelo aparelho stalinista: "O correto teria sido apagá-la da fotografia e depois culpar os fascistas". Em alusão a um envio de material subversivo muito mais importante do que o artigo escrito no filme por Dreyman, diz o espião: "Se tivessem deixado a meu encargo, Soljenítsin nunca conseguiria fazer chegar ao outro lado seu venenoso *Arquipélago Gulag*". Vollmann evoca o frenesi das bancas de livros da avenida Nevski, artéria cultural de São Petersburgo, e da livraria Sitin, na qual Lênin comprava seus livros. Juntamente com a livreira Alexandra Komikova, que enviava à Sibéria o que lhe pediam os militantes revolucionários ali confinados, criou o jornal marxista que precisava da causa para se difundir. Para *O desenvolvimento do capitalismo na Rússia*, Lênin obteve um contrato de 2.400 cópias, com cujo adiantamento de direitos autorais pôde comprar nas instalações de Komikova os livros de que precisava para o seu estudo.

Com uma honestidade não muito frequente no cultivo da literatura, Vollmann reconhece como modelo de sua obra *Um túmulo para Boris Davidovich*, de Danilo Kiš, onde se acirra o conflito político das ditaduras do proletariado, suas construções sociais baseadas na existência de legiões de leitores de vidas cotidianas. E em negociações eminentemente textuais. Livros proibidos, censura, traduções autorizadas ou negadas, acusações, confissões, formulários, relatórios: escrita. Baseada na suspeita, nascida do horror: escrita. No combate final entre o prisioneiro Novski e o torturador Fedyukin, que tenta arrancar dele uma confissão completa, Kiš condensa a essência de cada uma dessas relações entre intelectuais e repressores que se repetem, como uma piada racista, em todas as comunidades sob suspeita sistemática. Como em *Enciclopédia dos mortos*, o escritor sérvio parte de Borges, mas nessa ocasião o faz para politizá-lo, enriquecendo seu legado com um compromisso que é estranho ao original:

> "Novski ampliou a instrução na tentativa de introduzir no documento de sua confissão, o único que permaneceria após sua morte, alguns esclarecimentos que pudessem suavizar a queda final e, ao mesmo tempo, lançar luz a um futuro pesquisador, através de contradições e exageros habilmente tecidos, sobre o fato de que toda a construção dessa confissão era baseada em uma mentira, obtida, sem dúvida, por meio da tortura. Por essa razão, lutava com incrível força por cada uma das palavras, por cada formulação. [...] Penso que os dois, em última instância, agiram por razões que ultrapassavam fins egoístas e estreitos: Novski lutava por preservar, em sua morte, em sua queda, a dignidade, não só a da sua imagem, mas a de qualquer revolucionário; Fedyukin tentava, dentro de sua busca da ficção e das conjecturas, preser-

var o rigor e as consequências da justiça revolucionária e daqueles que a ensinavam, pois era melhor sacrificar a verdade de um homem, de um organismo minúsculo, do que colocar em questão, por sua causa, alguns princípios e interesses mais sublimes."

Se a Karl Marx foi a livraria mais emblemática da Berlim Oriental, a Autorenbuchhandlung foi e ainda é a mais significativa da Berlim Ocidental. Não em vão, Charlottenburg era, na cidade dividida, o centro da metade federal, e o estabelecimento se encontra a poucos passos da Savignyplatz, perto da rua em que Walter Benjamin se baseou para escrever *Rua de mão única*, esse manual urbano que – como *As cidades invisíveis* de Italo Calvino – serve para se orientar por qualquer psicogeografia metropolitana do mundo. A inauguração em 1976 ficou a cargo de Günter Grass, mas, para deixar claro que sua vocação não era exclusivamente solene, algumas semanas depois foi Ginsberg – mais uma vez neste livro livreiro – que a reinaugurou com uma performance poética. Até a queda do muro de Berlim, a livraria foi um foco de discussão sobre comunismo e democracia, repressão e liberdade, com convidados da estatura de Susan Sontag ou Jorge Semprún; mas na década de 1990 voltou-se para a reunificação cultural, atendendo à literatura da Alemanha Oriental e reivindicando-a. Sua principal singularidade – como seu nome anuncia – é que foi fundada por um grupo de escritores, que assumiu como própria a tarefa de difundir a literatura alemã que eles produziam e liam. A livraria se parece, fisicamente, com a barcelonesa Laie, a portenha Eterna Cadencia ou a Robinson Crusoé 389 em Istambul: sóbria, elegante, clássica. Não surpreende que seja o lugar onde compra seus livros o protagonista de *Allerzielen* [Dia de Todos os Santos], um romance de Cees Nooteboom com óbvia ambição europeísta.

O eixo que articula *Europa Central* é o da Alemanha e da Rússia. No romance de Nooteboom, lemos:

"Era como se esses dois países professassem um anseio mútuo dificilmente compreensível para um holandês atlântico, como se essa planície imensurável que parecia começar em Berlim exercesse uma misteriosa força de atração, da qual, mais cedo ou mais tarde, deveria resultar em algo novamente, algo que eu ainda não poderia apreciar mas que, apesar de todas as aparências em contrário, voltaria a transformar a história europeia, como se essa enorme massa terrestre pudesse ser girada, deslizando e assim caindo na periferia ocidental como um lençol."

Os regimes de Stálin e Hitler são bombas atômicas de significado fatalmente relacionado, que explodiram simultaneamente em duas zonas geográficas condenadas ao diálogo, pelo menos desde que o judeu prussiano Karl Marx desenvolveu suas ideias políticas. Durante sua época no seminário, o jovem Stálin, por medo de que seus empréstimos na biblioteca pública ficassem registrados e pudessem ser motivo de represálias, buscava a liberdade de leitura na livraria de Zakaria Chichinadze. Naquela época, a censura imperial era férrea em São Petersburgo e incentivava em Moscou a produção, concentrada na rua Nikolskaya e seus arredores, de *lubki* – o equivalente russo dos *chapbooks* ou folhas soltas – que exaltavam a figura do tsar, narravam grandes batalhas ou reproduziam histórias populares, para indignação dos intelectuais pré-revolucionários, que os tachavam de retrógrados, antissemitas e pró-ortodoxos. Depois da Revolução de 1917, foram apagados da fotografia. Foi na livraria de Chichinadze que se produziu O Grande Encontro: foi ali que Stálin teve acesso aos textos de Marx. O mitômano transformou a experiência, retrospectivamente, em uma aventura: de acordo com sua versão, seus companheiros e ele entravam sub-repticiamente na loja de Chichinadze e, sem dinheiro, se dedicavam a copiar por turnos os textos proibidos. Robert Service explica em sua biografia do líder e genocida soviético:

"Chichinadze estava ao lado daqueles que se opunham ao domínio russo em Tbilisi. Quando os seminaristas chegaram às suas instalações, sem dúvida os recebeu cordialmente; e se as cópias foram feitas, com certeza tiveram sua permissão explícita ou implícita. A disseminação de ideias foi mais importante para a elite intelectual metropolitana do que o mero lucro econômico. Era uma batalha que os liberais dificilmente poderiam contribuir para ganhar. A loja de Chichinadze era como uma mina que guardava o tipo de livros que os jovens queriam. Iósef Dzhughashvili gostava do livro *Noventa e três*, de Victor Hugo. Ele foi castigado por introduzi-lo clandestinamente no seminário e quando, em novembro de 1896, como resultado de uma inspeção, foi encontrado o livro de Hugo *Os trabalhadores do mar*, o reitor Guermoguén decretou 'uma longa permanência' na célula de isolamento. De acordo com seu amigo Iremashvili, o grupo também conseguiu ter acesso a textos de Marx, Darwin, Plekhanov e Lênin. Stálin referiu-se a isso em 1938, afirmando que cada membro pagou cinco copeques para emprestar *O capital* de Marx durante quinze dias."

Quando conquistou o poder, Stálin desenvolveu um intrincado sistema de controle dos textos, graças em parte àquelas experiências pessoais que lhe permitiram comprovar que toda censura tem seus pontos fracos. Os livros sempre foram elementos fundamentais no controle do poder e os governos desenvolveram mecanismos de censura livreira, da mesma forma que construíram castelos, fortalezas e bunkers que – inevitavelmente – acabaram sendo tomados ou destruídos, ignorando o que Tácito já escreveu: "Ao contrário, a autoridade dos talentos perseguidos cresce e nem os reis estrangeiros nem aqueles que procederam com a mesma maldade conseguiram outra coisa além da desonra para si mesmos e glória para eles". Sem dúvida, foi com a imprensa que os países começaram a experimentar sérios problemas para frear o tráfico de livros proibidos. E foi com as ditaduras modernas que um maior crédito político foi tirado da queima pública de livros, ao mesmo tempo que destinavam grandes quantidades do orçamento nacional para os órgãos *de leitura*.

A Espanha foi pioneira, nos primeiros séculos da modernidade, tanto na concepção de sistemas maciços de vigilância e repressão dos leitores (o que mais foi a Santa Inquisição?) como no projeto de rotas de importação de escravos, campos de concentração, planos de reeducação e estratégias de extermínio. Não é de admirar que, para Franco, o grande modelo retórico do Estado fosse a Espanha imperial, a parafernália nacional-católica da conquista americana. Francisco Puche, livreiro de Málaga, falou sobre os símbolos que se contrapunham aos franquistas:

"Para todos os livreiros que sofreram a censura de Franco, a perseguição policial, os ataques fascistas após a morte de Franco, ficou a marca dessa época, e sempre consideramos a livraria como algo mais do que um mero comércio. Nós pegamos a tocha do último executado pela Inquisição, um livreiro de Córdoba que foi condenado no século XIX por apresentar livros proibidos pela Igreja. E essa época deixou claro, mais uma vez, que esse reflexo das ditaduras de queimar livros não é uma coincidência, e sim um produto da incompatibilidade de ambas as realidades, como dissemos no início sobre a resistência. E deixou claro, também, a importância das livrarias independentes como instrumentos de democracia."

Mas não se pode considerar o relacionamento problemático entre regimes aristocráticos, ditatoriais e fascistas e a circulação da cultura escrita por meio de um maniqueísmo que exime totalmente as democracias parlamentares, embora, felizmente, em muitas delas se exclua o castigo físico e a pena de morte. Os Estados Unidos são o exemplo paradigmático de como a liberdade de expressão e de leitura foi perpetuamente cercada por mecanismos de controle e censura. Desde o Comstock Act de 1873, que visava às obras obscenas e lascivas, até a atual proibição de livros efetuada por milhares de livrarias, instituições educacionais e bibliotecas, por razões políticas ou religiosas, ou as formas em que o Escritório de Controle de Ativos Estrangeiros do Departamento do Tesouro boicota a divulgação de obras cubanas e de outras regiões do mundo, pode-se observar a história da democracia estadunidense como um número infinito de negociações no frágil anel da liberdade intelectual. Em nossa época de difusão imediata de qualquer notícia impactante, a queima de livros continua sendo uma catapulta para as capas. Como Henry Jenkins explicou, a série literária que causou a maior controvérsia durante a primeira década do século XXI foi a de *Harry Potter*, que em 2002 era alvo de mais de quinhentos litígios diferentes em todo o país norte-americano. Em Alamogordo, Novo México, a Christ Community Church queimou trinta exemplares, juntamente com filmes da Disney e CDs do rapper Eminem, porque, de acordo com Jack Brock – pastor da igreja –, eles eram obras-primas satânicas e instrumentos para se iniciar nas artes negras. Mas foi na década anterior que a publicação de *Os versos satânicos* de Salman Rushdie não só evidenciou, pela enésima vez, esse relacionamento problemático dos Estados Unidos com a censura direta ou indireta, mas evidenciou uma questão ainda mais importante: a migração geopolítica do problema da liberdade de expressão. Porque, se durante meio século se concentrou especialmente na Europa Oriental e na Ásia, a partir da década de 1990 se inclinaria para o mundo árabe, com a diferença de que a mutação das relações econômicas e, acima de tudo, midiáticas faria que já não pudessem existir polêmicas domésticas ou nacionais, rapidamente enterradas pelas autoridades. A partir de *Os versos satânicos*, cuja maldição coincidiu com a queda do Muro, os abusos de Tiananmen e a expansão irrefreável da internet, sempre que houvesse uma afronta à liberdade de expressão e de leitura, suas consequências seriam automaticamente globais.

Salman Rushdie narra, em suas memórias *Joseph Anton*, os detalhes do caso. Em um primeiro momento, a publicação segue os canais usuais no Ocidente, ele faz as viagens promocionais de costume e o romance é finalista do Booker Prize, enquanto na Índia vai se introduzindo lentamente sua difusão, a partir de um destaque no *India Today* ("desencadeará uma avalanche de protestos") e da decisão de dois parlamentares muçulmanos de tomar o ataque ao livro como um assunto pessoal (sem tê-lo lido). Tudo isso leva à decisão de proibi-lo. Como aconteceu tantas outras vezes nos Estados Unidos, essa decisão recai sobre o Departamento do Tesouro, que se ampara na lei aduaneira. Rushdie responde com uma carta aberta ao primeiro-ministro Rajiv Gandhi. Os fanáticos respondem, por sua vez, enviando uma ameaça de morte à editora, Viking Press, e outra ao local onde o escritor iria fazer uma leitura. Depois o romance foi proibido na África do Sul. E uma mensagem anônima chegou à sua editora em Londres. E a Arábia Saudita e muitos outros países árabes proibiram a ficção. E começaram as ameaças por telefone. E em Bradford foram queimados publicamente exemplares dos *Versos satânicos* e, no dia seguinte, "a principal rede britânica de livrarias, WHSmith, retirou o livro das prateleiras em suas 430 lojas", enquanto em um comunicado oficial pediam que não fossem considerados "censores". E ganhou o prêmio Whitbread. E uma multidão invadiu o Centro de Informação Americano em Islamabad (Paquistão) e cinco pessoas morreram por causa dos disparos, enquanto a multidão gritava: "Rushdie, você é um homem morto!". E o aiatolá Khomeini e sua fátua e dois guarda-costas dia e noite e uma fazenda perdida em um canto remoto do País de Gales e a ameaça de boicote a todos os produtos da Penguin Books em todo o mundo muçulmano e o número 1 na lista dos mais vendidos do *The New York Times* e muitas ameaças de bomba e uma bomba que de fato explodiu na livraria Cody's de Berkeley, cujas prateleiras destroçadas se conservam como testemunho da barbárie e muitas ameaças de morte a editores e tradutores estrangeiros e a solidariedade do arcebispo de Canterbury e do papa com os sentimentos feridos do povo muçulmano e a Declaração dos Escritores do Mundo a favor de Rushdie e o Irã quebrou relações diplomáticas com a Grã-Bretanha e muitas instituições se recusaram a realizar atos de apoio ao escritor perseguido por razões de segurança e multiplicaram-se os conflitos ("as pequenas batalhas entre os amantes dos livros pareciam tragédias numa era em que a própria liberdade literária se via atacada de forma tão violenta") e as mudanças periódicas e um nome falso ("Joseph Anton") e bombas incendiárias nas livrarias de Londres Collet's e Dillons e na australiana Abbey's e em quatro sucursais da rede Penguin e o Comitê de Defesa Internacional de Rushdie e a vida cotidiana condicionada atravessada sacudida pelo eletrochoque constante das medidas de segurança e o primeiro aniversário da queima de livros em Bradford e a ratificação da fátua e o assassinato do tradutor ao japonês Hitoshi Igarashi e a ratificação da fátua e o apunhalamento do tradutor italiano Ettore Capriolo e a ratificação da fátua e a tentativa de assassinato da editora norueguesa William Nygaard e a ratificação da fátua e a morte de 37 pessoas em outro protesto e onze anos escondido, onze anos sem poder caminhar pela rua, jantar tranquilamente com amigos em um restaurante, checar se seus livros estavam bem expostos em uma livraria. E que seus livros, nas prateleiras de uma livraria, carregassem sem culpa tantos cadáveres. Tantos.

Na medula elétrica dos eventos, tal como são descritos em *Joseph Anton*, há uma consciência de que sua obra pertence à tradição dos livros perseguidos:

> "Quando seus amigos lhe perguntavam o que poderiam fazer para ajudar, ele sempre pedia: 'Defenda o texto'. O ataque era muito concreto, e no entanto a defesa muitas vezes era geral, com base no poderoso princípio da liberdade de expressão. Eu tinha a esperança de receber, e muitas vezes sentia que precisava de uma defesa mais específica, como a defesa da qualidade realizada no caso dos livros atacados *O amante de Lady Chatterley*, *Ulysses*, *Lolita*; porque esse era um ataque violento não contra o romance em geral ou contra a liberdade de expressão em si, mas contra uma acumulação concreta de palavras [...] e contra as intenções, a integridade e a capacidade do escritor que juntou essas palavras."

Mas, ao contrário de seus predecessores, escandalosos em um mundo sem propagação instantânea de notícias, *Os versos satânicos* foram vítima de um novo contexto internacional. Um contexto em que o polo da intransigência islâmica põe em tensão extrema o polo oposto, o das democracias que de uma forma ou de outra são herdeiros das revoluções liberais. No entanto, se entendemos a Revolução Francesa como o primeiro passo definitivo para a democracia moderna, deve-se recordar que, juntamente com as execuções maciças e o saque dos bens da aristocracia e do clero, as pessoas também acumularam um enorme capital de livros, com o qual realmente não sabiam o que fazer. Alberto Manguel nos lembra, em *Uma história da leitura*, que, no final do século XVIII, quando um livro antigo era muito mais barato do que um novo, os colecionadores britânicos e alemães se beneficiaram da revolução, comprando milhares de joias bibliográficas por quilo, é claro que através de intermediários franceses. Como o nível de alfabetização da classe baixa era ínfimo, os livros que não foram vendidos ou destruídos não encontraram muitos leitores nas bibliotecas públicas às quais foram destinados. Nem a abertura de pinacotecas levou a um consumo cultural imediato: as consequências mais importantes da educação coletiva são sempre de longo prazo. A redistribuição dos livros daria frutos várias gerações depois. Em um bom número de países islâmicos, justamente se está trabalhando em um endurecimento dos sistemas de repressão da leitura que assegurem um futuro sem pluralidade, discrepância ou ironia.

Na história da Foyles, a prestigiada livraria de Londres, encontramos novamente um triângulo cujos outros dois vértices se encontram na Alemanha e na Rússia, através da mesma dinâmica do livro que foi reproduzida desde sempre: guerras, revoluções, mudanças políticas radicais como momentos propícios para que um grande número de livros mude de lado e de proprietários. Quando Hitler, na década de 1930, começou a queima maciça de livros, a primeira coisa que ocorreu a William Foyle foi lhe enviar um telegrama oferecendo um bom preço por aquelas toneladas de material impresso e inflamável. Pouco antes tinha enviado a filha Christina, então com 20 anos, à Rússia stalinista em busca de ofertas. A expedição russa foi um sucesso, não a tentativa germânica, pois Hitler continuou queimando livros sem intenção alguma de vendê-los. Uma vez que a guerra estourou e Londres foi vítima dos bombardeios da aviação nazista, os antigos livros do porão, misturados com areia, alimentaram os sacos com os quais o livreiro mítico protegeu sua loja; e, aparentemente, ele cobriu o telhado com cópias de *Mein Kampf* [Minha luta].

Certamente se tratava de cópias de *My Struggle*, a edição em inglês da Hurst & Blackett na tradução de Edgar Dugdale, ativista do sionismo que verteu o texto para o inglês com a intenção de denunciar os planos de Hitler. Infelizmente, tanto a editora inglesa quanto a americana (*My Battle*) concordaram com as exigências da editora alemã do livro, Eher-Verlag, que as obrigou a purificá-lo de muitas das reivindicações xenófobas e antissemitas do original. Como explica Antoine Vitkine em seu estudo sobre a história do livro, assim que o livro apareceu na Inglaterra em 1934, foram vendidas 18 mil cópias; mas até então Churchill já o tinha lido, assim como Roosevelt, Ben-Gurion ou Stálin, que dispuseram de traduções completas feitas por seus serviços de inteligência. *Mein Kampf* não só transformou Adolf Hitler em autor do best-seller por excelência da Alemanha dos anos 1930, milionário graças aos direitos de autor, mas também o fez sentir-se *escritor*, pois essa é a profissão com a qual preencheu o campo correspondente de suas declarações de renda desde 1925. Não há dúvida de que o fato de ele ser o líder político do país ajudou as vendas, mas também o mito da escrita (a prisão) e seu messianismo ajudaram na difusão vertiginosa, convenientemente apoiada com propagandas nos principais jornais da época. Em vez da típica apresentação na livraria, Hitler optou pela cervejaria Bürgerbräukeller para dar a conhecer o trabalho de sua vida:

> "O argumento é estranhamente alinhavado, mas convence seu público. Para lutar contra os deuses de Marx, você precisa de um Marx nazista ou, em outras palavras, do próprio Hitler, o autor de *Mein Kampf*. Ao se apresentar como escritor, Hitler muda sua imagem e sai da lama em que se moveu até aquele momento. Já não é apenas um arruaceiro de cervejaria, um fanfarrão, um golpista fracassado: agora se cobre do prestígio vinculado às letras e aparece como um novo teórico. À saída da sala, os homens de Hitler distribuem folhetos com o anúncio da publicação de seu livro e até mesmo a indicação de seu preço."

Sua fama de incendiário eclipsou a de colecionador: o exterminador havia acumulado, na época de sua morte, uma biblioteca de mais de 1.500 volumes. Depois de abandonar a escola, entre a adolescência e a juventude, acompanhado de problemas pulmonares, Hitler dedicou-se à vida artística e intelectual, desenhando e lendo compulsivamente. Essa segunda atividade nunca o abandonou. Seu único amigo dos anos de Linz, August Kubizek, conta que ele frequentava a livraria da Sociedade Educacional Popular da Bismarckstrasse e várias bibliotecas com serviço de empréstimo. Ele se lembra de Hitler cercado de pilhas de livros, especialmente aqueles da coleção "As sagas dos heróis alemães".

Quinze anos depois, em 1920, enquanto Hitler comemorava sua primeira manifestação em massa e colocava em marcha a máquina de propaganda nazista, do outro lado do mundo, outro futuro genocida, Mao Tsé-Tung abria em Changsha uma livraria e editora que batizou como Sociedade Cultural de Livros. O negócio foi tão bem que ele teve seis funcionários, graças aos quais conseguiu escrever os artigos políticos que lhe granjearam o favor dos mais influentes intelectuais chineses. Na mesma época, ele se apaixonou e se casou. Nos anos anteriores, havia trabalhado como bibliotecário, como assistente de Li Dazhao, um dos primeiros comunistas chineses, em cujo grupo de estudo teve acesso aos textos fundamentais do marxismo-leninismo; mas foi em 1920, no momento em que se tornou livreiro, que começou a se autodenominar *comunista*. Quarenta e seis anos depois promoveu a Revolução Cultural, que teve como um dos pilares a queima de livros.

Como o maior regime comunista do mundo que é, a China mantém redes estatais que abrem livrarias gigantescas nas principais cidades do país e que velam pela moral pública e abastecem abundantemente a seção Estudos do Sucesso para incentivar o trabalho árduo e a superação individual, que é a base do coletivo. Talvez a principal seja a rede Xinhua, que possui monstros como o Edifício do Livro de Pequim, na junção de duas linhas de metrô e com 300 mil volumes distribuídos em cinco andares. Mas, em suas prateleiras, esses títulos escolhidos pelo governo convivem com a literatura popular, os livros escolares ou determinados livros em inglês. Nas livrarias da Universidade de Ciências Militares, da Escola do Partido Central e Universidade da Defesa Nacional; no entanto, a produção oficial não está coberta com capas de dissimulação: publicam-se obras de estatística e de previsão escritas por oficiais do Exército Popular, teses de doutorado e estudos que revelam o núcleo duro do pensamento comunista, sem a máscara dos comunicados oficiais destinados à imprensa estrangeira. Por sorte, a livraria The Bookworm em Pequim, sob um verniz de glamour e com o prestígio de aparecer nas listas de lojas de livros mais bonitas do mundo, proporcionou a seus clientes durante os últimos anos livros proibidos ou desconfortáveis, como aqueles do artista Ai Weiwei.

Na última vez que estive na Venezuela, um jovem soldado cheirou um por um os 23 livros que eu levava na bagagem. Perguntei-lhe se agora a droga estava viajando na literatura e ele me olhou com surpresa antes de responder que a misturavam com a cola, na encadernação, o senhor sabe. Ele também cheirou os dois volumes da Biblioteca Ayacucho que eu tinha comprado em uma livraria do Sul parte da rede de livrarias do Ministério para o Poder Popular da Cultura do Governo Bolivariano da Venezuela. Quando ele terminou sua inspeção, com meu iPad nas mãos, relaxou o tom de voz para me perguntar se eu o comprara nos Estados Unidos e quanto tinha custado. Além de Maiquetía, em outros dois aeroportos do mundo inspecionaram meus livros – título a título e passando o polegar pela largura das páginas – na bagagem: em Tel Aviv e em Havana. Os espiões israelenses são muito jovens e muitas vezes estão fazendo o serviço militar obrigatório; enquanto seguram o livro, perguntam se você planeja ir para a Palestina ou se você foi à Palestina e traz algum objeto de lá, quem você conhece no país, onde você vai ficar ou ficou, por que você veio, e traduzem em uma letra adesiva que colocam em seu passaporte para calibrar seu nível de periculosidade. Os soldados cubanos se vestem do mesmo modo que os venezuelanos e são igualmente pouco sofisticados, porque, na verdade, são as cópias daquele original.

Foi na livraria comunista da rua Carlos III em Havana que o futuro comandante e repressor Fidel Castro comprou os dois livros capitais de sua vida: *O manifesto comunista* e *O Estado e a Revolução*, de Lênin. Durante sua permanência na prisão, devorou todo tipo de leituras, de Victor Hugo e Zweig a Marx ou Weber. Muitos desses volumes foram presentes daqueles que o visitaram no prisão; muitos outros ele comprou na mesma livraria da Carlos III. Em *Un seguidor de Montaigne mira La Habana* [Um seguidor de Montaigne olha para Havana], Antonio José Ponte recorda que na rua Obispo da cidade velha era possível comprar livros em russo:

> "Em uma enciclopédia do início do século, descobri uma fotografia antiga dele: a rua das lojas e os toldos listrados nas duas calçadas parecem um souk, um mercado árabe visto de cima. Algum tempo atrás escrevi que ele tem algo de praia. Seu início está nas livrarias e seu final aberto, na praça e no porto. Uma das livrarias vendia então volumes em russo. Os navios soviéticos passavam pelo porto. Obispo era delimitada por estes dois letreiros em cirílico: o título de um livro e o nome de um navio."

Mas é em *La fiesta vigilada* [A festa vigiada] que Ponte desenha com mais precisão a topografia torturada da cidade de Castro, capital do "parque temático da Guerra Fria". Evoca o comandante Guevara em toda a sua complexidade: militar revolucionário e fotógrafo profissional, líder político e escritor vocacional, excelente leitor. "De sua sede militar em La Cabaña", ele nos diz em uma única e magistral sentença, "Ernesto Guevara dirigia uma revista, a banda musical do acampamento, uma equipe de cartunistas, o departamento do cinema do exército e o pelotão de fuzilamento. A Revolução provocou, e continua a provocar, sucessivas ondas de turismo revolucionário. Em certo momento de seu livro, Ponte evoca as experiências de Jean-Paul Sartre e Susan Sontag, a firmeza do francês e as dúvidas da estadunidense, assim como atrás de seus passos se ouve o eco das palavras perturbadoras de Nicolás Guillén: "Toda busca formal é contrarrevolucionária". Na parte final, o narrador se muda para Berlim, onde se encontra com seu tradutor, que acaba de conseguir seu arquivo da Stasi: "Graças a uma vizinha que estava espionando seus movimentos, era capaz de refazer uma viagem de trinta anos atrás". A viagem permite a Ponte transformar sua vida de escritor vigiado em Havana em uma experiência universal.

Uma longa viagem também levou Che de Buenos Aires para Cuba. E uma viagem inversa, de norte a sul, acabou com seu cadáver na lavanderia do hospital público Señor de Malta, Valle Grande, como se vê nas fotos de Freddy Alborta. Eu conheci Alborta por acaso em sua loja de fotografia de La Paz, pouco antes de sua própria morte, e ele me contou a história dessa outra viagem: seu resultado, as fotografias do ilustre cadáver, estavam em uma vitrine, junto com os filmes e os quadros. Eram vendidos como cartões-postais. Em um dos mais famosos, vários soldados bolivianos posam com o morto, como em uma lição de anatomia grosseira, e um deles toca o corpo inerte com o indicador, apontando-o e provando que os mitos também são feitos de carne, de matéria em putrefação constante.

Os livros do escritor Ernesto Guevara seriam vendidos na livraria Universal? Não creio. No mesmo ano de 1960 em que o revolucionário foi nomeado presidente do Banco Nacional e ministro da Economia, o contrarrevolucionário Juan Manuel Salvat deixou a ilha através de Guantánamo. Cinco anos depois, ele abriu junto com sua mulher, na rua 8 da cidade de Miami, o estabelecimento que estava destinado a ser um dos núcleos culturais do exílio, com suas tertúlias e suas edições de livros em espanhol. Em uma crônica de Maye Primera, por ocasião do fechamento da livraria Universal em 20 de junho de 2013, Salvat declarou que a primeira geração de exilados, a que mais lia, estava morrendo e as "novas gerações, os nossos filhos, apesar de se sentir cubanos, não conheceram Cuba, não têm as ferramentas da nacionalidade e seu primeiro idioma é o inglês, não espanhol". Lei da vida.

Em 2 de maio de 1911, da capital de Cuba, Pedro Henríquez Ureña escreveu uma carta a Alfonso Reyes em que dizia: "Mas não vá acreditar que aqui há boas livrarias de segunda ou de primeira mão; as livrarias de Havana são pouco maiores do que as de Puebla". É possível que para um viajante mexicano a cidade não se destacasse no início do século passado por suas livrarias, mas a rua Obispo – em cujo Hotel Ambos Mundos Hemingway costumava se hospedar – e a Plaza de Armas foram os âmbitos por excelência da compra de livros, os lugares onde os havaneiros se abasteciam de leitura durante as décadas nas quais não conseguiram viajar. Quando visitei a ilha nos últimos dias de 1999, fiz compras apenas nas bancas de livros da Plaza de Armas, porque os estabelecimentos estatais dispunham de poucos títulos, multiplicados por dezenas para que ocupassem aqueles metros cúbicos de ar. Nos portais, nas garagens, nos salões, livros de segunda mão eram vendidos: as pessoas se desfaziam de tesouros familiares por um punhado de dólares. Mas a livraria da Casa de las Américas, que no passado significou o poder da cultura latino-americana, oferecia apenas alguns volumes de escritores oficiais. Jorge Edwards, que no final dos anos 1960 foi jurado de seus prestigiados prêmios anuais, narrou em *Persona non grata* a virada brutal que o regime deu no início da década seguinte. Há muitos casos e cenas que o escritor chileno lista para ilustrar essas mudanças, gravadas infelizmente no DNA da própria ideia de revolução comunista, e muito semelhantes aos que contam Kiš e Vollmann em seus relatos sobre a paranoia da órbita soviética, mas uma história vem especialmente ao caso. O reitor da Universidade de Havana lhe diz: "Nós em Cuba não precisamos de críticas, porque criticar é muito simples, qualquer coisa pode ser criticada, o difícil é construir um país, e o que este precisa são de 'realizadores, construtores da sociedade', e não de críticos". Tanto que consideram a abolição de uma revista cujo nome, de cara, é profundamente subversivo: *Pensamiento Crítico*. E Raúl Castro conspira para colocar os estudos teóricos do marxismo sob o controle do exército. Eu li esse livro, e também *Antes que anochezca* [Antes que anoiteça], de Reinaldo Arenas, naqueles dias da virada do século, parte do arquivo de uma decadência que começou três décadas atrás. Como se todo o trabalho que então havia sido realizado – e que você pode imaginar lendo, por exemplo, as cartas de Cortázar – tivesse sido esvaziado e as prateleiras da Rayuela, a livraria da Casa de las Américas, fossem o resultado final desse esvaziamento.

Posso pensar em poucas imagens mais tristes do que uma livraria quase vazia ou do que os restos de uma fogueira em que os livros queimaram. No século XVI, a Sorbonne emitiu 500 mil condenações de obras heréticas. No final do século XVIII, se enumeravam 7.400 títulos no Índice de Livros Proibidos e, no assalto à Bastilha, os revolucionários encontraram uma montanha de livros prestes a serem incinerados. Na década de 1920, o Serviço Postal dos Estados Unidos queimou cópias do *Ulysses*. Até os anos 1960, não puderam ser publicados legalmente e sem acusações de obscenidade na Inglaterra e nos Estados Unidos *O amante de Lady Chatterley*, de D. H. Lawrence, ou *Trópico de câncer*, de Henry Miller.

Em 1930, a União Soviética proibiu a edição privada e a censura oficial existiu até a chegada da Perestroika. Eugenio Pacelli, futuro Pio XII, leu *Mein Kampf* em 1934 e convenceu Pio XI da conveniência de não incluí-lo no Índice, para não enfurecer o Führer. Livros foram queimados publicamente durante as últimas ditaduras chilenas e argentinas. Os obuses da Sérvia tentaram destruir a Biblioteca Nacional de Sarajevo. Periodicamente aparecem manifestantes puritanos, cristãos ou muçulmanos, que queimam livros do mesmo modo que queimam bandeiras. O governo nazista destruiu milhões de livros de escritores judeus enquanto exterminava milhões de seres humanos judeus, homossexuais, prisioneiros políticos, ciganos ou doentes; mas manteve alguns deles, os mais raros ou belos, com a intenção de expô-los em um museu do judaísmo que só abriria suas portas após a conclusão definitiva da Solução Final. Muito se lembrou do gosto pela música clássica dos responsáveis nazistas dos campos de extermínio; quase ninguém se recorda, por outro lado, de que aqueles que desenharam os maiores sistemas de controle, repressão e execução do mundo contemporâneo, que aqueles que se revelaram os mais eficazes censores de livros, também eram estudantes de cultura, escritores, *grandes* leitores, em suma: amantes das livrarias.

> Procuro tratar os livros como eles me tratam, isto é, de homem para homem. Os livros são pessoas, ou não são nada. [...] Enquanto se quer encontrar uma utilidade interesseira à literatura a vemos enlanguescer, encolher e perecer. Uma livraria é aquele lugar livre e perfeito que não pode *servir* para nada.
>
> — CLAUDE ROY,
> *El amante de las librerías*
> [O amante de livrarias]

# CAPÍTULO 6

# A LIVRARIA ORIENTAL?

> Muitas vezes eu teria dado qualquer coisa para entendê-los. E espero que um dia eu possa render a esses contadores de histórias itinerantes a homenagem que eles merecem. Mas também me alegrava de não compreendê-los. Continuavam sendo, para mim, um enclave da vida antiga e intocada.
>
> — ELIAS CANETTI,
> *As vozes de Marrakech:*
> *Anotações sobre uma viagem*

ONDE O OCIDENTE termina e o Oriente começa?

A pergunta, é claro, não tem resposta. Talvez tivesse, em algum dia já distante: nos tempos de Flaubert, talvez, ou muito mais cedo, no de Marco Polo, ou muito mais cedo, naqueles de Alexandre, o Grande. Mas a construção de um pensamento ocidental na Grécia antiga já esteve totalmente em diálogo com as filosofias das outras margens do Mediterrâneo, de modo que era em si mesmo um pensamento que integrava essa abstração chamada *o oriental*, apesar do fato de que as releituras posteriores tentaram bani-la. Mas este capítulo deve começar em algum lugar, como os anteriores o fizeram em Atenas ou na Bratislava. Começa, então, em Budapeste, uma dessas cidades – como Veneza, Palermo ou Esmirna – que parecem flutuar entre duas águas menos contraditórias do que na conversa.

Era um dia de verão no início deste século e em minhas voltas pela cidade acabei me apaixonando por uma caixa de madeira, pintada à mão, que tinha a peculiaridade de não poder ser aberta e, portanto, parecia completamente inútil. Um cubo de madeira verde e decorado em filigrana. Ela se exibia, juntamente com outras lembranças, em uma das bancas enfileiradas nas margens do Danúbio. Havia claramente uma tampa, mas não uma fechadura. A vendedora esperou por um tempo e, vendo-me desesperado, virando em minhas mãos o hermético objeto, se aproximou e disse: "*It is a magic box*": vários movimentos de dedos descobriram partes soltas na estrutura de madeira, partes que deslizavam para um lado e para outro até deixar descoberta a fechadura e, acima de tudo, a fenda onde a chave estava escondida. Eu me maravilhei com a engenhoca. Ela percebeu imediatamente. Então começou a negociação.

A dicotomia entre preço fixo e barganha poderia ser um dos eixos da polarização hoje entre o Ocidente e o Oriente. Outro poderia ser o da materialidade e da oralidade. Trata-se de oposições escorregadias e ingovernáveis, mas podem ajudá-lo a pensar se enunciados como "o leitor ocidental" ou "a livraria oriental" fazem sentido. Na praça Jemaa el Fna, em Marrakech, a biblioteca é imaterial e inacessível para aqueles que não sabem as línguas locais: os encantadores de serpentes, os vendedores de unguentos e, acima de tudo, os contadores de histórias, que vão construindo no ar, acompanhados de uma gestualidade hipnótica, mostrando imagens com corpos humanos ou com mapas desenhados, uma história que você não entende. Em *As vozes de Marrakech*, Canetti vincula essa incompreensão com certa nostalgia de estilos de vida estabelecidos na Europa, mais artesanais e que dão maior importância para a transmissão oral do conhecimento. Sem dúvida que há sabedoria e um grande valor nas tradições orais que convergem naquela praça empoeirada, com algo de caravançará, que todas as tardes se torna um enorme pátio informal e fumegante de comidas. Mas sua idealização remete à mentalidade orientalista, ao reducionismo e aos clichês sobre o mundo árabe e asiático com os quais se deparam os chamados *ocidentais*. Como a imagem de um livreiro egípcio que eu fotografei em um pequeno povoado nas margens do mar Vermelho. Porque o mundo árabe e o asiático são mundos da caligrafia e do livro, de uma textualidade antiga e poderosa, apesar do fato de estar vedado a nós, a menos que o traiamos parcialmente através da tradução.

Devido à sua proximidade com o fim da Europa, Tânger começou muito cedo a ser orientalizada por escritores e pintores europeus, em especial pelos franceses. O primeiro que fez da cidade marroquina uma paisagem representativa da gigantesca abstração foi Delacroix, na década de 1830. Em seu repertório de túnicas e cavalos, garotos e tapetes, sobre um fundo arquitetônico simples e branco, através do qual assoma um mar de papel cristal, se condensam os tópicos que se repetiram sempre na representação do Norte da África. Oitenta anos depois, como parte da mesma tradição, Matisse geometrizou a cidade e seus habitantes: modernizou-a. Entre os pintores espanhóis, Mariano Fortuny, Antonio Fuentes e José Hernández acrescentaram matizes a essa paisagem pictórica. O último, parte da comunidade hispânica da cidade, expôs na Librairie des Colonnes talvez seu centro cultural mais importante durante os últimos sessenta anos, onde certamente trabalhou o escritor Ángel Vázquez, que ganhou o prêmio Planeta em 1962 e quinze anos depois publicou seu grande romance sobre a cidade, *La vida perra de Juanita Narboni* [A vida bandida de Juanita Narboni]. Porque estamos acostumados a lembrar a lista de artistas norte-americanos e franceses que fez da cidade internacional um dos nós nevrálgicos da cultura do século XX, mas ao redor deles orbitaram anticonformistas de muitas outras procedências, como os espanhóis mencionados ou o pintor hiper-realista chileno Claudio Bravo, residente em Tânger desde 1972 até sua morte em 2011, ou os próprios artistas marroquinos que participaram da criação do mito, como o pintor Mohamed Hamri ou os escritores Mohamed Choukri, Abdeslam Boulaich, Larbi Layachi, Mohammed Mrabet ou Ahmed Yacoubi.

O relato oficial do que poderia ser chamado de *mito de Tânger* é datado de 1947, ano da chegada de Paul Bowles à cidade, o início de sua expansão simbólica. No ano seguinte, sua esposa Jane se juntou a ele. Posteriormente apareceriam Tennessee Williams, Truman Capote, Jean Genet, William Burroughs (e o resto da Geração Beat) ou Juan Goytisolo. Além de certas festas em residências particulares e determinados cafés que se tornaram cotidianos, dois foram os principais pontos de encontro de tantos criadores diferentes e tantos outros personagens que vieram e foram, ricos e aventureiros, diletantes e músicos interessados em ritmos africanos, atores como o húngaro Paul Lukas (que atuou em *O seresteiro de Acapulco* junto com Elvis Presley e na versão de *Lord Jim* que Richard Brooks rodou, e que morreu em Tânger enquanto procurava um lugar para passar os últimos anos de vida), diretores de cinema como Bernardo Bertolucci e bandas como os Rolling Stones. Esses dois pontos de encontro foram, por um lado, o próprio Bowles, que se tornou uma atração turística semelhante à que encarnaram Gertrude Stein ou Sylvia Beach na Paris entreguerras; por outro lado, a Librairie des Colonnes, que foi fundada na mesma época em que os Bowles se estabeleceram em Tânger e que sobreviveu a eles.

O casal belga formado por Robert – arquiteto e arqueólogo, amigo de Genet, André Gide e Malcolm Forbes – e Yvonne Gerofi – de formação bibliotecária –, com a indispensável colaboração da irmã dele, Isabelle, assumiu a direção da Librairie des Colonnes desde sua fundação, no verão de 1949. Foi Gallimard, dono do negócio, que lhes ofereceu o cargo. Seu casamento era de papel-bíblia. O casal se uniu por conveniência, uma vez que ambos eram homossexuais, e Tânger na época era o lugar ideal para tais situações familiares, tão similar à protagonizada pelos Bowles. Enquanto as *irmãs* Gerofi assumiam o controle da livraria, até se tornarem duas autênticas celebridades na esfera cultural, Robert se dedicava ao design e à arquitetura. Ele realizou, entre outros projetos, a remodelação do palácio árabe em que Forbes – editor e dono da famosa revista – alojou sua coleção de 100 mil soldadinhos de chumbo. Em uma fotografia da agência Magnum aparece já velho, olhando para a câmera, com um blazer branco e o chapéu também branco nas mãos, como "manager of the Forbes State". A relação entre as Gerofi e os Bowles era íntima, como pode ser rastreado nas cartas dos escritores. Para Paul, são uma presença constante e próxima, sobre a qual não é necessário falar, porque, como o Pequeno Zoco ou o Estreito de Gibraltar, fazem parte da paisagem diária. Para Jane, ao contrário, Yvonne era uma amiga íntima, quando não uma enfermeira, porque se apoiou nela em seus longos períodos de instabilidade psicológica. Em 17 de janeiro de 1968, ela entrou na Librairie des Colonnes totalmente desorientada, sem reconhecer ninguém, e pediu emprestados dois dirhams; depois pegou dois livros e, apesar da observação de sua funcionária Aicha, saiu com eles sem pagar.

Toda vez que Marguerite Yourcenar visitava Tânger, passava pela livraria para cumprimentar seu amigo Robert; e toda vez que um escritor norte-americano – como Gore Vidal – ou algum intelectual europeu – como Paul Morand – ou árabe – como Amin Maalouf – visitava a cidade branca, terminava inexoravelmente entre suas prateleiras, que com o tempo passaram a ter, além do costumeiro acervo de livros em francês, uma coleção variada de títulos em árabe, inglês e espanhol. Não em vão, foi uma trincheira de resistência antifranquista, tanto encorajando publicações como convocando reuniões de exilados. Dos escritores espanhóis ligados à Librairie des Colonnes, o mais famoso é Juan Goytisolo, cuja penetração na cultura árabe começou em meados dos anos 1960, precisamente em Tânger. Assim que chegou, ele escreveu para Monique Lange, como lemos em *En los reinos de taifa* [Nos reinos de taifa]: "Eu me sinto feliz, passeio dez horas por dia, visito Haro e sua esposa, não durmo com ninguém e olho para a Espanha de longe, cheio de excitação intelectual". Dali surgirá *Reivindicación del conde don Julián* [Reivindicação do conde dom Julián]: "Minha ideia de trabalho é baseada na visão da costa espanhola de Tânger: quero começar dessa imagem e escrever algo bonito, que vá além do que escrevi até hoje". Enquanto isso, toma notas difusas, ensaia ideias e lê profusamente, em seu quarto alugado, a literatura do Século de Ouro. Embora depois decida fixar residência em Marrakech, Goytisolo passará a maior parte dos verões de sua vida em Tânger, tornando-se cúmplice de sua livraria mais importante. Em um de seus últimos romances, *Carajicomedia*, onde dá uma reviravolta na tradição camuflada homossexual da literatura hispânica, coloca as seguintes palavras na boca do grotesco Père de Trennes:

"Você sabe se Genet ainda está no Minzeh ou se instalou em Larache? Me falaram sobre uma excelente autobiografia de um tal Choukri, traduzida para o inglês por Paul Bowles. Você já leu? Assim que chegarmos, vou levar um exemplar na Librairie des Colonnes. Você é amigo das irmãs Gerofi, suponho. Quem não conhece as irmãs Gerofi em Tânger! Como? Não sabe quem elas são? Mas será possível?! Um tangerino de honra como você não vai à sua livraria? Permita-me dizer-lhe que eu não acredito. Elas são o motor da vida intelectual da cidade!"

Menos conhecido, mas talvez mais emblemático por sua ligação com a bissexualidade, as drogas e a inércia destrutiva que prevaleciam no ambiente intelectual tangerino, é o caso de Eduardo Haro Ibars. Filho de exilados, nascido em Tânger em 1948, durante a adolescência se infiltrou no círculo beat acompanhado de Ginsberg e Corso em suas perambulações noturnas. "Cresci de modo um pouco transumante, entre Madri, Paris e Tânger", escreveu ele; mas com certeza o vetor espacial que marcou sua breve vida foi o de Tânger--Madri, porque levou à capital a injeção inconformista dos beats e alimentou com ela *a Movida*,* militando como gay, escrevendo poemas e músicas, experimentando todos os tipos de substâncias alucinógenas. Na primavera de 1969, após quatro meses de prisão junto com Leopoldo María Panero, ele voltou para a casa de sua família em Tânger. E em outra ocasião, para escapar do serviço militar, pegou um trem noturno que o levou a Algeciras, atravessou o estreito e se hospedou na casa de Joseph McPhillips – amigo dos Bowles –, sendo auxiliado pelas damas Gerofi, que lhe permitiram realizar certos trabalhos em sua livraria. Ele se definiu como *homossexual, viciado em drogas, delinquente e poeta*. Morreu aos 40 anos de Aids.

As livrarias tendem a sobreviver tanto aos escritores que alimentaram sua mitologia como a seus donos. Depois das Gerofi, foi Rachel Muyal quem dirigiu o negócio entre 1973 e 1998. Como lemos em *Mis años en la Librairie des Colonnes*

---

* A Movida Madrilenha (do espanhol *la movida*, "a ação") foi um movimento contracultural surgido na capital espanhola em meados da década de 1970 durante os primeiros anos da transição da Espanha pós-franquista. [N. T.]

[Meus anos na Librairie des Colonnes], com ela – tangerina e vizinha da livraria desde 1949 –, ao cosmopolitismo herdado se acrescentou um interesse pelo caráter marroquino de Tânger:

> "Uma pessoa que me honrava com suas visitas era Si Ahmed Balafrej. Ele gostava de folhear as revistas de decoração e arquitetura. Si Abdelkebir el Fassi, herói da resistência, o acompanhava. Foi no decorrer de uma de suas conversas que Si Ahmed me disse, olhando-me nos olhos: 'Só Deus sabe que eu fiz de tudo para que Tânger conservasse um estatuto especial sem desistir de fazer parte do reino de Marrocos.'"

Como outros grandes livreiros e livreiras que já apareceram ou que aparecerão nestas páginas, Muyal morava a poucos passos do estabelecimento e muitas vezes organizava coquetéis e festas ligados a apresentações de livros ou eventos culturais; e, como eles, se tornou agente de referência, embaixadora, elo: semanalmente, três ou quatro pessoas lhe pediam que as colocasse em contato com Bowles, que não tinha telefone; por mensageiros, ela apontava os compromissos, e ele os confirmava quase sempre.

Mais tarde, chegariam Pierre Bergé e Simon-Pierre Hamelin e a revista *Nejma*, dedicada à memória daquela mitologia internacional, a esse mapa em que tantos escritores marroquinos encontraram formas de ser traduzidos e conhecidos fora de Tânger. O estreito de Gibraltar sempre foi um lugar de passagem entre a África e a Europa, então é natural que a livraria tenha ostentado um papel privilegiado na comunicação cultural entre ambas as margens. Muyal disse em uma conferência que ministrou no Rotary Club da cidade:

> "Naquele lugar mítico que era a Librairie des Colonnes, eu podia me sentir no centro da cidade e até mesmo do mundo. Portanto, eu disse a mim mesma que era absolutamente necessário envolver a instituição no movimento cultural de Tânger, essa cidade que simboliza melhor do que qualquer outra no mundo o encontro de dois con-

tinentes, dois mares, dois polos: Oriente e Ocidente, e também três culturas e três religiões que constituem uma população única e homogênea."

Conservo o cartão de papel reticulado da Librairie Papeterie de Mlle. El Ghazzali Amal, de Marrakech, em que se estampa com orgulho: "Depuis 1956", e lembro como fiquei desapontado com o número limitado de livros que havia à venda e o fato de que estavam todos escritos em árabe. A Librairie des Colonnes, por sua vez, só pode entusiasmar o leitor europeu, porque é o mesmo que uma grande livraria aqui, mas na costa africana e com os tons necessários de cor local. Vende livros em francês, inglês e espanhol a preço fixo, sem opção para essa negociação que, no início, é divertida, mas logo se torna estafante, cansativa; e isso nos dá segurança. O mesmo acontece em outras duas livrarias marroquinas que descobri recentemente: a Ahmed Chatr, também de Marrakech e, sobretudo, a Carrefour des Livres, de Casablanca, com suas telas de cores estridentes e sua grande variedade de títulos em árabe e francês (os vínculos com a Librairie des Colonnes são diretos, porque têm à venda os mesmos folhetos, ocidentais e tangerinos, do selo Khar Bladna que eu fui colecionando ao longo dos anos). Você se sente confortável. Raramente experimentei tanta asfixia como em outra livraria de Marrakech, dedicada exclusivamente a livros religiosos, todos em árabe, nem uma fenda para poder respirar. Nós viajamos para descobrir, mas também para reconhecer. Apenas o equilíbrio entre essas duas ações nos proporciona o prazer que buscamos nas viagens. As livrarias são quase sempre uma aposta segura a esse respeito: sua estrutura nos tranquiliza, porque é sempre familiar para nós; entendemos intuitivamente sua ordem, sua disposição, o que podem nos oferecer; mas precisamos de pelo menos uma seção em que reconheçamos o alfabeto e saibamos como lê-lo, uma zona de livros ilustrados que podemos navegar, pontos de informação que, se necessário – ou por simples sorte – podemos decifrar.

Foi exatamente o que aconteceu comigo no Bazar de Livros de Istambul: entre milhares de capas incompreensíveis, encontrei um volume sobre viajantes turcos publicado em inglês e com fotografias, *Through the Eyes of Turkish Travelers. Seven Seas and Five Continents* [Através dos olhos de viajantes turcos. Sete mares e cinco continentes], de Alpay Kabacali, em uma edição de luxo (em box) cuidadosa do Toprakbank. Como em minha coleção de história da viagem estava faltando aquela peça do quebra-cabeças, o testemunho dos viajantes turcos, me esforcei para consegui-lo. Desde o primeiro momento, lembrei-me da vendedora de caixas mágicas da banca de Budapeste, onde eu fui dia após dia, mantendo-me firme em minha oferta, que era exatamente um terço de seu pedido, até que no último dia ela concordou com um sorriso falsamente resignado. Comprei dois, para dar aos meus irmãos. Justo no momento em que ela me entregava as caixas, envoltas em papel pardo, um turista americano, com uma caixa idêntica à minha em mãos, perguntou quanto elas custavam. A senhora dobrou o preço inicial. O comprador, sem regatear, também pediu duas, enfiou a mão no bolso e, enquanto ela me dava uma piscadela pedindo silêncio, divertida – ele fechou uma compra igual à minha por um valor seis vezes maior. De maneira que perguntei o preço da edição-box azul para aquele jovem vendedor turco que ouvia rádio atrás do caixa, o qual realmente só vigiava a mercadoria, pois imediatamente ele chamou com um grito um homem de meia-idade, recém-barbeado, que, olhando em meus olhos, me disse que custava quarenta dólares. Vinte e cinco me parece um preço mais justo, eu respondi. Ele deu de ombros, deixou o garoto de guarda e voltou por onde havia vindo.

Ele viera por uma das esquinas do Sahaflar Carsisi, que é o nome turco do Bazar dos Livros. Está localizado em um antigo pátio ensolarado entre a mesquita de Beyazit e a entrada de Fesciler ao Grande Bazar, muito perto da Universidade de Istambul, e ocupa aproximadamente os mesmos metros quadrados que durante séculos acolheram o Chartoprateia, mercado do papel e do livro de Bizâncio. Talvez porque no centro do pátio exista um busto de Ibrahim Müteferrika, acompanhado pelo título dos dezessete primeiros livros publicados em turco graças à imprensa que ele liderou, uma imprensa tardia, de início do século XVIII, ocorreu-me que eu poderia obter a antologia dos viajantes seguindo a mesma tática que havia usado em Budapeste. Porque Müteferrika era da Transilvânia e não sabemos como chegou a Constantinopla nem por que se converteu ao islamismo, e eu unia aos meus olhos aquela viagem turca com minhas incursões nos Bálcãs e no Danúbio. A verdade é que eu costumava passar todos os dias lá, aumentando minha oferta cinco dólares por visita.

Também me acostumei a ler à tarde nos terraços do Café Pierre Loti, com vista para o Mármara, e a passear ao anoitecer pela Istiklal Caddesi ou avenida da Independência, o outro grande centro de livros da cidade. Como Buda e Pest, as duas margens de Istambul separadas pela ponte Gálata têm suas próprias idiossincrasias, que poderiam ser condensadas nestes dois polos de escrita: o Bazar e a avenida. Nos arredores desta, se estabeleceram antigamente os comerciantes venezianos e genoveses; há trechos muito bonitos; e livrarias com o preço de cada um de seus livros impresso em etiquetas brancas na contracapa. Procurei em vão a antologia de viajantes em lugares como a Robinson Crusoe 389, onde adquiri em vez disso dois livros de Juan Goytisolo traduzidos para o turco. Nas fotografias que estão incluídas na edição de *Istambul otomano* não aparecem livrarias antigas ou modernas, porque nunca constituíram *topos* da literatura de viagens nem da história cultural. Procurei uma bibliografia sobre o genocídio armênio e, no final da avenida que tem vista para a torre Gálata, finalmente encontrei um livreiro que falava perfeitamente em inglês – com um sotaque de Londres – e me remeteu aos dois volumes da *History of the Ottoman Empire and Modern Turkey* [História do Império Otomano e Turquia moderna], de Stanford J. Shaw e Ezel Kural Shaw. Seu índice temático não deixava espaço para dúvidas: "nacionalismo armênio, terrorismo; revolta armênia; questão armênia; guerra com o nacionalismo turco". Igualmente ultrajante, mas menos compreensível, é que, no sumário histórico oferecido pela Lonely Planet da Turquia, também se tornam óbvios os massacres sistemáticos que tiraram a vida de mais de 1 milhão de pessoas, o primeiro dos genocídios do século xx.

Em um lugar perto do busto do primeiro impressor turco – que era húngaro –, conversei várias vezes com um livreiro que falava perfeitamente em inglês e que – à medida que passavam os dias – foi se tornando cada vez mais sincero. Orhan Pamuk, que acabara de ganhar o prêmio Nobel, era de acordo com ele um escritor medíocre que se beneficiou de seus contatos no exterior. E o genocídio armênio, um evento histórico que certamente não poderia ser nomeado com justiça usando essa palavra, porque primeiro era preciso separar os fatos da propaganda. Não consigo saber se o seu nome era Burak Türkmenoglu ou Rasim Yüksel, porque conservo tanto seu cartão como o do homem de meia-idade, sempre recém-barbeado, que no mesmo dia em que eu partiria no trem noturno para Atenas me vendeu a edição-box azul por quarenta dólares. Mas lembro perfeitamente que no local, na penumbra, seus olhos brilhavam como papel espelho que refletia chamas.

A literatura negacionista abunda na Turquia, como a antissemita no Egito ou a islamofóbica em Israel. Na livraria Madbouly da praça Talaat Harb no Cairo eu vi, juntamente com outros volumes igualmente suspeitos, três exemplares dos *Protocolos dos sábios do Sião*; mas eles também dispunham da obra completa de Naguib Mahfuz, o único escritor egípcio que emulou Stein ou Bowles e em vida se tornou uma atração turística, como cliente regular do Fishawi, ou Café dos Espelhos. Na Sefer Ve Sefel em Jerusalém, fundada em 1975 com a intenção de oferecer livros em inglês e que teve de fechar seu café durante a Intifada, ou na Tamir Books, na mesma Jaffa Road, mas onde só se vendem livros em hebraico, também convivem todas as tendências políticas e historiográficas, inclusive as insustentáveis: as livrarias generalistas geralmente representam por sinédoque as sociedades em que se inscrevem, de modo que as minorias radicais são retratadas em estantes minúsculas. Mas frequentei menos livrarias em Jerusalém do que em Tel Aviv, uma cidade menos obcecada com as religiões e, portanto, mais tolerante; e a livraria a que fui diariamente durante minha permanência no Cairo era outra: a da American University, não por acaso apolítica e secular. Nela, comprei um dos livros mais bonitos que já dei de presente: *Contemporary Arabic Calligraphy* [Caligrafia arábica contemporânea], de Nihad Dukhan.

Nunca vi um calígrafo árabe em ação, mas sim um chinês. Nas principais cidades chinesas e japonesas, visitei dezenas de livrarias, como sempre fiz, mas não posso negar que estava menos interessado naqueles grandes armazéns, os depósitos perfeitamente ordenados em que eu era expulso pelos caracteres que não entendia, do que outros tipos de espaços e figuras, que me magnetizavam como viajante por causa de sua força orientalista. Fiquei surpreso ao descobrir na Libro Books de Tóquio que Haruki Murakami havia publicado vários volumes da correspondência cibernética com seus fãs. Adorei folhear, na Bookmall de Xangai, a tradução chinesa de *Dom Quixote*. Mas acima de tudo, persegui um híbrido de descoberta e reconhecimento nas casas de chá das hutong (vilas), no Caminho da Filosofia, em certos jardins, em lojas de antiguidades, na oficina de um calígrafo ancião. Talvez porque que não conseguisse entender as vozes quando falavam, gostei de ouvir a música do zhonghu ou do roan. Talvez porque me fosse negada a possibilidade de ter acesso à literatura japonesa em seu idioma original, eu me apaixonei por papéis com os quais os livros são embrulhados, as caixas de chocolates, os copos ou os pratos, essa extraordinária e sofisticada arte da papelaria.

Em uma loja de antiguidades de Pequim voltei a incorrer – memoravelmente – na prática da negociação. Depois de conferir suas estantes empoeiradas e cheias de objetos preciosos, notei um bule de chá que parecia mais acessível do que as gravuras, as tapeçarias ou os vasos. Como não nos entendíamos, o adolescente que me atendia pegou uma calculadora de brinquedo de teclas gigantes e digitou o preço em dólares. Mil. Eu peguei o artefato e escrevi minha contraoferta: cinco. Imediatamente ele desceu para trezentos. Fui até sete. Ele pediu ajuda ao dono, um homem muito velho de aspecto impassível e olhar voraz, que se sentou diante de mim e, por meio de alguns trejeitos, me comunicou que agora falaríamos a sério: cinquenta. Fui até dez. Ele me pediu quarenta, trinta, vinte, doze. Foi isso que eu paguei, satisfeito. Envolveu o bule em papel de seda branco.

Foi quando vi que o turista americano de Budapeste pagou três vezes mais do que eu pela mesma caixa que entendi o valor da minha própria caixa e, sobretudo, meu suposto valor como viajante. Foi quando em Pequim, no dia seguinte ao da minha nova compra, vi em um mercado uma centena de bules idênticos aos meus, mas brilhantes, sem poeira, produzidos em série, em um tapete no chão, a um dólar, é que percebi que a aura tinha a ver com o contexto (ou me lembrei disso, mais uma vez). A comparação e o contexto também são fatores fundamentais para calibrar a importância de um livro, cujo texto é uma realidade ligada a um determinado momento de produção. É isso que a crítica literária constantemente faz: estabelecer hierarquias comparativas dentro de um campo cultural concreto. Não existe um lugar físico onde os leitores comparem mais do que uma livraria. Mas, para que essa comparação seja feita, temos de entender o idioma em que os livros que estamos folheando foram escritos. Por isso, para mim e para tantos outros leitores ocidentais, os muitos ecossistemas culturais que chamamos de *Oriente*, e as livrarias em que estes se materializam, constituem um universo paralelo, onde é tão fascinante quanto frustrante navegar.

O papel foi inventado na China, no início do século II d. C. Parece que a pessoa responsável era um eunuco, Cai Lun, que fez a pasta com trapos, cânhamo, casca de árvores e redes de pesca. Menos nobre do que o bambu e a seda, o papel levou séculos para se impor como o melhor suporte da palavra escrita e apenas no século VI é que deixou as fronteiras chinesas e no século XII chegou à Europa. Na França, sua produção tornou-se entrelaçada com a do linho. Na época, os impressores chineses já dispunham de tipos móveis, mas os milhares de caracteres do idioma impediram que a imprensa constituísse realmente uma revolução, como aconteceria com Gutenberg quatrocentos anos depois. O que não impediu que, como Martyn Lyons escreveu: "No final do século XV, a China havia produzido mais livros do que o resto do mundo em seu conjunto". Cada volume: um objeto. Um corpo. Matéria. As secreções e os vermes do papel de seda. Gutenberg teve de aperfeiçoar a tinta indelével com uma base a óleo, experimentando com fuligem, verniz e claras de ovo. Forjar tipos com ligas de chumbo, antimônio, estanho e cobre.

Nos séculos seguintes, outra combinação se tornou consensual: casca de nozes, resina, linhaça e terebintina. Embora a produção industrial de papel posterior se normalizasse a partir da madeira de pinheiro ou eucalipto, juntamente com o cânhamo ou algodão, sua fabricação a partir de trapos desses dois últimos materiais, celulose pura, ainda é sinônimo de qualidade entre os especialistas. Até o século XVIII, o livro ainda dependia do trapeiro; depois se desenvolveram sistemas modernos para extrair o papel da polpa da madeira, e o preço do livro caiu pela metade. Porque o trapo era barato, mas o processo era caro. Em seus estudos sobre Baudelaire – como já vimos –, Benjamin insiste na figura do trapeiro como colecionador, como o arquivista de tudo aquilo que a cidade despedaçou, os restos de naufrágio do capital. Além da analogia entre o tecido e a sintaxe da escrita, entre o pano usado e o envelhecimento do publicado, esse círculo que se fecha é importante: a reciclagem, a reabsorção do lixo pela indústria, de modo que a máquina de informação não pare.

No Oriente, durante séculos, sobreviveu a ideia de que a melhor maneira de absorver o conteúdo de um livro era copiá-lo à mão: que a inteligência e a memória façam com as palavras o mesmo que o papel faz com a tinta.

> Através da papelaria, local e catálogo de tudo o que é necessário para escrever, a pessoa se introduz no espaço dos sinais.
>
> — ROLAND BARTHES,
> *O império dos signos*

# CAPÍTULO 7

# AMÉRICA (1): "COAST TO COAST"

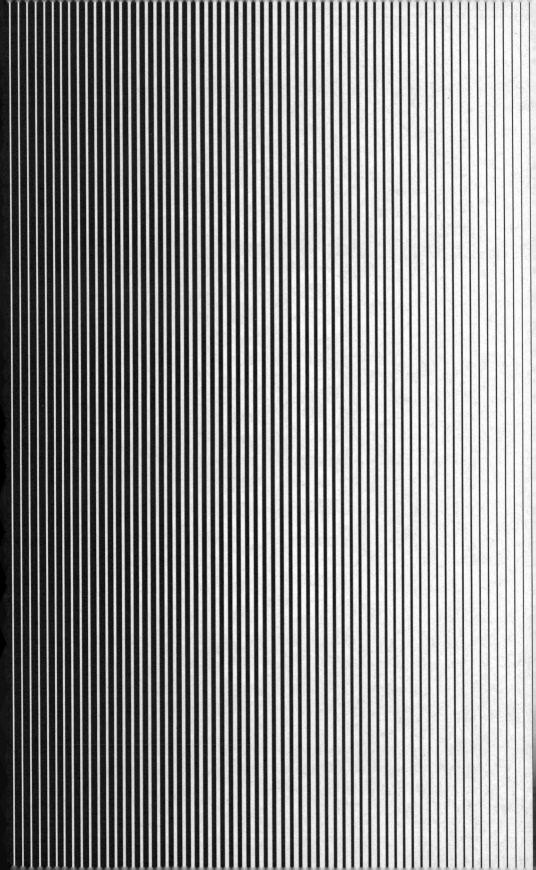

> Por um lado, o texto efetua uma operação espacializadora cujo efeito é fixar ou deslocar as fronteiras que delimitam campos culturais (o familiar *vs.* o estrangeiro), e que trabalham as distribuições espaciais que sustentam e organizam uma cultura. Mas para mudar, reforçar ou perturbar essas fronteiras sociais ou etnoculturais é necessário um espaço de jogo.
>
> — MICHEL DE CERTEAU,
> *Le lieu de l'autre*
> [O lugar do outro]

A VIAGEM CLÁSSICA de *costa a costa* começa em Nova York e termina na Califórnia. Como este livro é um ensaio clássico, filho bastardo de Montaigne, este capítulo vai brincar com essa rota, apesar das poucas paradas intermediárias; uma rota que inevitavelmente desembocará em uma viagem, textual e audiovisual – apesar de sua ancoragem mais ou menos firme em certas livrarias a seu modo *exemplares* que vão aparecendo ao longo do caminho –, pelos mitos da cultura americana, uma cultura que, se é caracterizada por algo, é precisamente por sua produção de mitos contemporâneos.

Embora a maioria deles seja individual, estão geralmente ligados a espaços significativos, muitas vezes coletivamente conotados. Ou seja, Elvis Presley é um corpo único, em movimento e, portanto, um itinerário, uma biografia; mas também é Graceland e Las Vegas. E Michael Jackson *foi espacializado* em Neverland, como fez Walt Disney em seu primeiro parque temático californiano. Do mesmo modo, pode-se percorrer a história cultural dos Estados Unidos durante o século passado por meio da invocação cronológica de certos lugares emblemáticos, *exemplos* de uma totalidade imensurável. Nos anos 1920, eram célebres os famosos almoços do The Algonquin, o hotel de Nova York onde escritores, críticos e editores como John Peter Tooley, Robert Sherwood, Dorothy Parker, Edmund Wilson ou Harold Ross discutiam sobre a estética e a indústria da literatura nacional e internacional; foi nos anos 1930 que se consolidou a Gotham Book Mart na mesma cidade, especializada na divulgação de autores experimentais, que organizou todo tipo de conferências e festas literárias e foi gradualmente frequentada pelos vanguardistas exilados europeus; durante os anos 1940, a galeria de arte nova-iorquina Art of this Century, de Peggy Guggenheim, foi a promotora decisiva do expressionismo abstrato como uma forma por excelência da vanguarda nacional; na década de 1950, a City Lights de San Francisco trouxe ao mercado alguns dos livros mais sintomáticos da época e os acompanhou com apresentações e recitais. The Factory de Manhattan, sob a liderança de Andy Warhol, se destacou nos anos 1960 como estúdio de cinema, oficina artística e sede de festas narcóticas; e durante a década seguinte e no início dos anos 1980 foi a sede da discoteca Studio 54.

Trata-se, como se pode ver, de *cronotopos* pontuais. Especialmente na Costa Leste, mesmo que não se entenda a cultura estadunidense sem o perpétuo *Coast to Coast*: "Eu amo Los Angeles. Eu amo Hollywood. Elas são tão bonitas. Tudo é plástico, mas adoro plástico. Quero ser plástico", disse Warhol. Se eu tivesse de escolher um único edifício que protagonize, mesmo em paralelo, a vida intelectual dos Estados Unidos durante o século XX, este seria o Chelsea Hotel, inaugurado em 1885 e ainda em funcionamento. A lista de celebridades e capítulos importantes do século passado poderia começar com Mark Twain e terminar com Madonna (em *Sex* aparecem fotos do quarto 822), passando por alguns sobreviventes do *Titanic*, Frida Kahlo e Diego Rivera, o suicídio de Dylan Thomas em 1953, a escritura de 2001, *uma odisseia no espaço*, de Arthur C. Clarke, a composição de *Blonde on Blonde*, de Bob Dylan, a interpretação de "Chelsea Hotel # 2" de Leonard Cohen e algumas cenas de *Nove semanas e meia de amor*. O hotel parece a livraria. É uma área igualmente fundamental na história das ideias, como local de encontro entre migrantes, de leitura intensiva e solitária – tão bem retratado por Edward Hopper; de escrita e criação; de troca de experiências, referências e fluidos. Também se encontra no dilema entre singularidade e clonagem, entre independência e rede, com vocação igual à de um museu. E está fora do circuito institucional e, portanto, sua história é feita de descontinuidades. Embora mais de 125 anos de presença constante em Nova York assegure a possibilidade de um relato articulado cronologicamente, quando cruzado – bombardeado – pelas biografias de centenas de artistas, o Chelsea Hotel e o restante dos hotéis onde essas centenas de artistas ficaram em seus milhões de deslocamentos só podem ser narrados da constelação de histórias e dados.

Espaço fetiche da Geração Beat, significou para seus membros a passagem do testemunho do Beat Hotel de Paris, aquela cidade que – nas palavras de Burroughs – "é um desagradável buraco para alguém sem dinheiro" e que está cheia de franceses, "uns autênticos porcos"; mas onde pôde terminar *Almoço nu* e trabalhar em seus cut-ups graças às facilidades fornecidas por uma francesa, a sra. Rachou, que dirigia um hotel sem nome (no número 9 da rue Gît-le-Coeur) onde Burroughs ficou com Ginsberg, Corso e outros amigos. Em algum momento, quando o movimento se transformou na corrente beat, na moda beat, no beatnik, o hotel parisiense foi batizado como Beat Hotel. A mesma cidade que havia visto nascer meio século antes o cubismo nos pincéis de Juan Gris, George Braque e Pablo Picasso, agora recebia a eclosão pós-moderna do recorte e da montagem literária. Depois de Tânger e Paris, continuaram se drogando e criando no Chelsea Hotel em Nova York. Burroughs escreveu que era um lugar que "parecia ter se especializado em mortes de escritores famosos". A filmagem em 1966 de *Chelsea Girls*, filme experimental de Warhol, pode ser vista como outro trânsito: o fim de uma certa maneira de entender o romantismo, um modo selvagem e viajante, e o início da produção em série e espetacularizada da arte contemporânea.

Os beats eram bons clientes de livrarias? A julgar pela lenda, a resposta seria "não". É mais fácil imaginá-los emprestando livros, roubando-os, levando-os temporariamente das prateleiras da Shakespeare and Company, do que os comprando. Na verdade, a livraria de Whitman era para eles – se levarmos em conta sua abundante correspondência – especialmente uma fonte de renda: "O livreiro daqui, que é amigo de Ferlinghetti, tem na vitrine cinquenta exemplares do meu livro e vende alguns toda semana". O grande ladrão de livros era Gregory Corso, que muitas vezes tentava vender pela manhã na própria livraria os volumes que havia roubado à noite. Certamente eles eram mais propensos a sebos. E à leitura de originais, viciados como eram não apenas em substâncias químicas, mas também em arte epistolar, em escrita automática, em arroubos líricos ao ritmo do jazz. Embora as lendas existam acima de tudo para ser desmentidas: em Paris, por exemplo, aproveitaram o acesso aos livros da Olympia Press para adquirir o trabalho de autores americanos e franceses proibidos. "Ferlinghetti me enviou cem dólares ontem, então comemos, dei a Gregory os vinte dólares do aluguel atrasado, e ele se mudou temporariamente para cá", Ginsberg escreve para Kerouac em uma carta datada em 1957, "nós compramos um livro sujo de Genet e Apollinaire, um papelote de heroína, uma caixa de fósforos de maconha e um frasco caro de molho de soja". Enquanto viviam no Chelsea Hotel, frequentavam livrarias de Nova York, como The Phoenix Bookshop, que rodou em mimeógrafo a revista de Ed Sanders *Fuck You* e promoveu uma coleção de poesia – em formato *chapbook* – que contou com títulos de Auden, Snyder, Ginsberg e Corso. Em um antigo açougue kosher, o próprio Sanders abriu em 1964 a Peace Eye Bookstore, que, além de livros, oferecia artigos para fetichistas contraculturais, como uma coleção emoldurada de pelos pubianos de dezesseis poetas inovadores ou a barba de Ginsberg por 25 dólares. Não demorou muito para se tornar um foco de ativismo político, que defendia, entre outras causas, a legalização da maconha. Em 2 de janeiro de 1966, a polícia invadiu a loja e prendeu seu dono, sob a acusação de comercializar literatura obscena e imagens lascivas.

Embora tenha ganho o julgamento, eles não devolveram o material apreendido, e essa foi a razão pela qual ele teve que fechar o estabelecimento.

Se, através de uma complexa operação cultural, econômica e política, com o apoio de instituições tão diferentes como o MoMA ou a CIA, os expressionistas abstratos se tornaram durante os anos 1950 os herdeiros dos pintores vanguardistas europeus, foi graças à confluência de uma nova força sociológica, novas formas de compreender a vida e as viagens, a música e a arte, performativas como as pinceladas de Jackson Pollock, que a Geração Beat se tornou a herdeira da Geração Perdida e dos surrealistas franceses, isto é, dos clientes habituais da rue de l'Odéon. Até depois da Segunda Guerra Mundial, a Gotham Book Mart foi o equivalente nos Estados Unidos da Shakespeare and Company original. Como lemos no diário de Anaïs Nin, a livraria de Frances Steloff "desempenhou o mesmo papel que Sylvia Beach em Paris". O mesmo contágio entusiasmado, o mesmo apoio às poéticas mais inconformistas: a livraria emprestou cem dólares à própria Nin e lhe deu toda a publicidade possível para que se tornasse viável a impressão de seu livro *Winter of Artifice* [Inverno de artifício], cuja publicação foi celebrada com uma grande festa. Mas imediatamente após Hiroshima, Frances Steloff não soube ou não quis ver o poder dos beats, e sua famosa livraria permaneceu literalmente ancorada no mundo pré-bélico. Mas não no que se refere à arte: foi ela quem indicou a Duchamp o artesão capaz de fabricar o protótipo de sua famosa mala-museu, sua vitrine exibiu uma instalação de Duchamp para o lançamento de um livro de Breton e, junto com Peggy Guggenheim, projetou outra na abertura da galeria Art of this Century. Mas o gesto que marca mais enfaticamente a livraria aconteceu em 1947 e foi a fundação da James Joyce Society, cujo primeiro parceiro foi T. S. Eliot. Quase uma década antes, quando o escritor irlandês ainda estava vivo, Steloff dedicou uma vitrine irônica a *Finnegans Wake*, em forma de velório, sintonizando com o ritmo do presente. Mas agora, ligar a biblioteca a um autor morto a aproxima prematura e perigosamente do status de museu, mesmo que seja um estabelecimento relativamente jovem (foi inaugurado em 1920 e permaneceu aberto até 2007) e sua *alma mater* tenha pouco menos de 50 anos de idade e esteja destinada a ser uma livraria centenária.

Deve-se ler *En compañía de genios. Memorias de una librera de Nova York* [Na companhia de gênios: memórias de uma livreira de Nova York] para constatar que, embora a Gotham Book Mart sempre tenha defendido as pequenas revistas e os fanzines, e apoiado jovens autores e literatura de alta qualidade, suas memórias permaneceram fiéis às suas próprias raízes e ela reivindicou acima de tudo certa literatura da primeira metade do século XX, cuja linha foi fixada com a edição da antologia *We Moderns. Gotham Book Mart 1920–1940* [Nós, modernos. Gotham Book Mart 1920–1940]. Os textos que compõem as memórias foram publicados em 1975 e recordam os de Beach: não por acaso ambas as livreiras nasceram no mesmo ano de 1887 e consagraram suas vidas à difusão dos mesmos autores, com Joyce no topo. Neles, a livreira imita sua predecessora e se torna uma observadora ("Eu nunca me dirigia aos clientes a menos que parecessem precisar de ajuda") e colecionadora de ilustres visitantes. Steloff conheceu Beach em Paris e concordaram em várias ocasiões, como ela nos diz em um dos capítulos de suas memórias, que termina assim: "Muitas vezes se pensava em nossas livrarias como em projetos relacionados, embora eu nunca tenha aproveitado as vantagens que ela oferecia".

Nos anos 1920 e 1930, a Gotham Book Mart foi especialmente um foco de irradiação dos títulos proibidos no país, a ilha onde se encontraram tesouros, como os livros de Anaïs Nin, D. H. Lawrence e Henry Miller, de modo que era esse horizonte literário que cimentava sua reputação e aquilo que centrava seus esforços de divulgação. Encontramos alusões a ela na obra íntima desses autores. Por exemplo, em uma carta do autor de *Trópico de câncer*, a Lawrence Durrell:

"Naturalmente, as vendas não foram muito altas, nem para *The Black Book* [O livro negro] nem para *Max*. Mas eles estão sendo vendidos devagar o tempo todo. Eu mesmo comprei, pagando do meu bolso, uma boa quantidade de livros seus que meus amigos me pediam. E agora que se levantou a censura sobre eles na América, podemos obter algo, pelo menos através da Gotham Book Mart. Dentro de aproximadamente dez dias eu devo receber notícias interessantes deles, porque escrevi a todos falando como as coisas estão. Acho que Cairns não teve tempo de ir te ver; o navio zarpou no dia seguinte ao da sua chegada. Mas ele tem uma opinião muito elevada de você e de todos nós; é um homem saudável, íntegro, um pouco ingênuo, mas no bom sentido. Eu o considero um bom amigo e talvez meu melhor crítico na América."

A Gotham Book Mart e seu famoso slogan *"Wise Men Fish Here"* [Homens sábios pescam aqui] aparece no quadrinho *Are You My Mother?* [Você é minha mãe?], de Alison Bechdel, onde se diz: "Esta livraria está aqui desde sempre, é uma instituição". A cultura tem circulado tanto por circuitos alternativos ao mercado institucional como pelos canais oficiais. Os escritores sempre foram os maiores acionistas das poéticas relacionadas, mas é interessante destacar a alusão de Durrell a Huntington Cairns, para entender a complexidade das relações entre arte e poder político nos Estados Unidos, porque se trata de um excelente leitor, mas também do advogado que assessorava o Tesouro sobre a importação de produções que poderiam ser consideradas pornográficas. Em outras palavras: era um censor. Provavelmente o mais importante de sua época. A carta, datada em Paris em março de 1939, termina com estas palavras: "Eu sou um zen aqui em Paris, e nunca me senti melhor, mais lúcido, mais seguro, mais focado. Apenas uma guerra poderia me afastar disso". Em outra carta contemporânea, que Steloff lhe mandou, oferecendo-lhe as últimas primeiras edições de *Trópico de câncer* e *Primavera negra*, leva a declaração ainda mais longe: "Minha decisão não se baseia no temor de uma guerra. Eu não acho que haverá uma este ano, e também não acho que haverá no próximo ano". Menos mal que tenha se dedicado a escrever, e não à adivinhação.

Em 1959, Gay Talese cobriu a história de *O amante de Lady Chatterley*, um romance que até essa data havia sido proibido no país. Um juiz federal rebaixou a definição de obscenidade que dois anos antes a Corte Suprema havia estipulado no caso de Samuel Roth contra os Estados Unidos da América por tráfico de pornografia:

"A liberação do romance começou graças aos esforços que uma editora de Nova York, a Grove Press, fez no tribunal. Ela apresentou e ganhou uma ação judicial contra o Escritório Postal dos Estados Unidos, que até então atribuíra a si mesmo autoridade absoluta para proibir o envio pelo correio de livros 'sujos' e outros materiais censuráveis. O triunfo legal da Grove Press foi celebrado imediatamente pelos advogados da liberdade literária como uma vitória nacional contra a censura e uma confirmação da Primeira Emenda."

Dessa forma, fechava-se outro dos infinitos capítulos de censura que se sucediam na história da cultura, como se desde o século XVIII não dispuséssemos das palavras de Diderot em sua famosa *Carta sobre o comércio de livros* (1763), uma dissecação sistemática do funcionamento do sistema editorial, desde os direitos do autor até a relação do escritor com o impressor, o editor e o livreiro, que, ressalvadas as distâncias, pode ser aplicado a boa parte das parcelas nas quais ainda está dividido, em termos jurídicos e conceitualmente, o negócio do comércio de livros. O mesmo Diderot que dirigiu a *Enciclopédia* – e teve de vender sua biblioteca para pagar o dote da filha – foi o autor de outras epístolas famosas, como as de Sophie Volland ou a *Carta sobre os surdos-mudos*, talvez tenha sido amante da czarina da Rússia e publicou depois de sua morte um dos grandes romances da primeira modernidade, *Jacques, o fatalista* –, escreveu também estas linhas sobre a circulação de títulos proibidos:

"Por favor, cite-me uma dessas obras perigosas, proscritas, impressas clandestinamente no exterior ou no reino, que em menos de quatro meses não tenha se tornado tão comum como um livro privilegiado. Que livro mais contrário à boa moral, à religião, às ideias recebidas da filosofia e da administração, em um palavra, a todos os preconceitos vulgares e, como resultado, mais perigoso do que as *Cartas persas*? Há algo pior? E, no entanto, existem cem edições das *Cartas persas*, e não há um estudioso que não encontre um exemplar por 12 centavos nas margens do Sena. Quem não tem seu Juvenal ou seu Petrônio traduzido? As reimpressões do *Decameron* de Boccaccio ou dos *Contos* de La Fontaine são inúmeras. Por acaso nossos tipógrafos franceses não podem imprimir no final da primeira página 'Para Merkus, em Amsterdã', da mesma forma que os operários holandeses? *O contrato social* impresso e reimpresso é distribuído ao valor de um escudo no vestíbulo do palácio do soberano. O que significa isso? Bem, que não paramos de obter essas obras; que pagamos ao estrangeiro o preço de uma mão de obra que um magistrado indulgente e com melhor política poderia ter nos economizado e que, dessa forma, nos abandonou aos vendedores ambulantes que, aproveitando-se de uma dupla curiosidade, triplicada pela proibição, nos venderam muito caro o perigo real ou imaginário ao qual eles se expunham para satisfazê-la."

Enquanto as pequenas livrarias, muitas vezes fugazes, nutrem o imaginário da literatura à margem do *mainstream*, as livrarias que se orgulham de seu enorme tamanho lembram-nos de que a indústria editorial não se baseia em títulos minoritários e requintados, mas em uma produção em massa, semelhante à alimentar. A livraria de Nova York equivalente ao Chelsea Hotel, em termos de independência, duração e importância simbólica, poderia ser a Strand, com seus "18 mil livros", que foi fundada em 1927 por Benjamin Bass, que a legou a seu filho Fred, que por sua vez a deixou como herança para Nancy, sua filha, que em 2006 deixou o negócio nas mãos de seus próprios filhos, William Peter e Ava Rose Wyden. A expressão "negócio familiar" foi inventada para eles. Quatro gerações e dois estabelecimentos: o original na "Book Row" da Fourth Avenue, onde chegou a haver até 48 livrarias nos bons velhos tempos, dos quais a Strand é a única sobrevivente, e a atual na rua 12 com a Broadway.

José Donoso descreveu com eloquência sua importância, em um artigo intitulado "A obsessão de Nova York":

> "No entanto, eu não vou a grandes livrarias: meus passos inevitavelmente se dirigem à Strand Bookstore, na Broadway, esquina da rua 12, essa catedral de livros de segunda mão onde é possível encontrar de tudo, ou encomendar de tudo, e onde aos sábados à tarde e aos domingos pela manhã você vê celebridades da literatura, do teatro e do cinema, de jeans e sem maquiagem, em busca de algo para alimentar suas obsessões."

Interessa a mim a insistência na palavra "tudo": essa ideia de que existem livrarias que são como a Biblioteca de Babel, em contraposição a outras que são como a mesa de Jakob Mendel no Café Gluck. A Strand se vangloria de ter 2,5 milhões de títulos. O tamanho, a quantidade, a extensão do acervo como apelo publicitário acompanha um grande número de livrarias nos Estados Unidos, um país de natureza megalomaníaca. E do Canadá vizinho: a World's Biggest Bookstore está localizada em Ontário e anteriormente foi um grande boliche. Seus vinte quilômetros de prateleiras foram imortalizados – digamos assim – por essa máquina de memória, esse leitor no piloto automático chamado Número 5, no filme *Um robô em curto-circuito*, quando sua voracidade de informações provoca grande agitação na biblioteca. Nesse lado da fronteira, se acreditarmos na publicidade, a maior livraria acadêmica do mundo se encontraria em Chicago. Durante os meses que morei em Hyde Park, era assíduo frequentador dela: a Seminary Co-op Bookstore na rua 57, o melhor refúgio quando nevava, junto com a biblioteca da universidade, que ficava próxima. Sua principal marca de identidade era *The Front Table* [A mesa de entrada], um folheto impresso em cores onde as principais novidades eram resenhadas; mas também era possível pegar outras publicações culturais gratuitas. É uma dessas livrarias eminentemente subterrâneas, em cujas salas você poderia passar muitos minutos folheando livros em solidão absoluta. A sede principal, no entanto, não era a da rua 57, mas a que hospedou a fundação da cooperativa: a que ficava no subsolo do Seminário de Teologia, em pleno campus, onde agora é o Becker Friedman Institute for Research in Economics. Não em vão, a Universidade de Chicago se orgulha de ser a que acumula mais prêmios Nobel em Economia, entre professores, pesquisadores convidados e ex-alunos, mas ninguém sabia como me dar muitas informações sobre a passagem de Saul Bellow e John Maxwell Coetzee por seus corredores e salas de aula neogóticas. Na revista digital *Gapers Block*, no entanto, encontro o testemunho de um livreiro, Jack Cella, que se lembra de que Bellow gostava de fuçar nos livros que acabavam de chegar e estavam sendo desempacotados: os membros mais novos da comunidade.

A Prairie Lights, por sua vez, é conhecida por se beneficiar da proximidade do mais famoso Programa de Escrita Criativa do país: o da Universidade de Iowa. Em sua página constam, com nomes e sobrenomes, os sete prêmios Nobel de Literatura que os visitaram: Seamus Heaney, Czesław Miłosz, Derek Walcott, Saul Bellow, Toni Morrison, Orhan Pamuk e J. M. Coetzee. Trata-se do projeto pessoal de Jim Harris, formado em Jornalismo, que decidiu investir uma pequena herança no comércio de livros e abrir a livraria em 1978. A atual sede, agora em mãos de seus ex-empregados, por coincidência ocupa o mesmo espaço que, na década de 1930, abrigava uma sociedade literária onde se reuniam Carl Sandburg, Robert Frost e Sherwood Anderson. Um dos ex-alunos do famoso Writer's Workshop, Abraham Verghese, escreveu no capítulo correspondente à Prairie Lights de *My Bookstore. Writers Celebrate Their Favorite Places to Browse, Read, and Shop* [Minha livraria: escritores indicam seus lugares favoritos para procurar, ler e comprar] que seus livreiros eram, de alguma forma, também professores, "moldando nossas sensibilidades, porém o mais importante: tratando-nos como escritores sérios, pessoas de grande potencial, embora, naquele momento, não tivéssemos tanta fé em nós mesmos". No mesmo volume, Chuck Palahniuk centra-se na City of Books de Powell e ironiza sobre os circuitos de apresentação de novidades editoriais: Mark Twain morreu de estresse durante uma turnê.

A próxima parada em nosso *Coast to Coast* livreiro poderia ser a Tattered Cover de Denver, pois nela se detêm todos os importantes autores de passagem pelos Estados Unidos, incluindo Barack Obama. O projeto é liderado desde 1973 pela ativista Joyce Meskis, autêntica líder civil, tão apreciada por seus vizinhos e clientes que cerca de duzentos deles colaboraram nas mudanças da livraria, transportando as caixas carregadas com volumes para instalações próximas. Meskis aplica uma pequena margem de lucro, de 1% a 5% do preço do livro, para poder competir com as redes de livrarias e mostrar ao cliente que ele é o grande protagonista e o grande beneficiário. Essa amabilidade não é apenas pessoal e econômica, também se traduz em dezenas de poltronas, que de acordo com a proprietária tentam fazer com que o visitante se lembre de que ele está em um lugar semelhante à sala de estar de sua casa. A Tattered Cover sempre foi caracterizada pela defesa dos direitos civis; mas no ano 2000, essa luta tornou-se notícia nacional quando, dando boas-vindas à antiga Primeira Emenda, conseguiu que o Supremo Tribunal do Colorado decidisse a seu favor, depois que a polícia tentou forçá-la a denunciar quem era o cliente que comprou um determinado livro, que, segundo eles, ensinava como fabricar metanfetamina. No final, acabou se revelando um manual de caligrafia japonesa.

Dois mil quilômetros depois – deixando Las Vegas e Reno à esquerda – chegamos a outra das livrarias estadunidenses que nenhum escritor em viagem promocional pode se dar ao luxo de se esquivar, a mencionada Powell's de Portland, da qual Palahniuk deve gostar por sua forma de cassino: inúmeros corredores interligados, um labirinto em que cada uma das nove salas tem seu nome (Dourado, Rosa, Roxo), como os personagens de *Cães de aluguel*. Ou como um imenso bordel. Como na Strand ou em outras livrarias megalomaníacas, a qualidade é o tesouro a ser encontrado após capas e capas de quantidade. Nem mais nem menos que 1,5 milhão de livros. Percorrê-las é fazer uma viagem, com a bússola de um mapa do estabelecimento: o objetivo talvez seja encontrar a Rare Books Room, com seus volumes dos séculos XVIII e XIX, ou simplesmente chegar ao café para fazer uma pausa e descansar. Porque a Powell's de Portland é tão famosa por seu tamanho (pode ser que seja *realmente* a maior do mundo) que se tornou uma atração turística e, como tal, é constantemente visitada por pessoas de todo o imenso país.

A Califórnia fica ao sul. Para chegar a Los Angeles, onde a obra-prima de Quentin Tarantino foi filmada, onde se projetaram e inclusive construíram tantas livrarias de mentira, você ainda precisa cruzar Berkeley e San Francisco. Na pequena cidade universitária vale muito a pena visitar a Moe's Books, um edifício com 200 mil livros, novos, usados e antigos; uma livraria com mais de meio século de história. Foi fundada por Moe Moskowitz em 1959, de modo que se consolidou como um projeto cultural nos anos políticos da década de 1960 e com protestos contra a Guerra do Vietnã. Em 1968, o livreiro foi preso por vender títulos escandalosos (como os quadrinhos de Robert Crumb e livros de Valerie Solanas). Depois de sua morte, em 1997, foi sua filha Doris quem assumiu o comando, que agora compartilha com seu próprio filho Eli, terceira geração de livreiros independentes. E na vizinha San Francisco nos aguardam quatro importantes livrarias californianas: a mais antiga do estado (Books Inc.), a mais famosa do país (City Lights), talvez a mais fascinante que eu conheço (Green Apple Books) e uma das mais interessantes, em termos de arte e de comunidade, que visitei (Dog Eared Books).

A história da primeira remonta à metade do século XIX, em plena febre do ouro, quando em 1853 o viajante suábio Anton Roman começou a vender livros e instrumentos musicais para os mineiros de Shasta, em um comércio chamado Shasta Book Store, em frente ao El Dorado Hotel, cujos horizontes logo se expandiram com a Roman's Picture Gallery; pois aquele era o deserto e tudo estava por ser feito: a cultura, a história, a música, a imaginação da fronteira. Quatro anos depois, ele se mudou para San Francisco, onde o comércio de texto e imagem foi expandido com o da impressão e edição próprias. Desde então, mudou sua localização e nome tantas vezes que a única coisa que certamente permanece é o slogan: "A livraria independente mais antiga do Oeste". Sobre o estabelecimento que foi dirigido pelo poeta Lawrence Ferlinghetti já se falou neste livro, com essa conexão francesa que encontramos, vez ou outra, na história da cultura estadunidense. Claro, está localizada no centro da cidade:

ao lado de Chinatown e de Little Italy e da maioria dos ícones turísticos. A Green Apple Books, por sua vez, está em uma possível periferia: na principal artéria do bairro mestiço de Clement. Aparece no romance *The Royal Family* [A família real], de William T. Vollmann, como o que realmente é: o lugar onde ir em busca de respostas. No caso do personagem do romance, ele abre as escrituras budistas e lê: "As coisas não vêm nem vão, tampouco aparecem ou desaparecem, nem mesmo se conseguem ou se perdem". E eu, no entanto, que em minha primeira visita a San Francisco, peregrinei com devoção à City Lights porque ainda acreditava no passaporte invisível, quando voltei dez anos depois e me levaram à Clement Street, senti que ganhava algo que não iria perder.

Porque em sua harmonia entre livros novos e usados, em sua improvisação calculada, em suas dezenas de corredores, passagens, desníveis, ligações e vãos de escadas, em suas dezenas de resenhas manuscritas que orientam os leitores e os clientes em sua escolha iminente, no chão de madeira, a Green Apple Books mostra inequivocamente sua vocação de livraria aconchegante e tradicional. Uma livraria é constituída, acima de tudo, pelo que destaca: os cartazes, as fotografias, os livros recomendados ou expostos com destaque especial. Na Green Apple Books, emolduraram a *Carta aberta*, de Hunter S. Thompson, que chegou a San Francisco em meados dos anos 1960 atraído pelo magnetismo do movimento hippie. As escadas são presididas por um enorme mapa dos Estados Unidos; mas também há uma seção na entrada, chamada "Read the World", onde se expõem e recomendam novidades estrangeiras, em tradução. E a parede direita do térreo é um verdadeiro museu de máscaras africanas e asiáticas, obra de Richard Savoy, que abriu o estabelecimento em 1967, quando tinha apenas 25 anos e sua única experiência era como técnico de rádio da American Airlines. Mas sobretudo há leitores. Porque na labiríntica livraria da Clement Street você os encontra, agachados, quase escondidos, como confinados nos cubículos de um mosteiro budista ou nas catacumbas dos primeiros cristãos, em silêncio, de todas as idades e condições, parados, de cócoras ou sentados: leitores. E isso não tem preço.

Uma livraria é uma comunidade de fiéis. Em nenhuma essa ideia é melhor representada do que na Dog Eared Livros, que desde 1992 criou uma autêntica atmosfera empática com os habitantes de Mission District. Além de revistas, livros, discos e trabalhos gráficos, na vitrine daquela loja de esquina foi realizada, entre 2004 e 2016, uma homenagem ao vínculo de carinho e respeito que uma livraria deve criar com seus clientes leitores: a artista Verónica de Jesús lembrou, com um retrato semanal, trezentas pessoas que a inspiraram. Naquela galeria, naquele memorial, passaram vizinhos anônimos, amigos pessoais, escritores e até estrelas pop. Leitores famosos ou desconhecidos unidos pela morte e homenageados em uma livraria que, acima de tudo, se sente parte de um bairro.

Em uma estante da Green Apple Books, alguém pregou a fotografia de Marilyn Monroe lendo o *Ulysses*. O Corpo de Hollywood lendo a Mente de um escritor irlandês exilado em Trieste ou em Paris. Os Estados Unidos lendo a Europa. Na antiga comédia musical *Cinderela em Paris*, esse tipo de binômio sofreu uma interessante transformação. Por indicação de seu editor, um fotógrafo de moda encarnado por Fred Astaire deve encontrar uma nova modelo que reúna beleza e inteligência, alguém cujas ideias "sejam tão boas quanto sua aparência". A livraria Embryo Concepts de Greenwich Village – inventada em um platô de Hollywood – é o lugar onde ocorre a operação de busca e captura: nela ele conhecerá Jo Stockton, uma bela filósofa amadora (o rosto e a pele de Audrey Hepburn), a quem convencerá a acompanhá-lo a Paris para um festival de moda. Ela aceitará, não porque seja atraída pela fotogenia, mas porque poderá assistir às aulas de um filósofo especialista em *empaticismo*. É interessante a inversão de papéis tradicionais em um filme de 1957: ele representa a superficialidade e ela, a profundidade. Mas, no final, como convém em um musical, eles trocam um beijo que apaga, ou pelo menos congela, todos os desentendimentos anteriores. Em *Um lugar chamado Notting Hill*, a situação inicial é inversa: ele (Hugh Grant) administra uma livraria independente especializada em viagens e ela (Julia Roberts) é uma atriz de Hollywood. Enquanto ela espia os volumes, depois de entrar pela primeira vez em seu estabelecimento (a fictícia Travel Book Company é, na realidade, uma loja de calçados chamada agora Notting Hill), ele acaba de pilhar um ladrão de livros, ao qual informa educadamente sobre suas opções de compra ou devolução do exemplar que enfiou nas calças. Ele é o ladrão que reconhece a famosa atriz e pede um autógrafo; o livreiro, por outro lado, só se apaixona por ela.

Como âmbito erótico, toda livraria é por excelência um lugar de encontro: entre livreiros e livros, entre leitores e livros, entre leitores e livreiros, entre leitores viajantes. O caráter de familiaridade que todas as livrarias do mundo compartilham, sua natureza de refúgio ou bolha, torna a aproximação mais provável do que em outros espaços. Esse estranho sentimento de saber pelo título que este livro, publicado em árabe ou japonês, é de Tolstói ou de Lorca, ou pela foto do autor ou por algum tipo de intuição. Essa experiência compartilhada de ter reencontrado alguém em alguma livraria do mundo. Por isso, não é surpreendente que se apaixonar por alguém em uma livraria constitua um *topos* literário e cinematográfico consolidado. No filme *Antes do pôr do sol*, os dois protagonistas de *Antes do amanhecer* – o relato das horas de sonho que compartilharam em Viena nove anos antes, enquanto estavam viajando de trem pela Europa – encontram-se novamente na livraria Shakespeare and Company. Acaso objetivo: ele se tornou um escritor, e esse é o lugar onde os autores norte-americanos apresentam seu livro em Paris. O momento em que ele a reconhece possui a magia da representação erótica clássica. Enquanto conta ao público o argumento de uma história que gostaria de escrever, um livro feito de um presente mínimo e máximas lembranças, que durasse o tempo de uma música pop, através de flashbacks penetramos na história-chave à qual essa outra história superficial estaria realmente se referindo, fragmentos do filme anterior, daquela noite vienense. Então ele se vira para a direita e a vê. Ele a reconhece instantaneamente. Fica muito nervoso. Eles terão novamente apenas algumas horas para pegar o fio que deixaram solto quase uma década antes. Na virada do século, predomina o romantismo que envolve a ideia da livraria, que fez dela um símbolo da comunicação, da amizade, do amor, como se pode ver em outros produtos da cultura pop, dos romances *A sombra do vento* e *Haunting Jasmine* [Jasmine assombrada] até as comédias *Lembranças* e *Julie & Julia*, ambas com cenas filmadas na Strand, e sobretudo *Mensagem para você*, onde uma livraria independente é ameaçada pela filial de uma rede que acaba de abrir ao seu lado e, simultaneamente, quem administra a primeira (Meg Ryan) e o diretor da segunda (Tom Hanks) mantêm um relacionamento epistolar sem conhecer seus rostos ou nomes.

O eros platônico: o amor ao conhecimento. Em um capítulo da primeira temporada da série *The West Wing*, mostra-se a operação policial que se deve realizar todas as vezes que o presidente Bartlet quer ir comprar livros antigos, pelos quais professa verdadeiro amor. A maioria dos volumes que ele coleta é do século XIX ou início do século XX e bastante peculiares: sobre a caça ao urso, sobre o esqui alpino, Fedro, Lucrécio. Na ficção contemporânea, a livraria significa o espaço do tipo de conhecimento que não pode ser encontrado nas instituições oficiais – biblioteca, universidade –, porque o fato de ser um negócio privado escapa à regulamentação e porque os livreiros são ainda mais loucos do que os bibliotecários ou os professores universitários. É por isso que o gênero fantástico e o de terror fizeram da livraria administrada por um sábio atípico, que guarda informações requintadas e proibidas, uma constante equivalente à loja antiquária, com uma sala ou um porão secretos. Vários quadrinhos deste século insistem na ideia da livraria como um arquivo clandestino, como *The Boys* [Os garotos], de Garth Ennis e Darick Robertson, onde o porão de uma loja de quadrinhos protege a memória real sobre o mundo dos super-heróis; ou *Neonomicon*, de Alan Moore, em cuja livraria se pode comprar todo tipo de títulos mágicos e sadomasoquismo. Esta passagem do conto "A batalha que deu fim ao século", de Lovecraft, ilustra perfeitamente a ideia da circulação alternativa de uma subcultura à margem do sistema:

"O relatório do sr. Talco sobre os acontecimentos, ilustrado pelo famoso artista Klarkash-Ton (que esotericamente representou os lutadores como cogumelos sem ossos), foi impresso – após várias rejeições por parte do exigente editor de *O trombadinha da Cidade dos Ventos* – como uma brochura, financiada por W. Peter 'Chef'. Tal folheto, graças aos esforços de Odis Adelbert Kline, foi então colocado à venda na livraria 'Tropeço e Choro', até que finalmente três cópias e meia foram vendidas graças à tentadora descrição para catálogo fornecida por Samuel Filantropo, Esq."

Mas não apenas o ocultismo, a magia, a religião ou os livros proibidos pela Inquisição ou pelas ditaduras se encontram nos estoques e porões das livrarias; qualquer título que tenha a aura do segredo, do pouco conhecido, de livro apenas para *happy few*, imensa minoria, *connaisseurs*, iniciados, pode ocupar essa cripta da relíquia ou da caixa-forte. Quando publicada, a grande maioria dos livros é de acesso democrático: seu preço é calculado de acordo com fatores atuais. Ao longo dos anos, de acordo com *a fortuna* da obra e do autor, de acordo com sua raridade ou aura, de acordo com sua validade como um clássico e seu poder de mito, o preço dispara e entra numa dimensão aristocrática, ou é reduzido ao mesmo valor que o descarte ou o lixo. Um livro pode ser objeto de perseguição tanto por seus poderes mágicos como por seu poder de mercado, muitas vezes mesclados. Quando George Steiner, por exemplo, lembra a descoberta da obra de Borges, ele o faz nestes termos:

"Lembro-me de um dos primeiros conhecedores da obra de Borges me mostrando, no cavernoso estoque de uma livraria em Lisboa – e isso aconteceu nos primeiros anos da década de 1950 –, a tradução de Borges de *Orlando*, de Virginia Woolf, seu prólogo a uma edição argentina de *A metamorfose*, de Kafka, seu importante ensaio sobre a linguagem artificial inventada por John Wilkins publicado em *La Nación* em 8 de fevereiro de 1942, e *O tamanho de minha esperança*, o mais raro de todos os tesouros, uma compilação de ensaios curtos publicada em 1926, mas que, de acordo com o desejo do próprio Borges, não voltou a ser editada. Esses pequenos objetos me foram mostrados com um gesto de meticulosa arrogância. E com razão. Eu chegara atrasado ao lugar do segredo."

Em Paris, a livraria Alain Brieux faz conviver no mesmo espaço livros e impressões antigas com crânios humanos e instrumentos cirúrgicos do século XIX. Um autêntico gabinete de curiosidades. O imaginário da livraria antiquária como depósito de estranhezas balança entre os referentes reais e os cenários da imaginação, como tudo o que afeta esse impulso humano que chamamos ficção. A livraria Flourish & Blotts, na rua Diagon, com acesso secreto e logo atrás da London Charing Cross Road, é um dos estabelecimentos onde Harry Potter e o resto dos magos estudantes vêm para obter suprimentos escolares no início de cada ano letivo. A Livraria Lello & Irmão, do Porto, foi utilizada como cenário para a filmagem da versão cinematográfica. A livraria de Monsieur Labisse em *A invenção de Hugo Cabret*, de charme semelhante, foi feita expressamente para o filme. Para isso, foram necessários 40 mil livros. Um estúdio de Hollywood também foi onde Alfred Hitchcock replicou a livraria The Argonaut de San Francisco para a filmagem de uma famosa cena de *Um corpo que cai*. No roteiro se descreve o local, renomeado The Argosy, nos termos que vimos: ênfase em sua antiguidade, cena crepuscular, quantidade enorme de volumes antigos que asseguram um conhecimento marginal e, acima de tudo, a especialização na Califórnia dos pioneiros que justifica a visita de Scottie, em sua busca de dados sobre "a triste Carlotta", como a define Pop Leibel, o livreiro fictício inspirado pelo autêntico Robert D. Haines, que se tornou amigo de Hitchcock a partir das visitas deste à The Argonaut. "Ela morreu", continua Leibel. "Como?", pergunta Scottie. "Por suas próprias mãos", responde o livreiro, que sorri com tristeza: "Há tantas histórias...". No roteiro, lê-se: "Escureceu no interior da livraria e as figuras foram reduzidas a silhuetas".

Descobri, na internet, que a livraria Book City de Hollywood foi fechada. Era um enorme armazém de volumes e saldos de segunda mão, uma espécie de réplica da Strand na Costa Oeste, a poucos passos da Calçada da Fama. Eles também vendiam scripts. Havia grandes caixas de papelão cheias deles, por dez, cinco, um dólar: a preço de pulp, de polpa [de celulose], roteiros digitados, grampeados, roteiros que nunca foram filmados, que talvez nem sequer foram lidos, comprados por quilo das produtoras que as recebiam e as recebem em excesso, com capas pretas e brancas, opacas e transparentes, de plástico, encadernadas com espirais de plástico, o mesmo plástico de que Andy Warhol gostava muito.

> Você está lendo *Ulysses*, de James Joyce, em circunstâncias suspeitas, uma vez que lê o mesmo livro – o mesmo exemplar – em diferentes lugares e vestido de forma diferente, como se lesse também a mesma página a partir da qual não pode avançar porque não pode sair dela, ou porque ela não pode voltar para dentro do livro, como se no primeiro caso estivesse vivendo o fim de uma era de leitura (uma despedida da última página legível) e, no segundo, o início de outra (a chegada ao mundo da ilegibilidade).
>
> — JUAN JOSÉ BECERRA,
> *La interpretación de un libro*
> [A interpretação de um livro]

# CAPÍTULO 8

# AMÉRICA (2): DE NORTE A SUL

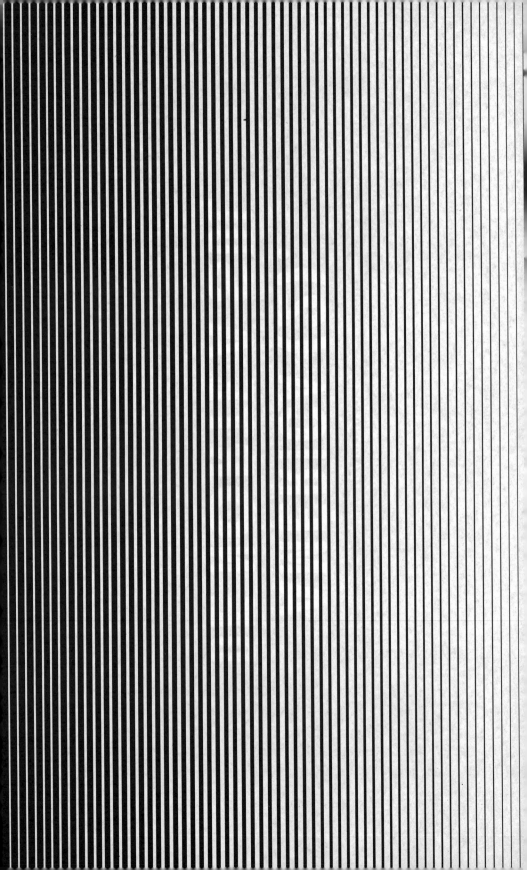

> Era uma pequena livraria na rue du Cherche-
> -Midi, era um ar suave de passeios demorados,
> era a tarde e a hora, era a estação florida,
> era o Verbo (no início), era um homem que
> pensava ser um homem. Que burrice infini-
> ta, minha mãe! E ela saiu da livraria (só ago-
> ra percebo que era como uma metáfora, ela
> saindo nada menos do que de uma livraria)
> e trocamos duas palavras e fomos tomar
> uma taça de *pelure d'oignon* em um café de
> Sèvres-Babylone.
>
> — JULIO CORTÁZAR,
> *O jogo da amarelinha*

A LIVRARIA Leonardo da Vinci do Rio de Janeiro deve ser a mais poetizada do mundo. Márcio Catunda dedicou-lhe o poema "A livraria", no qual descreve a passagem que leva ao seu interior no subsolo do edifício Marquês do Herval, aquelas vitrines acesas para criar dias artificiais. O poema foi fotocopiado e entregue a mim por Milena Piraccini, sua então gerente, com quem lembro que falei sobre a história de um estabelecimento que no ano anterior – estávamos no final de 2003 – completara meio século de existência. Estávamos ao lado de duas mesas de escritório, onde duas grandes calculadoras serviram como falsas caixas registradoras, a informática banida, ao lado da coleção completa de La Pléiade. Sua mãe, Vanna Piraccini, italiana de pai romeno, assumiu oficialmente o negócio em 1965, após a morte de seu marido, Andrei Duchiade, mas foi ela quem ficou na direção desde o início. Vanna enfrentou as maiores adversidades da história do comércio e as superou: recessões econômicas, a longa ditadura militar e o incêndio que, em 1973, destruiu completamente a loja. Seu amigo Carlos Drummond de Andrade escreveu: "A loja subterrânea/ expõe os seus tesouros/ como se os defendesse/ de fomes apressadas".

Desde 1994, na mesma galeria subterrânea, bem em frente, há outra livraria também destinada a ser histórica: a Berinjela. Fundada por Daniel Chomski – como me diz o editor Aníbal Cristobo, que morou no Rio no início do século: "É um lugar que me lembra o filme *Cortina de fumaça*: um ponto de encontro de escritores que de repente pode se tornar uma gravadora ou uma editora (responsável pelos quatro números de *Modo de usar*, talvez a melhor revista de poesia contemporânea do Brasil), ou até um reduto quase clandestino para a organização de campeonatos de *futebotão*, um esporte misterioso". Entre os dois estabelecimentos, flui uma energia similar – suponho – àquela que em épocas passadas pôde-se viver na rue de l'Odéon. Mas subterrânea.

À livraria Leonardo da Vinci também é dedicado outro poema, "A cidade e os livros", de Antonio Cícero, cuja cópia traduzida eu também tenho:

"O Rio parecia inesgotável/ àquele adolescente que era eu./ Sozinho entrar no ônibus Castelo,/ saltar no fim da linha, andar sem medo/ no centro da cidade proibida,/ em meio à multidão que nem notava/ que eu não lhe pertencia – e de repente,/ anônimo entre anônimos, notar/ eufórico que sim, que pertencia/ a ela, e ela a mim –, entrar em becos,/ travessas, avenidas, galerias,/ cinemas, livrarias: Leonardo/ da Vinci Larga Rex Central Colombo/ Marrecas Íris Meio-Dia Cosmos/ Alfândega Cruzeiro Carioca/ Marrocos Passos Civilização/ Cavé Saara São José Rosário/ Passeio Público Ouvidor Padrão/ Vitória Lavradio Cinelândia:/ lugares que antes eu nem conhecia/ abriam-se em esquinas infinitas/ de ruas doravante prolongáveis/ por todas as cidades que existiam."

Esse é o olhar do adolescente para a cidade, seus espaços e sua cultura. Um olhar erotizado que devora. Para Juan García Madero, a poesia – no início – é encontrada na Faculdade de Filosofia e Letras da Unam e em seu quarto na colônia Lindavista, mas logo se desloca para certos bares e cafés e casas real-visceralistas e livrarias onde passa os dias de solidão, na falta de alguém com quem falar, anestesiar a fome. Nas primeiras páginas de *Os detetives selvagens* de Roberto Bolaño, a literatura se sexualiza: não poderia ser de outra forma no caso de protagonistas adolescentes. Juan descobre um poema de Efrén Rebolledo, recita-o, imagina uma garçonete o cavalgando e se masturba várias vezes. Pouco depois, uma das reuniões literárias deriva em um boquete. Enquanto a bebida e o sexo presidem a literatura noturna, a diurna está marcada pelas livrarias, em cujo labirinto tenta encontrar "dois amigos desaparecidos":

> "Já que não tenho nada para fazer, decidi procurar Belano e Ulises Lima nas livrarias da Cidade do México. Descobri o sebo Plinio el Joven, na Venustiano Carranza. A livraria Lizardi, na Donceles. O sebo Rebeca Nodier, na Mesones com a Pino Suárez. No Plinio el Joven, o único funcionário era um velhote que, depois de atender muito educadamente um 'erudito do Colegio de México', não demorou muito para adormecer em uma cadeira posta ao lado de uma pilha de livros, ignorando-me soberanamente, e da qual roubei uma antologia da *Astronomica* de Marco Manílio, com prólogo de Alfonso Reyes, e o *Diário de um autor sem nome*, de um escritor japonês da Segunda Guerra Mundial. Na livraria Lizardi acho que vi Monsiváis. Sem que ele percebesse, me aproximei para ver o livro que estava folheando, mas, quando cheguei perto dele, Monsiváis se virou, me encarou fixamente, acho que esboçou um sorriso e, com o livro bem agarrado e ocultando o título, foi conversar com um dos funcionários. Atiçado por sua atitude, roubei um pequeno livro de um poeta árabe chamado Omar Ibn al-Farid, editado pela universidade, e uma antologia de jovens poetas americanos da City Lights. Quando saí, Monsiváis já não estava mais lá."

A passagem pertence a uma série – dias 8, 9, 10 e 11 de dezembro da primeira parte, "Mexicanos perdidos no México (1975)" – dedicada à dimensão livresca da Cidade do México e à bibliocleptomania: essa prática tão antiga quanto os próprios livros. Seguem as descrições das visitas à livraria Rebeca Nodier, a do Sótano, a Mexicana, a Horacio, a Orozco, a Milton, a El Mundo e a Batalla del Ebro, cujo "proprietário é um espanhol velhinho chamado Crispín Zamora", a quem ele confessa "que roubava livros porque não tinha dinheiro". No total: dois livros que dom Crispín lhe dá e 24 livros que rouba em três dias. Um deles é de Lezama Lima: nunca saberemos o título. É óbvio que em um romance de formação a livraria apareça ligada à voracidade do desejo. Em *Paradiso*, um dos personagens sofre uma disfunção sexual relacionada com livros e um amigo lhe faz uma piada, justamente, em uma livraria:

> "Quando o livreiro entrou, ele perguntou: 'Já chegou o *Goethe* de James Joyce, que acaba de ser publicado em Genebra?' – o livreiro piscou, percebendo o tom de escárnio da sua pergunta. – Não, ainda não, mas nós estamos esperando que chegue por esses dias. – Quando chegar, guarde para mim um exemplar, disse-lhe a pessoa que falava com Foción, que não percebeu a zombaria ao se referir a uma obra que nunca tinha sido escrita. A voz era grossa, salivava como merengue endurecido, revelando também o suor de suas mãos e da testa, a violência de suas crises neurovegetativas. 'Na mesma coleção aparece um Sartre chinês, do século VI a.C.', disse Foción, 'peça ao livreiro para que ele também o separe para você'. 'Um Sartre chinês deve ter encontrado algum ponto de contato entre o wu wei e o nada dos existencialistas sartrianos'."

A disparatada conversa continua com outros livros inventados, até que o interlocutor do livreiro abandona o estabelecimento, sobe pela rua Obispo e se enfia no quarto do hotel onde mora. Então o narrador nos conta que sofria de "uma crise sexual que se revelava em uma falsa e apressada preocupação cultural, que se tornava patológica diante das novidades das livrarias e da publicação de obras raras". Foción sabe disso e desfruta dessas loucuras transitórias "no labirinto", que é como chama as livrarias. A ereção. O fetiche. A acumulação de mercadorias. Acumular experiências eróticas é como somar leituras: seu rastro é virtual, pura memória. Roubar, comprar livros ou ganhá-los significa possuí-los: para um leitor sistemático, a configuração de sua biblioteca pode ser lida, se não como um correlato de toda a sua vida, pelo menos como paralelismo de sua construção como pessoa durante a juventude, quando essa posse é decisiva.

Guillermo Quijas tinha 18 anos quando seu avô, o professor e livreiro Ventura López, pediu-lhe que levasse o arquivo de um livro a um designer e depois o mandasse para impressão e, finalmente, pegasse os exemplares. Como por magia, de alguns bytes invisíveis apareceram volumes com páginas, cheiro e peso. Mas aquele título realmente não surgia do nada: sua existência era parte de uma cadeia de significados que voltava no tempo até a década de 1930, quando um muito jovem Ventura López se esfalfou para obter uma bolsa de estudos e se formar como professor normalista de Ensino Rural e, algum tempo depois, como professor de Educação Primária. Pelo fato de promover uma cooperativa agrária e por se juntar ao Partido Comunista em 1949, foi demitido como professor. Então juntou, com alguns companheiros em situação similar, um acervo comum que permitiu a abertura de uma livraria/papelaria com vocação de centro cultural e de projeto de alfabetização, que acabou tendo também uma linha editorial de livros de cultura local. O Mestre faleceu em 2002, mas a Provedora Escolar ainda existe em Oaxaca, graças à vocação de seu neto. São duas lojas herdadas e as cinco novas convivem com o projeto pessoal de Quijas, a editora Almadía, termo árabe que significa "barco".

Enquanto nas livrarias de livros novos geralmente prevalece a ordem, nos sebos reina o caos: a acumulação desordenada do conhecimento. Muitas vezes, os nomes das próprias livrarias sugerem essa condição. Na rua Donceles e nas adjacentes, encontramos a Inframundo, a El Laberinto ou El Callejón de los Milagros, livrarias não informatizadas onde encontrar um livro depende exclusivamente do sistema de classificação precário, de sua sorte ou experiência e, acima de tudo, da memória e da intuição do livreiro. Ecos da gruta ou da caverna, da livraria de Zaratustra descrita por Valle-Inclán – esse escritor hispano-mexicano e universal, inteligência privilegiada – em *Luces de bohemia* [Luzes da boemia]: "Montanhas de livros se tornam escombros e cobrem as paredes. Empapelam os quatro vidros de uma porta quatro adesivos assustadores de um romance em série. Na caverna, debatem o gato, o papagaio, o canário e o livreiro". Em Caracas fica a livraria La Gran Pulpería del Libro, que leva às últimas consequências a realidade de uma livraria subterrânea, transbordando-a: os livros empilhados no chão como se tivessem se derramado das prateleiras que durante anos tentaram contê-los. Perguntaram a seu dono – o historiador e jornalista Rafael Ramón Castellanos, que abriu o estabelecimento em 1976 e combinou, desde então, o trabalho como livreiro e a escrita –, em uma entrevista sobre a classificação da livraria, e ele respondeu que as tentativas de informatizá-la falharam e que tudo estava em sua "memória, na de meus assistentes e na do meu filho Rómulo".

Almoçando com Ulises Milla em meados de 2012, em um restaurante de Caracas, pensei que era o mais perto que eu jamais estaria (pelo menos foneticamente) de Ulises Lima. A história que ele me contou é a história do exílio da Espanha e da América Latina, a história das migrações que povoaram esse território e que construíram uma cultura cujo mapa arterial Bolaño desenhou com traços lancinantes. Livrarias que transformam a dor, que é longa e natural e sempre vencedora, em memória particular, que é humana e breve e sempre desliza. Benito, Leonardo e Ulises: três gerações de editores e livreiros com um sobrenome que sugere velocidade, distância e tradução. *Ulises Milla* – lembrei agora daquele restaurante e sua carne acompanhada de queijo cremoso e abacate – é quase uma tautologia. Por quinze anos se dedicou ao design gráfico, como uma estratégia para tentar fugir da herança familiar. Mas era designer de livros. E acabou se tornando editor e livreiro.

Benito Milla nasceu em Villena, Alicante, em 1918, e, como secretário da Juventude Libertadora da Catalunha, fez parte do exílio republicano de 1939. Depois de um ano em Paris, onde seu primogênito Leonardo nasceu, sua esposa o convenceu ("minha avó está por trás de todas as mudanças do meu avô") a se mudarem para Montevidéu, onde começou com uma banca de livros na praça Libertad e acabou fundando a Alfa Editorial e dirigindo várias revistas culturais durante quinze anos, entre 1951 e 1967, período de crise econômica e conflitos políticos no Uruguai que levariam à ditadura militar da década seguinte. "Meu avô abandona Montevidéu em 1967 e vai para Caracas, para dirigir a recém-criada Monte Ávila Editores", ele me disse. "A Alfa ainda está em Montevidéu nas mãos de meu pai e em 1973 nos mudamos para Buenos Aires com a editora a reboque, de onde tivemos que partir com a chegada dos militares após a morte de Perón; em 1977, Leonardo desembarcou em Caracas e começou o período venezuelano da Alfa, que, por vicissitudes administrativas, teve que ser chamada de Alfadil." O projeto do avô ainda contaria com uma terceira fase em Barcelona ("minha avó é catalã"), de 1980 até sua morte em 1987, como sócio da editora Laia. Tudo acabou mal, fechando o círculo. Como se os círculos, que são espaços concretos, pudessem ser fechados no tempo múltiplo dos universos paralelos. Ele foi o editor de Juan Carlos Onetti, Eduardo Galeano, Mario Benedetti, Cristina Peri Rossi (sinto o orgulho na voz de Ulises). Do anarquismo avançou para um humanismo cuja palavra-chave – como recordou Fernando Aíns – era uma "ponte": entre seres humanos e suas leituras, entre os países da América Latina, entre as duas margens do Atlântico. E entre as diferentes gerações da mesma família: Leonardo Milla, que quando era criança não tomava o café da manhã antes que o primeiro livro do dia fosse vendido, transformou a Alfa Editorial no Grupo Editorial Alfa nos anos 1980 e expandiu sua rede de livrarias ("Mas ele nunca teve consciência de que aquilo pudesse ser considerado uma rede"), com as duas lojas da Ludens e as três da Alejandría 332 a.C. (ano em que Alexandre, o Grande, derrotou os persas no Egito e empreendeu a construção da cidade e seu mito).

Enquanto inventava uma linguagem própria a partir da taquigrafia, que ele chamou de "la taqui" e da qual se conservam inúmeros escritos que ainda não foram decifrados, Felisberto Hernández e sua esposa, a pintora Amalia Nieto, abriram em 1942 uma livraria, El Burrito Blanco, na garagem da casa de seus sogros. Claro, foi um fracasso. Montevidéu é uma cidade misteriosa e a capital de um misterioso país cheio de anedotas e histórias como essa. Tem algo da Suíça ou de Portugal em suas dimensões e velocidade. Durante o tempo que passei na Argentina, eu costumava viajar a cada três meses para o país vizinho, para renovar meu visto de turista e receber por minhas colaborações no suplemento cultural *El País*, e também para visitar suas livrarias, cheias de livros argentinos fora de catálogo e livros uruguaios que só poderiam ser comprados no Uruguai, como os da sede local da Alfaguara ou os da Trilce. Em cada nova incursão, fui descobrindo camadas de uma história de migrações periódicas. É por isso que não me surpreendi ao me encontrar com outro de seus traços no Peru, anos depois, em minha única visita à sua capital.

Na livraria El Virrey de Lima há um canto com um tabuleiro de xadrez entre duas poltronas. Os ventiladores de teto giram lentamente, como um liquidificador sem violência. Tudo é madeira, livros e madeira. E a memória distante do exílio. Eu queria conhecer a história da livraria e, com essa intenção, perguntei à livreira se havia algum documento escrito que a resumisse. O nome dela era Malena. Ela me disse que eu tinha que falar com sua mãe e me deu o e-mail de Chachi Sanseviero, a quem escrevi imediatamente com a intenção de entrevistá-la. Não foi possível, ela pretextou uma afonia, mas acrescentou em sua resposta o texto que havia escrito a pedido da *Cuadernos Hispanoamericanos*. El Virrey de Lima abriu suas portas em 1973 com as economias destinadas a um longo exílio uruguaio. Em seu logotipo se vê o inca Atahualpa com um livro em uma mão e um quipo na outra: os dois sistemas de comunicação das duas culturas, a imposta e a original, num único corpo assimilado. Parece que o líder inca, ao saber que aquele livro era vendido como a verdadeira história do verdadeiro deus, atirou-o no chão para reafirmar que a verdade estava do lado de seu próprio panteão. Em seu texto, Chachi fala sobre o livreiro como alguém que sempre adia a leitura e converte os livros em "candidatos eternos", "porque, salvo exceções específicas, nunca termina de lê-los". Ele os folheia, começa a leitura, leva-os ao balcão, talvez até a sua casa, à escrivaninha ou ao criado-mudo, onde finalmente não vai terminar de lê-los também.

A tradição familiar mais uma vez se ramificou ou deu uma inesperada reviravolta em 2012, quando Malena e seu irmão Walter abriram sua própria livraria, a Sur, com a missão de seguir o caminho que seu pai Eduardo lhes havia designado. Vejo na internet que se trata de uma livraria encantadora, em que as linhas retas nas estantes das paredes e as curvas das mesas de lançamentos se aliam para dar ao livro um protagonismo absoluto. Às vezes acho que a internet é o limbo onde me esperam as livrarias que ainda não consegui conhecer. Um limbo de espectros virtuais.

"Em 1999, depois de voltar da Venezuela", escreveu Bolaño em referência à concessão do prêmio Rómulo Gallegos, "sonhei que estavam me levando para a casa onde Enrique Lihn estava morando, num país que poderia muito bem ser o Chile e em uma cidade que poderia muito bem ser Santiago, se considerarmos que o Chile e Santiago já se pareceram com o inferno". Depois de passar os anos cruciais da adolescência na Cidade do México, em uma rota inversa à que Ernesto Guevara fizera vinte anos antes dele, Bolaño desceu em 1973 por terra para o Chile, com a intenção de apoiar a revolução democrática de Salvador Allende. Ele foi preso alguns dias depois do golpe de Pinochet e se salvou de uma provável morte graças ao fato de que um dos policiais que o vigiava tinha sido um companheiro de escola. Ele voltou ao México também por terra, para terminar vivendo as experiências que depois alimentaram sua primeira obra-prima. Fazia três meses que tinha morrido quando cheguei à capital chilena. Na livraria do Fondo de Cultura Económica, comprei as edições da Planeta de *A pista de gelo* e *La literatura nazi en América* [A literatura nazista na América]. Nesta, as duas biografias mais extensas pertencem aos "fabulosos irmãos Schiaffino" (Italo e Argentino, também conhecido como El Grasa) e a Carlos Ramírez Hoffman (também conhecido como El Infame). Dois argentinos e um chileno.

Embora tenha passado a maior parte de sua vida no México e na Espanha e, por conseguinte, são as duas principais paisagens geográficas e vitais de sua obra no que diz respeito ao cânone, Bolaño circulou principalmente no Cone Sul. Como latino-americanista, ele leu a fundo a obra de todo o continente; como catalão e espanhol de adoção, leu seus contemporâneos; como apaixonado pela poesia francesa, aprendeu com seus grandes mestres; como leitor compulsivo, devorou tudo que é título universal da literatura que apareceu à sua frente; durante sua juventude mexicana, lutou contra a figura de Octavio Paz, o que essa figura – em termos de política cultural – significava, durante a vida adulta foi encontrando inimigos periódicos, traduções literárias dos exércitos contra os quais combatia em suas reuniões de Blanes com fãs de jogos de guerra e estratégia; mas se sentia sobretudo parte da tradição do Cone Sul – se essa tradição realmente existe –, e em seu ambicioso cérebro de escritor essa tradição se dividia em duas: a poética e a narrativa. Chile e Argentina. Como poeta, Bolaño sentiu-se próximo de Lihn e Nicanor Parra. E próximo e distante, ao mesmo tempo, de Pablo Neruda, que representa para a poesia chilena o mesmo que Borges para a narrativa argentina: são Monstros, Pais, Saturnos devoradores de crianças. É curioso que Rulfo não fosse percebido como tal pelos escritores mexicanos da segunda metade do século passado e, em vez disso, Paz tinha essa dimensão carinhosa e castradora (e até Carlos Fontes). Muitas vezes me pergunto o que teria acontecido se Rulfo se tornasse o modelo principal dos escritores hispano-americanos de nossa virada do século e tivesse ocupado o lugar que a história reservou a Borges. Juan Rulfo, o rural, o anacrônico, o minimalista, o que olhava para o passado, aquele que acreditava na História, aquele que disse não, no lugar de Jorge Luis Borges, o urbano, o moderno, o preciso, aquele que olhava para o futuro, aquele que desprezava a História, aquele que disse sim. Em "Carnê de baile", Bolaño conta a história de seu exemplar de *Vinte poemas de amor e uma canção desesperada*, que percorreu um longo caminho "por diversos povoados do sul do Chile, depois por várias casas na Cidade do México, depois por três cidades da Espanha"; e conta que aos 18 anos ele leu os grandes poetas latino-americanos e que seus amigos se dividiam entre vallejianos e nerudianos, e que ele "era parriano no vazio, sem a menor dúvida" e que "você tem que matar os pais, o poeta é um órfão nato". A poesia chilena, nesse texto, se organiza como parceiros de dança: "Os nerudianos na geometria com os huidobrianos na crueldade, os mistralistas no humor com os rokhianos na humildade, os parrianos no osso com os lihneanos no olho". Sua aliança com Parra e com Lihn sofre a fissura de Neruda, a rachadura pela qual a imensidão nerudiana se esgueira, aquela influência de que nenhum poeta em nossa língua pode escapar. Em "Carnê de baile", a constatação das contradições políticas de Neruda levam a um trecho alucinatório sobre Hitler, Stálin e o próprio Neruda, e uma passagem genuinamente bolañesca sobre a repressão institucional e as covas comuns e as Brigadas Internacionais e os potros de tortura:

"58. Quando crescer, quer ser nerudiano na sinergia. 59. Perguntas para antes de dormir. Por que Neruda gostava de Kafka? Por que Neruda não gostava de Rilke? Por que Neruda não gostava de De Rokha? 60. Barbusse gostava? Tudo faz pensar que sim. E Shólojov. E Alberti. E Octavio Paz. Estranha companhia para viajar ao Purgatório. 61. Mas ele também gostava de Éluard, que escrevia poemas de amor. 62. Se Neruda tivesse sido viciado em cocaína, viciado em heroína, se ele tivesse sido morto por um estilhaço na Madri sitiada de 36, se ele tivesse sido amante de Lorca e cometido suicídio após sua morte, seria outra história. Se Neruda fosse o desconhecido que no fundo verdadeiramente é!"

Quando sua irmã lhe deu o livro de Neruda, Bolaño estava lendo a obra completa de Manuel Puig. Na prática do conto, foi em "Sensini" (de *Chamadas telefônicas*) que ele melhor definiu sua afiliação com a narrativa argentina comprometida, de esquerda e artística, através da figura de Antonio Di Benedetto. Na teoria do ensaio, foi em "Derivas de la pesada" que o chileno se posicionou em relação à tradição narrativa argentina, abordando sem subterfúgios a questão do cânone. Repetidamente Bolaño recordou sua dívida com Borges e Cortázar, sem os quais não se entende a ambição enciclopédica de sua obra, seu trabalho com a autoficção e com o conto ou as estruturas – nos caminhos abertos por *O jogo da amarelinha* – de *Os detetives selvagens* e *2666*. Foi principalmente nesse texto que, para reivindicar-se como seu herdeiro máximo, ele efetuou uma drástica crítica a seus contemporâneos argentinos através dos atalhos ou dos rodeios que escolheram para esquivar a centralidade de Borges: aqueles que seguiram Osvaldo Soriano, aqueles que viram em Roberto Arlt o antiBorges, aqueles que reivindicaram Osvaldo Lamborghini. Quer dizer, muitos escritores que não são mencionados, Ricardo Piglia e César Aira.

Durante os três ou quatro dias que passei em Santiago, decidi, precipitadamente, que a livraria que mais me interessava na cidade era a Libros Prólogo. Anotei então:

"Não é tão grande como a Librería Universitaria da Alameda (com o chão acarpetado e a aparência dos anos 1970) nem como a rede Feria Chilena del Libro, nem tem o encanto das antigas livrarias da rua San Diego, mas a Prólogo tem um bom histórico e fica na rua Merced, ao lado de um cinema, teatro e café, e perto dos antiquários e dos sebos da rua Lastarria."

Não tenho mais notas. Em minha memória, é um lugar de resistência, um centro que abonou a vida cultural durante a ditadura, mas não tenho como comprová-lo nem, portanto, sabê-lo. Não encontro nem rastro dela nos sites de busca. Talvez fosse um delírio de um viajante seduzido por *Noturno do Chile*, o romance em que Bolaño constrói o discurso alucinante do sacerdote Sebastián Urrutia Lacroix, que sob o pseudônimo de Ibacache celebra a poesia reacionária e selvagem de Ramírez Hoffman em *Estrela distante*, e que na seção final da ficção evoca as lições de teoria política para a Junta Militar e as conversas literárias na casa de Mariana Callejas. O personagem se inspira no sacerdote do Opus Dei José Miguel Ibáñez Langlois, que no jornal *El Mercurio* assinava com o pseudônimo de Ignacio Valente, autor de livros sobre teoria filosófica e teológica (*O marxismo: visão crítica; Doutrina social da Igreja*), de crítica literária (*Rilke, Pound, Neruda: três chaves para a poesia contemporânea; Para ler Parra; Josemaría Escrivá, como escritor*) e poesia com tendência para o oximoro no título (*Poemas dogmáticos*). Não só ele foi o crítico literário mais importante durante a ditadura e a transição, como também deu um seminário sobre o marxismo à Junta Militar. Ou seja, teve Pinochet como aluno. Pinochet: o leitor, o escritor, o amante das livrarias. Ricardo Cuadros escreveu:

"Ibáñez Langlois nunca reconheceu ou negou sua participação nas noites literárias de Mariana Callejas no casarão do bairro alto santiaguino que compartilhava com seu marido, o agente da DINA* Michael Townley; aquelas reuniões foram reais, e nos porões do casarão foi torturado até a morte, entre outros, Carmelo Soria, funcionário espanhol da ONU."

Esse porão de uma casa tomada é a antítese exata do que a grande maioria das livrarias do mundo tem sido, continuam sendo e serão. Houve e há livrarias com o nome do conto de Cortázar em várias cidades (Bogotá, Lima, Palma de Mallorca...), porque o título se emancipou do conteúdo do texto e passou a significar "espaço tomado por livros". Mas a história, em contrapartida, fala como eles desaparecem. O narrador de "Casa tomada" lamenta que desde 1939 não cheguem novidades às livrarias francesas de Buenos Aires, de modo que não pode continuar a alimentar sua biblioteca com eles. Se a interpretação política do relato for correta e o escritor estiver criando uma metáfora do peronismo como invasão dos redutos íntimos, não é por acaso que a primeira parte ocupada da casa inclua a biblioteca. A irmã do protagonista é tecelã; ele é leitor. Mas a partir dessa primeira ocupação a leitura vai sendo apagada de sua vida. Quando a casa é definitivamente tomada e os irmãos fecham a porta para sempre, só levarão com eles as roupas do corpo e um relógio, nenhum livro, o fio cortado: "Quando viu que os novelos tinham ficado do outro lado, soltou o tecido sem olhar para ele".

Quando, uma década depois, voltei a Santiago do Chile, de repente me senti em um estado de transe, o do sonâmbulo que acompanha à noite os fios que deixou, como uma trama invisível, em sua rota diurna. Era meio-dia e um sol claro brilhava, mas eu andava pelo bairro de Lastarria à beira da inconsciência. Tinha acabado de encontrar o albergue em que havia me hospedado durante minha última e única estadia: talvez fosse aquela descarga de memórias eróticas que causara esse perambular automático, que de repente cobria minha pele com a do outro, aquele que eu fui aos vinte anos. Não fiquei surpreso quando, de repente, cheguei à Libros Prólogo, a livraria

---

* Di ección de Inteligencia Nacional, polícia secreta da ditadura chilena. [N.T.]

que mais tinha atraído minha atenção naquela época, naqueles dias que se seguiram às noites do albergue, com seus jogos e seus beijos e seus lençóis revirados. Nem me surpreendi ao ver atrás do balcão Walter Zúñiga, como se ele estivesse me esperando com a mesma camisa e as mesmas rugas por dez anos.

— O que você está lendo com tanta atenção? – perguntei depois de alguns minutos espreitando.

— Uma biografia de Fellini escrita por Tullio Kezich que comprei ontem na Feira – ele me respondeu, essas orelhas tão grandes dos idosos que sabem ouvir. – É curioso, tenho esse livro aqui há muito tempo, dois exemplares, é extraordinário, e nunca vendi.

— E por que os comprou?

— Foi tão barato...

Falamos por um tempo sobre as outras lojas da livraria, que haviam fechado, e ele me confessou que o negócio que dava retorno era o de suas livrarias Karma, "especializadas em adivinhação, tarô, new age e artes marciais". Pedi-lhe o livro que havia sido publicado recentemente sobre um projeto pioneiro cibernético, durante o governo de Salvador Allende...

— *Revolucionários cibernéticos* – me cortou, enquanto digitava. – Agora não tenho nenhum exemplar, mas te consigo em dois dias. – E já estava pegando o telefone e pedindo ao distribuidor.

Minutos depois, ele se despediu com um gesto: me ofereceu seu cartão. Tinha corrigido o número de telefone com tinta preta. Era exatamente o mesmo cartão que eu tinha em meu arquivo de livrarias. A mesma tipografia em caracteres vermelhos. "Libros Prólogo. Literatura-Cinema-Teatro." Foi uma conexão muito forte com quem eu era uma década antes, com aquele viajante. Tudo havia mudado na cidade e em mim, exceto esse cartão de visitas. Tocá-lo tirava-me do sonambulismo, me arrancava violentamente do passado.

Foi natural, então, caminhar cinquenta passos, atravessar a rua e entrar na Metales Pesados, na frequência do presente. Nem um grama de madeira no local, meras estantes de alumínio, a livraria como um gigantesco lego que acolhe os livros com a mesma força que uma loja de ferragens ou um laboratório de informática. Com terno preto e camisa branca, dândi e nervo, lá estava Sergio Parra, sentado atrás de uma mesa de terraço de café em uma cadeira de metal dobrável. Pedi-lhe *Woodcutter* [Lenhador], de Mike Wilson, um livro que eu estava procurando havia meses pelo Cone Sul. Ele me entregou, o olhar escondido atrás dos óculos de aro de chifre. Perguntei-lhe sobre os livros de Pedro Lemebel e então ele me olhou.

Mais tarde, descobri que ele havia liderado a campanha de apoio ao Prêmio Nacional de Literatura para Lemebel; e que eles eram amigos; e que eram poetas; e que eram vizinhos. Mas naquele momento eu só vi um grande cartaz que mostrava o cronista e performer, e todos os seus livros bem expostos, bem visíveis, porque todo livreiro é um traficante de visibilidade. Ele recomendou alguns livros de crônicas que eu não tinha, eu os comprei e paguei:

— Mais do que uma livraria, a Metales Pesados é um aeroporto. De repente entra Mario Bellatin, ou alguém a quem Mario ou outra pessoa recomendou que passasse por aqui, amigos de amigos de todas as partes do mundo; muitos deixam sua mala, porque já fizeram check-out no hotel e ainda têm algumas horas para escalar a colina ou ir ao Museu de Belas-Artes. Como praticamente vivo aqui, pois trabalho de segunda a domingo, me tornei uma espécie de ponto de referência.

A livraria como aeroporto. Como lugar de trânsito: de passageiros e livros. Puro vaivém das leituras. A Lolita, ao contrário, longe do centro, em uma esquina de bairro residencial, desejava que as pessoas permanecessem. Também havia um escritor atrás do balcão: o narrador Francisco Mouat, cuja paixão pelo futebol o levou a dedicar um espaço para livros sobre esportes. O cronista Juan Pablo Meneses me acompanhou à livraria recém-aberta e me mostrou que Juan Villoro, Martín Caparrós, Leonardo Faccio e outros amigos comuns estavam lá, fragmentados, minimamente representados pelos volumes que dedicaram ao pequeno deus redondo. Mouat tem um olhar líquido e gestos amáveis e acolhedores, apesar de sua altura intimidante: não é de admirar que seus três clubes de leitura fiquem cheios todas as segundas, quartas e sextas-feiras.

— Um livro por semana não é um ritmo ruim – digo a ele.

— Já fazíamos assim antes, em outro lugar; tenho leitores que me seguem há anos; quando abri a Lolita, eu os trouxe para esta nova casa.

A fidelidade está no slogan: "Não podemos viver sem livros". A fidelidade está no logotipo: uma cadela que pertencia à família Mouat e que também nos olha, carimbada, na contracapa dos livros da editora Lolita.

No meu último dia em Santiago, finalmente visitei a Ulises, aquele lugar cheio de livros cujos espelhos abismais, que refletem as prateleiras e os volumes até o infinito, nos sobrevoam e multiplicam – maravilhoso teto de espelhos projetado pelo arquiteto Sebastián Gray. Talvez porque eu estivesse em uma das mais lindas e borgianas livrarias do mundo, o quarto vértice de um quadrado invisível, pensei que os outros três, Libros Prólogo, Metales Pesados e Lolita, materializavam os três tempos de cada livraria: o passado do arquivo, o presente do trânsito, o futuro das comunidades unidas pelo desejo. Somados, configuravam a livraria perfeita, a livraria que me levaria a uma ilha deserta.

E de repente me lembrei de uma cena recorrente e distante, como um eco em extinção ou ligação de uma caixa-preta no fundo do oceano e do acidente. Devo ter 9 ou 10 anos, é sexta-feira à tarde ou sábado de manhã, minha mãe está no açougue ou na padaria ou supermercado, e eu mato o tempo na papelaria do nosso bairro, Rocafonda, na periferia da periferia de Barcelona. Como não há livraria no bairro, sou um autêntico viciado nas bancas de jornal, com seus quadrinhos de super-heróis e suas revistas de videogames; na tabacaria Ortega, que mostra uma coleção considerável de livros e revistas populares em sua vitrine; e nessa papelaria na mesma rua onde vivem os irmãos Vázquez e outros companheiros do colégio. Não há mais de cem livros ao fundo, depois dos displays de papelão, cartões de aniversário e recortes; eu me apaixonei por um manual do perfeito detetive: lembro-me de sua capa azul, lembro-me (e a força da evocação me perturba, quando saio da Ulises e pego um táxi para ir ao aeroporto) de que todas as semanas eu leio duas páginas, de pé: como obter as impressões digitais, como fazer um retrato de robô, toda semana até que no final chegou o Natal ou Sant Jordi, e meus pais me deram esse livro que eu queria tanto. Em casa, depois de lê-lo, percebi que o sabia de cor.

Durante a maior parte de minha infância, tive duas vocações – como pude esquecer?: escritor e detetive particular. Resquícios da segunda permaneceram em minha obsessão por colecionar histórias e livrarias. Quem sabe se nós escritores talvez não sejamos, acima de tudo, detetives de nós mesmos, personagens de Roberto Bolaño.

Na varanda do Café Zurich em Barcelona, Natu Poblet, que dirige em Buenos Aires a livraria Clássica y Moderna, me disse que em 1981, quando ela abandonou a arquitetura para se dedicar ao negócio familiar, faltando dois anos ainda para acabar a última ditadura, foram oferecidos em sua livraria cursos de literatura, teatro e política, ministrados por aqueles que tinham acesso proibido à universidade, como David Viñas, Abelardo Castillo, Juan José Sebreli, Liliana Heker, Enrique Pezzoni ou Horacio Verbitsky. "Os cursos se tornavam debates, meu irmão e eu trazíamos vinho e uísque, muitas pessoas vinham e a conversa continuava até muito tarde", ela me disse enquanto tomava um copo de uísque Jameson: é aí que nasceu a ideia de fazer conviver a livraria com um bar. Isso significava submetê-la a uma virada de 180 graus. Seu avô, o livreiro de Madri dom Emilio Poblet, tinha fundado na Argentina, no início do século XX, a rede Poblet Hnos. Seu pai, Francisco, abriu em 1938, com sua esposa, Rosa Ferreiro, a Clásica y Moderna; e os irmãos Natu e Paco assumiram o negócio após a morte do pai, em 1980. Naquele ano, a Junta Militar ordenou queimar 1,5 milhão de livros publicados pelo Centro Editor de América Latina. Depois de sete anos de atividade nos subterrâneos e na democracia reeleita, encomendaram ao arquiteto Ricardo Plant a transformação radical do espaço, que desde então é um bar e restaurante, além de livraria e sala de exposições e concertos ("Durante os primeiros três anos, abrimos durante as 24 horas do dia, mas depois começamos a ter problemas com alguns bêbados noturnos e decidimos nos limitar a um horário mais convencional"). Desde então, houve apresentações de atores, como José Sacristán, ou de cantores, como Liza Minnelli. O piano foi-lhes dado por Sandro, um habitual frequentador da Clásica y Moderna dos anos loucos, cuja biografia pode ser resumida nos títulos de alguns de seus álbuns: *Beat Latino*; *Sandro de América*; *Sandro... Un ídolo*; *Clásico*; *Para mamá*.

"Eu sonho muito com a livraria do meu pai", Natu Poblet confessou enquanto terminava a bebida e começávamos uma longa caminhada pela noite de Barcelona.

No Rio de Janeiro, Milena Piraccini imediatamente me contou sobre a importância que Vanna, sua mãe, deu ao tratamento pessoal com cada um de seus clientes e quais características de sua personalidade poderiam ser explicadas de acordo com sua ascendência europeia. Em Caracas, Ulises Milla resumiu a história de sua família uruguaia e me falou sobre outros livreiros em Montevidéu e Caracas, como Alberto Conte, com quem havia aprendido tanto. Chachi Sanseviero escreve:

> "Meu professor foi Eduardo Sanseviero, grande livreiro e discípulo de dom Domingo Maestro, notável livreiro uruguaio. A fraqueza de Eduardo foi o xadrez, a história e os livros antigos. Mas ele também amava a poesia e teve o estranho dom de trazê-la à tertúlia em forma de anedotas. Comunista impenitente, em tempos de despotismo, ele aproveitava organizando, em seu pequeno entorno, conciliábulos de conspiração. Mas, no final do dia, ele voltava ao seu espanador e à ordem de seus livros."

A tradição dos livreiros é uma das mais secretas. Muitas vezes familiar: Natu, Milena, Ulises, Rómulo, Guillermo e Malena, como tantos outros livreiros, são por sua vez filhos ou mesmo netos de livreiros. Quase todos eles começaram como aprendizes nas livrarias de seus pais ou de outros comerciantes de papel impresso. Rafael Ramón Castellanos lembra que, ao sair do interior da Venezuela para Caracas, trabalhou em uma livraria, a Viejo y Raro, de propriedade de um ex-embaixador argentino: "Mais tarde, em 1962, abri minha própria livraria com os conhecimentos que tinha adquirido", a Librería de Historia que precedeu a La Gran Pulpería del Libro.

A figura do livreiro não é esquisita? Não é mais inteligível a do escritor, do gráfico, do editor, do distribuidor, até mesmo do agente literário? Não será essa estranheza que motivou a ausência de genealogias e anatomias? Héctor Yánover, em *Memorias de un librero* [Memórias de um livreiro], iluminou num piscar de olhos esses paradoxos:

"Este é o livro de um livreiro pretensioso. Estas são as primeiras linhas deste livro. Estas palavras constituirão as primeiras da primeira página. E todas as palavras, linhas, páginas, formarão o livro. Vocês, hipotéticos leitores, têm alguma ideia de como é terrível para um livreiro escrever um livro? Um livreiro é um homem que, quando descansa, lê; quando lê, lê catálogos de livros; quando caminha, para em frente às vitrines de outras livrarias; quando vai a outra cidade, outro país, visita livreiros e editores. Então, um dia, esse homem decide escrever um livro sobre seu ofício. Um livro dentro de outro livro que irá juntar-se aos outros nas vitrines ou estantes das livrarias. Outro livro para acomodar, marcar, limpar, substituir, excluir definitivamente. O livreiro é o ser mais consciente da futilidade do livro, de sua importância. É por isso que ele é um homem dividido; o livro é uma mercadoria para comprar e vender e ele integra essa mercadoria. Ele compra e se vende a si mesmo."

Yánover dirigiu a Librería Norte de Buenos Aires e, de acordo com Poblet, foi o grande livreiro da cidade durante o último quarto do século passado. Sua filha Débora está agora à frente do negócio. Ele também foi responsável por um coleção famosa de registros em que você pode ouvir como recitavam, entre outros, Cortázar e Borges. Quando o autor de *O perseguidor* viajava para o país, a Librería Norte se transformava em seu centro de operações: passava nela todo o seu primeiro dia na cidade e era lá que seus admiradores podiam deixar cartas e pacotes com livros para ele. Não sei se esses discos estarão em algum canto do Arquivo Bolaño, se ele ouviu suas vozes mortas como fez com a ópera ou com o jazz. Por sua vez, a livraria que marcou a vida do autor de *Ficções* foi a Librería de la Ciudad, que ficava ao lado de sua casa, do outro lado da rua Maipú, no interior daquela passagem que se chama Galería del Este. Ele a visitava diariamente. Deu ali dezenas de palestras gratuitas sobre os temas que lhe interessavam e apresentou em suas dependências os títulos de La Biblioteca de Babel, a coleção que dirigia a pedido do editor milanês Franco Maria Ricci e que foi coeditada parcialmente pela própria livraria.

Borges e Cortázar não se conheceram em uma livraria, mas em uma residência da Diagonal Norte, onde o mais jovem descobriu que sua história "Casa tomada" foi tão apreciada pelo mestre que já estava em impressão. Eles se encontraram novamente em Paris, muito tempo depois, ambos já consagrados pela academia francesa. Não consegui identificar a livraria de Buenos Aires onde, em 1932, Cortázar comprou *Ópio: diário de uma desintoxicação*, de Jean Cocteau, o livro que mudou sua obra, quero dizer, sua vida. Mas eu encontrei a entrevista de Hugo Guerrero Marthineitz, em que o autor de *Nicaragua tan violentamente dulce* [Nicarágua tão violentamente doce] tenta justificar o comportamento de Borges durante a ditadura militar, na qual havia confiado para restaurar a ordem e durante a qual também foi definido como "um anarquista inofensivo" e como "um revolucionado", que foi "contra o Estado e contra as fronteiras dos Estados" (conforme observado por, entre outros, seu biógrafo Edwin Williamson). E que decidiu morrer em Genebra. As dificuldades retóricas de Cortázar são semelhantes às que encontramos nas linhas de Bolaño sobre Neruda: "Ele escreveu alguns dos melhores contos da história universal da literatura; também escreveu uma *História universal da infâmia*".

Esse é o modelo de *La literatura nazi en América* [A literatura nazista na América], um livro escrito a partir de uma distância europeia. Não há nada mais difícil do que julgar a complexidade: Ibáñez Langlois defendeu Neruda e Parra, os dois pais do poeta Bolaño, e impulsionou a carreira de Raúl Zurita, em cujos poemas escritos no céu parece haver um modelo de parte da obra do infame Ramírez Hoffman. Não é exagero ler toda a obra de Bolaño como uma tentativa de entender sua própria biblioteca ferida, perdida, recomposta, com tantas ausências como companheiros de viagem, atravessada pela distância que não permitia que ele compreendesse completamente o que estava acontecendo no Chile, ao mesmo tempo dando-lhe a necessária clareza crítica para uma leitura oblíqua, biblioteca complexa e contraditória, dizimada nas mudanças e reconstruída em livrarias europeias. Lemos em um dos artigos de *Entre parêntesis*:

"Também não me recordo, por outro lado, de que meu pai tenha me dado algum livro, embora em certa ocasião tenhamos passado por uma livraria e, a meu pedido, ele me comprou uma revista com um longo artigo sobre os poetas elétricos franceses. Todos esses livros, incluindo a revista, junto com muitos mais livros, se perderam durante minhas viagens e mudanças, ou eu os emprestei e não voltei a vê-los, ou os vendi ou dei de presente. Há um livro, no entanto, de que eu me lembro não somente quando e onde comprei, mas também a hora em que o comprei, quem estava me esperando fora da livraria, o que eu fiz naquela noite, a felicidade (completamente irracional) que senti ao tê-lo em minhas mãos. Foi o primeiro livro que comprei na Europa e ainda o tenho na minha biblioteca. Trata-se da *Obra poética* de Borges, editada pela Alianza/Emecé no ano de 1972 e que há muitos anos parou de circular. Eu o comprei em Madri em 1977 e, embora não desconhecesse a obra poética de Borges, na mesma noite comecei a lê-lo, até as oito horas da manhã, como se a leitura desses versos fosse a única leitura possível para mim, a única leitura que poderia me distanciar efetivamente de uma vida até então sem medidas, e a única leitura que poderia me fazer refletir, porque na natureza da poesia borgiana há inteligência e também coragem e desesperança, ou seja, a única coisa que incita à reflexão e que mantém a poesia viva."

Não há questionamentos ideológicos. Não há suspeita moral. Borges simplesmente não pertence à tradição revolucionária, mas isso não tira seu valor. É menos problemático que Neruda. Em *Consejos de un discípulo de Morrison a un fanático de Joyce* [Conselhos de um discípulo de Morrison a um fã de Joyce], Bolaño e A. G. Porta falam insistentemente das livrarias de Paris: a livraria como uma trincheira de leitura política (o personagem lê nela a revista *El Viejo Topo*), a livraria como um convite para o voyeur moral ("Sempre gostei das vitrines das livrarias. A surpresa de olhar através do vidro e encontrar o último livro do maior dos filhos da puta ou do mais casmurro dos desesperados"), a livraria como a própria beleza ("Eu estive nas duas ou três livrarias mais bonitas que jamais vi"). Uma delas, embora não se especifique, deve ser a falsa Shakespeare and Company. Seu remake. De sua visita, surge a ideia de filmar o *Ulysses* em super-8:

> "Paris. Lugares onde Joyce viveu. Restaurantes, Les Trianos, Shakespeare and Company – Left Bank Facing Notre- -Dame – (embora esta não seja a mesma. A original ficava no número 8 da rue Dupuytren, primeiro, e então, no verão de 1921, no 12 da rue de l'Odéon)."

Em "Vagabundo na França e na Bélgica", um dos contos de *Putas assassinas*, um personagem chamado B. passeia pelas antigas livrarias de Paris e na rue du Vieux Colombier encontra "um antigo número da revista *Luna Park*", e o nome de um de seus colaboradores, Henri Lefebvre, "de repente se ilumina como um fósforo aceso em um quarto escuro", e compra a revista e sai para a rua, para se perder como fizeram Lima e Belano antes dele. Outro nome, dessa vez o de uma revista, agora se ilumina nesta página que escrevo: *Berthe Trépat* foi o nome que Bruno Montané e ele escolheram para uma revista mimeografada que editaram em Barcelona em 1983. A luz não dura muito, mas o suficiente para que possamos ler certas tradições de escritores e livreiros, certa genética comum à história da literatura e das livrarias, isto é, da cultura, sempre se debatendo – como uma falha geológica, como um tremor – entre a vela e a noite, entre o farol e o céu noturno, entre a estrela distante e a dor escura.

> Gramsci, Trótski, Mandel, Lênin e, obviamente, Marx. Em 1976, os ventos mudaram, e eles continuavam vendendo esses livros. E o que os livreiros iam fazer? Destruir o que era dinheiro, dinheiro que lhes custara ganhar? Eles os colocavam no balcão e os vendiam secretamente. Vários desapareceram por causa disso.
>
> — HÉCTOR YÁNOVER,
> *El regreso del Librero Establecido*
> [O retorno do Livreiro Estabelecido]

# CAPÍTULO 9

# PARIS
# SEM MITOS

> Tennessee Williams reclamava da falta de fidelidade sexual dos garotos marroquinos, pelos quais se apaixonava enquanto andava pelas ruas com Truman Capote, em busca das delícias que os belos adolescentes ofereciam.
>
> — ADRIÁN MELO,
> *El amor de los muchachos:
> homosexualidad y literatura*
> [O amor dos rapazes:
> homossexualidade e literatura]

EM 1996, o diretor de cinema e escritor Edgardo Cozarinsky estreou o documentário *Fantômes de Tangier*, falado em francês e árabe. O protagonista é um escritor em crise que atinge a costa africana perseguindo tanto alguns dos espectros americanos que já apareceram neste livro como os franceses que os ajudaram a *mitificar* a cidade branca e internacional. Seu reverso é encarnado por um criança que procura uma maneira de emigrar para a Espanha. A Tânger literária convive na narrativa com a Tânger da pobreza, que é a da reprovação. Escrita e turismo sexual se interpenetram na mesma membrana, uma membrana pantanosa e atolada, onde os limites – apesar da aparência – são claros: o cliente e o trabalhador, o explorador e o explorado, aquele que tem francos ou dólares e aquele que aspira a possuí-los, com o francês como língua franca entre ambos os lados, confrontados apesar da aparência de diálogo. O rastro de Foucault e Barthes se confunde com o de Burroughs e Ginsberg, convergindo em bordéis onde jovens marroquinos se prostituíram desde sempre.

A dimensão documental do filme retrata os sobreviventes daquela época supostamente dourada, que de repente percebemos como nublada. "Todo mundo passou por aqui", diz Rachel Muyal na Librairie des Colonnes, "por esta livraria". E então conta uma história que certamente já contou muitas vezes: "Eu vi Genet, que estava tomando café com Choukri, quando um engraxate chegou perguntando se alguém queria polir os sapatos, então Juan Goytisolo tirou um nota de quinhentos francos. Isso aconteceu dois anos antes de sua morte". Três mitos contemporâneos em uma única cena que apenas a livreira parece querer manter intacta. "Não sinto nenhuma nostalgia pela Tânger Internacional, foi uma época miserável", diz Choukri quando entrevistado no filme. E Bowles fala mal de Kerouac e dos outros beats. E Juan Goytisolo me disse que nunca esteve com Genet em Tânger. E Rachel Muyal também insistiu, anos depois, que eu estava errado. O filme de Cozarinsky está em um dos baús de minhas viagens, é uma cópia em vhs a que já não se pode mais assistir. Quem sabe quem terá razão, se é que razão pode-se ter.

Estou particularmente interessado em ler o que o autor de *O pão nu* acha daquela legião estrangeira dourada. Para ele, contaminado por sua dependência econômica de Paul Bowles – que o ajudou a escrever seu primeiro livro e traduziu-o para o inglês, lançando-o no mercado internacional –, Genet era pouco menos do que um impostor, não só porque sua miséria não era comparável à miséria real dos marroquinos, narrada com tanta dureza pelo próprio Choukri em seus livros autobiográficos, mas também porque ele não falava uma palavra em espanhol, então suas histórias sobre touradas em Barcelona ou em certos ambientes de Tânger não podem ser levadas a sério.

Ele batizou Bowles como "O recluso de Tânger", porque passou os últimos anos de vida deitado na cama e porque jamais se relacionou realmente, em sua opinião, com a cultura árabe circundante. Basta ler as cartas de Bowles para perceber que – de fato –, embora residisse fisicamente no Marrocos, seu diálogo cultural centrava-se na Estados Unidos, onde, à medida que envelhecia, passava mentalmente mais e mais tempo. No entanto, sua inteligência permitiu que ele percebesse em todos os momentos que o tráfico de escritores anglo-saxões estava mascarando a cidade, a estava literaturizando sem que existisse uma indagação real dos visitantes nas camadas profundas da sociedade marroquina, provavelmente porque ele mesmo não estava interessado nessa penetração total. Em um artigo de 1958 intitulado "Mundos de Tânger", escreveu que "uma cidade, como uma pessoa, quase sempre deixa de ter um único rosto assim que você a conhece intimamente" e para isso você precisa de tempo. Em algum momento dos quarenta anos seguintes, ele decidiu que tinha o suficiente com um certo nível de intimidade. Em 1948, em uma carta escrita no tangerino Hotel Ville de France, Jane lhe dissera: "Ainda gosto de Tânger, talvez porque tenha a sensação de estar à margem de algo em que entrarei algum dia".

*Paul Bowles*, *el recluso de Tánger* [Paul Bowles, o recluso de Tânger] começa assim: "Que absurdo. Nada me parece mais absurdo do que aquela nostalgia exagerada pela Tânger de antes e aquele suspiro por seu passado como uma zona internacional"; no entanto, não posso deixar de me perguntar por que Choukri realmente escreveu esse livro, ou seu gêmeo *Jean Genet y Tennessee Williams en Tánger* [Jean Genet e Tennessee Williams em Tânger], até que ponto seu desejo desmistificador não se confunde com a certeza de que apenas se falar sobre celebridades anglo-saxãs ou francesas continuará a ser lido no *Ocidente*. Não está claro, não pode ser claro. Mas não há dúvida sobre a dor que suas palavras exalam, não é à toa que está matando seu próprio pai: "Ele gostava do Marrocos, mas não dos marroquinos". A edição no Cabaret Voltaire de seu retrato de Bowles foi apresentada em Tânger, em meados de 2012, por sua tradutora, Rajae Boumediane El Metni, e por Juan Goytisolo: na Librairie des Colonnes, é claro.

Em suas memórias, Muyal evoca seu primeiro encontro com Choukri ("Jantávamos no maravilhoso e perfumado terraço do restaurante Le Parade uma noite de verão com lindas primas jovens quando um rapaz desconhecido quis nos oferecer flores. Vendo que não aceitamos, o menino começou a desfolhá-las e comer as pétalas"), o impacto que teve, para ela, a leitura de *O pão nu* porque ignorava que existisse uma pobreza tão contundente, tão crua em sua própria cidade, e como Choukri se tornou um interlocutor frequente sobre literatura e política em suas assíduas visitas ao estabelecimento. Foi Tahar Ben Jelloun que o traduziu para o francês, de modo que nas duas línguas mais importantes do mundo editorial ostentou tradutores de exceção; mas em sua própria língua, *O pão nu* foi rapidamente um desses livros célebres e proibidos: "Dois mil exemplares foram vendidos em poucas semanas, recebi do Ministério do Interior uma nota que proibia a venda do livro em todas as línguas. No entanto, excertos do livro em árabe foram publicados na imprensa libanesa e iraquiana". Quando o narrador de *Cidade aberta* (2011), de Teju Cole, pede a outro personagem que lhe recomende um livro "de acordo com sua ideia da ficção autêntica", ele não hesita em anotar num papel o título da obra mais famosa de Choukri. Seu oposto é Ben Jelloun, mais lírico, integrado nos círculos ocidentais, *orientalista*, enquanto Choukri "ficou no Marrocos, morando com seu povo", sem sair nunca "da rua". Em outro romance publicado um ano depois e em outro continente, *La rue des voleurs* [A rua dos ladrões], Mathias Enard também faz seu narrador defender o magnetismo do escritor marroquino: "Seu árabe era seco como os golpes que seu pai lhe dera, duro como a fome. Um idioma novo, uma maneira de escrever que me pareceu revolucionária". Cole, escritor norte-americano de origem nigeriana, acerta em cheio quando defende a importância de Edward Said para a nossa compreensão da cultura *oriental*: "A diferença nunca foi aceita". O que Choukri fez durante toda a vida foi exatamente isto: defender seu direito à diferença. Criticamente, aproximando-se e afastando-se daqueles que viram nele o que ele era, um grande escritor, como acontece em toda a vida, em todas as negociações.

Em *Paris não tem fim*, Enrique Vila-Matas fala de Cozarinsky, com quem ele frequentemente cruzava nos cinemas da capital francesa: "Lembro-me de que o admirava porque ele sabia como combinar duas cidades e duas devoções artísticas", anota no fragmento 65 de seu livro. Refere-se a Buenos Aires, a cidade de origem de Cozarinsky, e a Paris, a de adoção; mas a verdade é que, em toda a sua obra, ele sempre estabelece uma tensão entre dois lugares: entre Tânger e Paris, entre o Ocidente e o Oriente, entre a América Latina e a Europa. "Admirei especialmente", acrescenta Vila-Matas, "seu livro *Vodu urbano*, um livro de exílio, um livro transnacional onde ele usava uma estrutura híbrida que naquele tempo era muito inovadora". Se Bolaño se reencontrou com Borges em Madri, foi na Librairie Espagnole parisiense que Vila-Matas descobriu, seguindo as pistas de Cozarinsky, os contos de Borges: "Fiquei muito impressionado, acima de tudo, com a ideia – encontrada em um de seus contos – de que talvez o futuro não exista".

Chama a atenção o fato de que essa ideia tenha sido proporcionada no local administrado por Antonio Soriano, republicano exilado que cultivava justamente a esperança em um futuro sem fascismo. Nos fundos de sua Librería Española, como na de Ruedo Ibérico, a diáspora manteve viva a atividade cultural de resistência. O projeto se assemelha, como quase sempre acontece quando a história é a respeito de uma livraria, a um anterior: o da Librairie Espagnole León Sánchez Cuesta, inaugurada em 1927 em um espaço de cinco metros quadrados da rue Gay Lussac, com duas vitrines: uma dedicada a Juan Ramón Jiménez e outra aos jovens poetas como Salinas e Bergamín. Era dirigida por Juan Vicéns de la Llave, que chegou a considerar a possibilidade de editar livros em espanhol de Paris (a primeira seria a tradução do *Ulysses* de Dámaso Alonso). Para poder voltar a Madri nas turbulências ibéricas de 1934, deixou-a nas mãos de uma antiga funcionária, Georgette Rucar; mas durante a guerra, como delegado de Propaganda do Governo Republicano na embaixada parisiense, usou o estabelecimento como centro de irradiação das ideias que estavam sendo esmagadas pelo exército de Franco. Foi Rucar quem, depois da Segunda Guerra Mundial – como Ana Martínez Rus nos conta em "*San León Librero*": *las empresas culturales de Sánchez Cuesta* ["San León Livreiro": as empresas culturais de Sánchez Cuesta] –, contatou Soriano, que estava estabelecido em Toulouse como livreiro, para que ele se encarregasse do acervo da velha livraria. Este livro que escrevo, em vez de *Livrarias*, poderia ser intitulado *As metamorfoses*.

Quando chegou à água-furtada de Marguerite Duras em 1974, Vila-Matas assistiu aos últimos estertores da morte desse mundo, ou pelo menos às fotografias de sua autópsia. Já na maturidade, o autor de *História abreviada da literatura portátil* relembra sua experiência iniciática em Paris, na Paris de seus mitos pessoais, como Hemingway, Guy Debord, Duras ou Raymond Roussel, onde tudo remete a um passado de esplendor necessariamente perdido, que paradoxalmente não está fora de moda. Porque cada geração revive em sua juventude uma certa Paris, que só quando você envelhece vai progressivamente se desmistificando.

Em uma saída de emergência da livraria La Hune, vê-se desenhada em grafite a silhueta de Duras, sentada no chão, com sua famosa frase à esquerda: *"Faire d'un mot le bel amant d'une phrase"*. Demorei cinco viagens a Paris para descobrir que, de suas centenas de livrarias, talvez as três melhores eram a Compagnie, L'Écume des Pages e La Hune. Nas visitas anteriores, além de insistir na Shakespeare and Company, entrei em todas que encontrei em meu caminho, mas, por algum motivo, nenhuma dessas três estava em meu itinerário. Então, na última ocasião, antes de sair, pedi conselhos ao próprio Vila-Matas; e uma vez lá, eu as procurei e encontrei. Encontrei o cartaz de Samuel Beckett (seu rosto arbóreo) em um painel de cortiça em uma parede da Compagnie. E as prateleiras art déco da L'Écume des Pages. E aquela improvável escada e aquela coluna branca, no meio do recinto da La Hune, parte da remodelação de 1992, obra de Sylvain Dubuisson. A primeira se localiza entre a Sorbonne, o Museu de Cluny e o Collège de France. A segunda e a terceira, perto de Café de Flore e de Deux Magots, abrem todos os dias até a meia-noite em Saint-Germain-des-Prés, perpetuando a velha tradição boêmia de unir a livraria com o café e a taça.

Quando Max Ernst (depois de se casar com Peggy Guggenheim e tornar-se um habitual frequentador do Gotham Book Mart), Henri Michaux (depois de despedir-se da literatura para se concentrar na pintura) ou André Breton (depois de seu exílio americano) voltaram para uma Paris sem as livrarias da rue de l'Odéon, encontraram na La Hune um novo espaço para a conversa literária e o passatempo. Fundada em

1944 por quatro amigos, os livreiros Bernard Gheerbrant e sua futura esposa Jacqueline Lemunier, o escritor e cineasta Pierre Roustang e a escritora e socióloga surrealista búlgara Nora Mitrani, a La Hune, em 1949, no mesmo ano de sua transferência para o número 170 do Boulevard Saint-Germain, organizaram a exposição e leilão de livros, manuscritos e móveis do apartamento parisiense de Joyce (falecido em 1941), juntamente com parte do arquivo de Beach sobre o processo de edição de sua obra-prima, em benefício da família do escritor. Pouco depois Michaux começou a fazer experiências com a mescalina, e a obra gráfica que ele produziu levou a livros da metade dos anos 1950 como *Misérable miracle* [Milagre miserável] e a exposições como "Description d'un trouble", na Librairie-Galerie La Hune. Bernard Gheerbrant, falecido em 2010, foi uma figura relevante da vida intelectual parisiense e dirigiu por mais de uma década o Club des Libraires de France. Pela importância de seu trabalho como editor textual e gráfico, seus arquivos se conservam no Centro Pompidou, onde em 1975 organizou a exposição "James Joyce et Paris". Após uma etapa breve e malsucedida em outro endereço, a La Hune acabou fechando em junho de 2015. A artista Sophie Calle quis ser a última a passar pelo caixa. Ser a última cliente, a última leitora. Sua performance inaugurou um duelo que ainda dura, que não se limita aos seus clientes parisienses, mas a todos aqueles que, em algum momento, entram por suas portas e saem um pouco, ou quase nada, mudados, mas de alguma forma mudados.

Como a maioria das livrarias mencionadas neste livro, essas três também são fetiches em si mesmas e lugares de exibição de fetiches. Um fetiche que transcende o clássico da teoria marxista, de acordo com o qual todas as mercadorias são fetiches fantasmagóricos, que ocultam sua condição de objetos produzidos e mantêm a ilusão de serem autônomos em relação aos seus produtores; um fetichismo promovido por agentes capitalistas (os editores, os distribuidores, os livreiros, cada um de nós) que fingem (fingimos) defender a produção e o consumo cultural como se não estivessem sujeitos à tirania dos *juros*; um fetichismo que se aproxima do religioso e até do sexual (em chave freudiana): a livraria como templo onde os ídolos são alojados, objetos de culto, como uma loja de fetiches eróticos, fontes de prazer. A livraria como igreja parcialmente dessacralizada e transformada em sex shop. Porque a livraria é alimentada por uma energia objetiva que seduz por acumulação, por abundância de oferta, por dificuldade de definir a demanda, especificada quando o objeto que excita é finalmente encontrado, que reclama uma compra urgente e uma possível leitura subsequente (a excitação nem sempre sobrevive, mas as porcentagens permanecem por trás do preço do livro, despesas e lucros, como cinzas).

Dean MacCannell dissecou as estruturas de turismo, estabelecendo um esquema básico: a relação do turista com a *vista* através do rótulo. Ou seja: o visitante, a atração e aquilo que a assinala como tal. A coisa decisiva é o rótulo, que indica ou cria o valor, a importância, o interesse do lugar e o converte potencialmente em turístico. Em fetiche. A loja de supostas antiguidades de Pequim era uma etiqueta fabulosa. Embora o valor seja sobretudo icônico, acaba por ser também discursivo: a torre Eiffel é primeiro um cartão-postal, uma fotografia e em seguida a biografia de seu autor, a história de sua polêmica construção, o resto das torres do mundo, a topografia de Paris em que se insere e a partir de cuja cúspide se divisa. As livrarias mais importantes do mundo reivindicam, com maior ou menor sutileza, as especificidades que as singularizam, que lhes adicionam poder comercial ou que as tornam locais turísticos: a antiguidade (*fundada em, a livraria mais antiga de*), a extensão (*a maior livraria de, tantos quilômetros de prateleiras, tantas centenas de milhares de livros*) e os capítulos da história da literatura a que estão ligados (*sede de tal movimento, frequentada por, a livraria onde X comprava, visitada por, fundada por, como pode ser visto na fotografia, livraria ligada a*).

Arte e turismo são semelhantes na necessidade da existência desse sinal luminoso, o que atrai o leitor para a obra. Dificilmente o *Davi* de Michelangelo chamaria a atenção se você estivesse no museu municipal de Addis Abeba e se tratasse de um trabalho anônimo. Em 1981, Doris Lessing, depois de ter publicado com grande sucesso *O carnê dourado*, enviou a várias editoras seu novo romance, com um pseudônimo de escritora inédita, e todas a rejeitaram. No caso da literatura, as editoras são as que primeiro tentam gerar rótulos, através do texto da contracapa ou o *release* de imprensa; mas então a crítica, a academia e as livrarias criam os seus, que decidirão o destino do livro. Às vezes, são o próprios autores que o fazem, consciente ou inconscientemente, vertebrando um relato em torno das condições de produção de sua obra ou de suas condições de vida naqueles anos. Suicídio, pobreza ou o contexto de escrever são os típicos elementos que muitas vezes se incorporam às características. Essa história, sua lenda, é um dos fatores que permitem a sobrevivência do texto, sua persistência como clássico. A primeira parte do *Quixote* supostamente escrita na prisão e a segunda parte como reação à usurpação de Avellaneda; a leitura de *Um diário do ano da peste* como se não fosse um romance; os julgamentos contra *Madame Bovary* e *As flores do mal*; a leitura no rádio de *A guerra dos mundos* e o pânico coletivo que a crônica desse apocalipse provocou; Kafka no leito da morte pedindo que Max Brod queimasse sua obra; os manuscritos de Malcolm Lowry que queimaram, que desapareceram; o escândalo de *Trópico de câncer* e de *Lolita* e *Uivo* e *O pão nu*. O rótulo às vezes é imprevisível e se constrói muito tempo depois. É o caso dos romances rejeitados por muitas editoras, como *Cem anos de solidão* ou *Uma confraria de tolos*. Obviamente, não se usou como argumento de venda no momento em que – finalmente – foram publicados, mas, quando se tornaram um sucesso, se recuperou como parte do relato mítico: de sua *predestinação*.

Vários processos de escrita de livros parisienses como *Ulysses*, *O almoço nu* ou *O jogo da amarelinha* foram claramente fetichizados e hoje são lugares-comuns da história da cultura contemporânea. Para a Geração Beat, que se sentia herdeira do simbolismo e da vanguarda francesa, *Ulysses* foi uma referência óbvia da ideia de ruptura; e sua edição espetacular e mítica, um exemplo muito próximo durante aqueles meses em Paris. Escrito nos obscuros anos tangerinos, ordenado por Ginsberg e Kerouac, terminado na França, *O almoço nu* foi submetido ao julgamento de Maurice Girodias, editor da Olympia Pressione na Rive Gauche, que não entendeu aquela verborragia e recusou-se a publicá-lo; porém um ano e meio mais tarde, quando a publicação de alguns fragmentos alimentou a fama do romance, fama provocativa e obscena, um rótulo, Girodias voltou a se interessar pelo manuscrito. Na época, o sucesso de *Lolita* o tornou um homem rico, e o romance de Burroughs, de cuja composição seu autor tinha uma lembrança bastante obscura, o ajudou a ficar ainda mais rico. Girodias se inscrevia em uma tradição francesa de avoengo: a do comerciante de livros escandalosos, muitas vezes proibidos por obscenos ou pornográficos, que no século XVIII eram publicados na Suíça e entravam na França após o devido suborno na fronteira, e que no século XX se editavam em Paris e chegavam ao Estados Unidos através dos subterfúgios mais variados da malandragem.

Falando de *On the Road*, Kerouac escreveu: "O *Ulysses*, que foi considerado difícil de ler, hoje é considerado um clássico e todos o entendem". A mesma ideia é encontrada em Cortázar, para quem essa tradição é fundamental e que se vinculou a Paris não só na ambientação da primeira parte de sua obra-prima, mas também através de uma certa reescritura de *Nadja*, de Breton. Em uma carta ao seu editor, Francisco Porrúa, leva em conta a mesma referência como paradigma de dificuldade, de ruptura, de resistência e distinção entre seus pares: "Eu acho que isso sempre deve acontecer; não conheço as críticas contemporâneas de *Ulysses*, mas deve ter acontecido: 'O sr. Joyce escreve mal, porque ele não escreve com a linguagem da tribo'". Como *O almoço nu*, *O jogo da amarelinha* constrói uma ordem de leitura que funciona a partir do fragmento, da colagem, da sorte, com uma intenção politicamente revolucionária: destruir a ordem burguesa do discurso, fazer detonar as convenções literárias tão parecidas com as sociais. É por isso que o autor tenta orientar, em suas cartas ao editor, o tom, o discurso que deve guiar a leitura do livro. Deve-se imaginar a dificuldade de um processo de edição realizado epistolarmente, as demoras, os mal-entendidos, os extravios (em um envelope perdido estava, por exemplo, o boneco do livro que Cortázar havia feito):

"Eu não gostaria nada que dessem destaque ao lado 'romance' deste livro. Seria um pouco como esvaziar o leitor. Eu sei que é também um romance e que, no fundo, talvez o que valha dele é seu lado romance. Mas eu escrevi o contrarromance, e Morelli se encarrega de dizer isso e de dar a entender muito claramente nas passagens que te citei mais acima. Em última análise, acho que devemos enfatizar os aspectos, digamos, axiológicos do livro: a denúncia contínua e exasperada da inautenticidade das vidas humanas [...], a ironia, o ridículo, a tirada de sarro cada vez que o autor ou os personagens caem na 'seriedade' filosófica. Depois de *Sobre heróis e tumbas*, você entende que o mínimo que podemos fazer pela Argentina é denunciar a plenos pulmões essa 'seriedade' de idiotas ontológicos que nossos escritores pretendem."

A conexão de *O jogo da amarelinha* com seus jovens contemporâneos foi imediata. A Paris que ele desenhava reatualiza a visão clássica, que é a boêmia, da cidade; seus abundantes detalhes topográficos a transformam em uma possível guia de turismo cultural, como enfatizaram as edições que incorporam um mapa ou uma lista dos cafés favoritos do escritor; sua dimensão enciclopédica (literatura, pintura, cinema, música, filosofia...) dificulta o esgotamento de suas leituras. Uma obra clássica é uma obra da qual você sempre pode extrair uma nova leitura. Um clássico é um autor que nunca sai de moda. E Paris foi exatamente onde nasceu a moda como a entendemos hoje. Não é de admirar que pelo menos até os anos 1960 – e graças ao fluxo contínuo de artistas de todos os cantos do mundo – mantivesse a capacidade de gerar um promissor horizonte de expectativas de certos leitores em relação a certas obras, uma aura fetichista. Escreve Pascale Casanova:

"É, sem dúvida, Gertrude Stein que resume, em um sentença lapidar, a questão da localização da modernidade: 'Paris', escreve em *Paris França*, 'estava lá onde se encontrava o século xx'. Paris, lugar do presente literário e capital da modernidade, deve, por um lado, sua coincidência com o presente artístico ao fato de que é o lugar onde se produz a moda, aspecto da modernidade por excelência. No famoso *Paris-Guide*, editado em 1867, Victor Hugo insistia na autoridade da Cidade Luz, não só em questões políticas e intelectuais, mas também na esfera do gosto e da elegância, da moda e do moderno."

Pode-se dizer que a lógica que explica parcialmente a relação entre a cultura romana e a grega na Antiguidade, em que a continuidade traduzida, a imitação, a importação e a usurpação eram os modos do império para garantir a hegemonia cultural, em que os mitos originais foram reformulados (de Zeus para Júpiter) e a épica reescrita (da *Ilíada* e *Odisseia* de Homero até a *Eneida* de Virgílio), poderia ser um modelo de compreensão para ler a relação entre os Estados Unidos e a França durante a época contemporânea. Embora Londres seja também a capital cultural do século XIX, Paris se ergue – como já se viu – como seu centro internacional literário e pictórico. Durante os anos 1920 e 1930, celebridades como Hemingway, Stein, Beach, Dos Passos, Bowles ou Scott Fitzgerald encontraram em Paris a sensação de capitalidade e a exaltação da boemia. Para toda uma geração de intelectuais norte-americanos – esses nomes célebres são uma fração mínima de todos aqueles que viajaram para Paris e levaram dali ideias como suvenires –, a França era um modelo de *grandeur* cultural e gestão do patrimônio simbólico. Se Hemingway tivesse razão e a capital francesa fosse mesmo *uma festa*, não é de admirar que ele pudesse emigrar durante a década de 1930, quando o nazismo subiu ao poder na Alemanha e, finalmente, a Segunda Guerra Mundial estourou. Picasso ficou em Paris e a partir daí criou o sistema do mercado de arte contemporânea; Beach também ficou, e Hemingway voltou como soldado da libertação. Mas a grande maioria dos vanguardistas franceses e dos romancistas norte-americanos se reuniu ou se conheceu em Nova York, junto com artistas, galeristas, historiadores, jornalistas, arquitetos, designers, diretores de cinema ou livreiros. A mesma cidade onde o MoMA, depois de programar grandes exposições sobre Van Gogh ou sobre Picasso, foi criando sobre esse substrato sua própria história da arte contemporânea, engrandecendo primeiro os expressionistas abstratos e mais tarde a arte pop comandada por Warhol e The Factory. Esses anos 1950 e 1960 são fascinantes porque os escritores norte-americanos que sintonizam mais fortemente com sua época ainda continuam visitando Paris. Mas o gesto é diferente. Porque quando Kerouac ou Ginsberg viajam para a França, eles fazem – invertendo a rota de Bowles – uma parada em Tânger, como se uma cidade não fosse mais importante do que a outra. A língua materna de Kerouac era francesa, Ferlinghetti traduz surrealistas como Jacques Prévert. Mais tarde, outros autores norte-americanos que também têm forte ligação com o imaginário da livraria viajarão para a capital francesa, como Paul Auster – tradutor de Mallarmé –, mas as maiores referências literárias dessas gerações posteriores são dos Estados Unidos, não europeias. Paris tornou-se uma Biblioteca da Literatura Universal, enquanto em San Francisco, Los Angeles, Chicago ou Nova York constantemente se inauguram livrarias destinadas a ser alguns dos centros culturais mais importantes da segunda metade do século xx. Para o bem ou para o mal, e sem estar no território norte-americano, como embaixada ou como intruso, uma delas é a segunda Shakespeare and Company.

No documentário *Portrait of a Bookstore as an Old Man* [Retrato de uma livraria como um homem velho], alguém diz que George Whitman era a pessoa mais americana que jamais conheceu, porque era absolutamente pragmático e econômico: os trabalhos dentro da livraria tinham de ser feitos por jovens aficionados pela leitura, que não recebiam salário em troca de uma cama, um prato de comida e – isso ele não diz – uma experiência prestigiosa: ter trabalhado e morado na Shakespeare and Company, no coração de Paris. O que Whitman fez foi construir o sonho de todo jovem leitor norte-americano: a livraria correspondia a um estereótipo, como o de *Harry Potter*, era uma atração turística com uma marca muito forte, tão importante para um estudante de literatura como a torre Eiffel ou a *Monalisa*, mas você também podia *viver* nela; permitia – como o mapa da edição de *O jogo da amarelinha* – espacializar a literatura, transformá-

-la em corpo ou hotel. *Living the Dream* poderia ter sido seu slogan. E ele fez isso através uma operação conceitual e comercial em relação à original Shakespeare and Company de Sylvia Beach, que pode ser vista a partir de duas perspectivas: o prolongamento ou a herança, por um lado; a apropriação ou mesmo a usurpação, por outro. Whitman disse em uma entrevista: "Ela nunca soube nada sobre nós. Esperamos até que ela morresse, porque se eu tivesse lhe perguntado e ela me dissesse não, nem quando estivesse morta eu poderia pegar o nome. Acredito, no entanto, que ela teria dito sim". É claro que, se não escolheu Maison des Amis des Livres como nome para o seu negócio, foi tanto por sua condição anglo-saxônica como pelo potencial comercial de uma marca que assegurava a peregrinação turística. E a sua confusão natural.

O filme mostra um livreiro déspota e instável, capaz tanto de insultos ferinos como de sentimentalismo poético, usando seus hóspedes como voluntários de um campo de trabalho de cujas condições laborais nunca foram devidamente informadas. Um livreiro boêmio e frugal, apesar da renda considerável da livraria e dos 5 milhões de euros em que seu prédio foi avaliado, que não gastava em roupas ou comida, que não tinha vida social ou sentimental fora de seu pitoresco reino. Que queima o cabelo com duas velas na frente da câmera, quem sabe se por demência senil ou para economizar no cabeleireiro. E a cuja filha, que atualmente é a proprietária do negócio, deu o nome de Sylvia Beach Whitman.

Para sermos justos, o retrato deve ser completado com a obra *Um livro por dia: Minha temporada parisiense na Shakespeare and Company*, de Jeremy Mercer. Em suas páginas, Whitman aparece como um ser tanto instável como envelhecido, mas de uma grande generosidade, apaixonado, sonhador, disposto a compartilhar com qualquer um que se aloje em suas camas as leituras essenciais e certas lembranças de Paris. A lembrança de Lawrence Durrell bêbado à noite, depois de ter dedicado todo o dia à escrita do *Quarteto de Alexandria*; a de Anaïs Nin, que talvez fosse amante do livreiro; a de Henry Miller e a Geração Beat e Samuel Beckett, que, é claro, só protagonizava visitas silenciosas; a de todos os livros e revistas impulsionados por sua livraria; a de Margaux Hemingway, que se deixou guiar por Paris em busca da cidade de seu avô.

Depois de assumir o legado de seu pai, a primeira coisa que Sylvia Beach Whitman fez foi transportar a livraria para o século XXI. Ela limpou e iluminou cuidadosamente o local, o reformou facilitando o acesso e a circulação para que ali abrigasse, no térreo, a cafeteria com a qual seu pai sempre sonhou. Um dos primeiros gestos da nova proprietária foi editar uma pequena publicação colorida que resgatava parte do arquivo documental e gráfico que havia permanecido em baús e gavetas por décadas. Pela primeira vez, até onde eu sei, Cortázar é mencionado como um dos clientes regulares durante os anos 1960 e 1970, juntamente com os ilustres desconhecidos habituais franceses e anglo-saxões. Um passo decisivo para o grande livro ou a grande exposição que mostrará enfaticamente a importância da lendária livraria na vida cultural da Paris da segunda metade do século XX. Então, depois de sua primeira vida na rue de l'Odéon e sua segunda vida beat, começou a terceira vida da Shakespeare and Company.

O que foi e o que é a Shakespeare and Company?, nos perguntamos depois de ver o filme e ler o livro. Uma utopia comunista ou o negócio de um avarento? Um ícone turístico ou uma livraria realmente importante? Seu proprietário era um gênio ou um louco? Não acho que existam respostas a tais perguntas e, se houver, não serão nem branco nem preto, mas uma variedade de cinzas. Está claro que a L'Écume des Pages e La Hune não são livrarias *míticas* no mesmo sentido que a Shakespeare and Company, nem internacionalmente conhecidas como ela, o que nos obriga a nos perguntar mais uma vez: de que características os mitos são feitos? E, acima de tudo, como podemos desmistificá-los?

Eu mesmo sou cúmplice desses processos de mitificação (que é uma mistificação). Todas as viagens e todas as leituras são parciais: quando eu finalmente visitar a Le Divan, cujas origens remontam à década de 1920 em Saint-Germain-des-Prés, que foi ressuscitada pela editora Gallimard em 1947 e que desde 1996 fica no XV Arrondissement, e estudar sua história; quando eu descobrir a Tschann, fundada em Montparnasse em 1929 por dois dos protagonistas da vida artística do famoso bairro, então boêmio, os srs. Tschann, cuja filha Marie-Madeleine foi uma fomentadora decisiva do trabalho de Beckett na França, finalmente poderei satisfazer à insistência do tradutor Xavier Nueno, que espero que me apresente ao gerente atual, Fernando Barros, que em entrevistas demonstra pensar tanto no passado como no futuro da livraria; quando – afinal – as leituras, as viagens ou os amigos me levarem a outros bairros e novas livrarias, minha topografia cultural de Paris mudará e, com ela, meu discurso. Enquanto isso, aceito os limites desta enciclopédia impossível e futura, claro-escura como todas, incompleta, em reescrita perpétua.

> Olhando para trás, depois de meio século como livreiro em Paris, tudo me parece uma obra de Shakespeare que nunca termina, em que os Romeus e as Julietas são eternamente jovens enquanto eu me tornei um octogenário que, como o rei Lear, está perdendo lentamente seu brilho.
>
> — GEORGE WHITMAN,
> *The Rag and Bone Shop of the Heart*
> [A loja de sucatas do coração]

CAPÍTULO 10

# REDES DE LIVROS

> A velocidade traz fluidez e redução do conteúdo dos objetos. Estes se transformam em panoramas, imagens. Nada une os intervalos existentes de uma rota, a não ser a vista panorâmica do que se vê lá fora, longe dos sentidos, ainda relacionados com um sistema técnico que mantinha contato próximo com a terra firme. O trem só conhece a hora de partida e a hora de chegada; como o transeunte imaginado pelos urbanistas, o viajante é uma peça dentro desse sistema circulatório.
>
> — RENATO ORTIZ,
> *Modernidad y espacio.*
> *Benjamin en París*
> [Modernidade e espaço:
> Benjamin em Paris]

DESDE 1981, a Shakespeare and Company também é uma rede de livrarias *independentes*, com três lojas em Nova York, todas elas perto de universidades. Embora muitas faculdades tenham sua própria livraria, onde se vendem tanto manuais, livros de referência e de leitura obrigatória como – especialmente – camisetas, moletons, canecas, cartazes, mapas, cartões-postais e outros objetos turísticos ligados à experiência universitária, a Barnes & Noble colonizou esse mercado com mais de seiscentas livrarias em faculdades dos Estados Unidos, que devem se juntar às mais de setecentas sucursais urbanas, cada uma com seu café Starbucks (temos que ver como o anúncio de 2013, de que um terço dos estabelecimentos será fechado nos próximos dez anos, afeta esses números).

Embora a primeira livraria com esse nome tenha sido aberta em Nova York em 1917, a família Barnes investia na indústria gráfica desde os anos 1870. Cem anos depois, tornou-se a primeira livraria a anunciar na televisão. E no século XXI, a principal ameaça à sobrevivência de pequenas livrarias autônomas. O que não deixa de ser um paradoxo, porque a tendência de muitas empresas que nascem com um única sede é precisamente se multiplicar, tornar-se elos da mesma marca ou rede. As redes históricas também começaram sendo livrarias exclusivas e independentes. Muito antes de ter dezenas de filiais por todo o México, a Gandhi foi primeiro uma livraria ao sul da Cidade do México, inaugurada em 1971 por Mauricio Achar. As maiores redes de livrarias brasileiras nasceram de projetos de imigrantes: Joaquim Ignácio da Fonseca Saraiva, da região portuguesa de Trás-os-Montes, abriu em 1914 a primeira Saraiva, embora na época se chamasse Livraria Acadêmica; a primeira Nobel foi fundada em 1943 pelo italiano Cláudio Milano (em 1992, seu neto adotou o sistema de franquias e as lojas se multiplicaram); a Livraria Cultura surgiu da ideia de uma imigrante judia alemã, Eva Herz, de abrir um serviço de empréstimo de livros na sala de estar de sua casa, em 1950, e apenas em 1969 é que se tornou livraria. Os três impérios nasceram na mesma cidade, São Paulo, e se expandiram por todo o país. A Family Christian Stores tem cerca de trezentas lojas e em 2012 doou 1 milhão de Bíblias para serem distribuídas por missionários de todo o mundo, mas os irmãos Zondervan começaram com sobras de tiragens fora de catálogo em uma fazenda dos anos 1930. Sua expansão se deu graças ao sucesso de suas edições baratas de literatura religiosa em domínio público, como várias traduções da Bíblia para o inglês.

Graças à sua condição de refúgio de calvinistas e à ausência de censura religiosa e política, a Holanda se tornou, durante os séculos XVI e XVII, um dos grandes centros mundiais do livro. Entre seus impressores, destacou-se a família Elzevir, que entre 1622 e 1652 editou autênticos clássicos de bolso anotados por estudiosos da época. Como Martyn Lyons nos lembra: "A edição de 1636 das obras completas de Virgílio obteve tanto sucesso que foi republicada quinze vezes. Os clássicos de bolso começaram imediatamente a ser chamados de 'edições elzevir', embora eles não fossem os editores". Apesar de seu sucesso, esse tipo de produção foi projetado para a elite alfabetizada. Deve-se entender que a *Enciclopédia*, um verdadeiro best-seller que vendeu cerca de 25 mil cópias, foi adquirida principalmente pela nobreza e o clero, as classes sociais cujos pilares a própria *Enciclopédia* estava minando. O povo comum e leitor consumia acima de tudo os *chapbooks* de algumas páginas, folhas soltas com muitos desenhos, ou a *bibliothèque bleue* encadernada com o papel azul dos pacotes de açúcar, cuja distribuição estava nas mãos dos vendedores ambulantes, conhecidos como *colporteur* na França, como *Jahrmarkttrödler* na Alemanha e como *leggendaio* na Itália. Vidas de santos, ficções absurdas, farsas, paródias, canções de tavernas e noitadas, contos e lendas, relatos cavaleirescos, calendários da colheita, horóscopo, instruções para jogos de azar, livros de receitas e até resumos de clássicos universais: esses eram os autênticos best-sellers antes do surgimento do romance romântico e realista durante o século XIX e sua produção folhetinesca de literatura em cadeia.

O livro como sucesso comercial nasce com Walter Scott e se consolida com Charles Dickens e William Makepeace Thackeray. O volume de vendas do escritor romântico era tão grande na Europa que, a partir de 1822, seus romances apareciam simultaneamente em inglês e francês; e em 1824 publicou-se na Alemanha uma paródia de suas ficções, *Walladmor*, com o próprio Scott como personagem, pois se sabe que não há maior garantia de sucesso do que a imitação e a zombaria. Em meados do mesmo século, os irmãos Lévy lançaram em Paris uma coleção de obras a um franco. Michel e Calmann tinham enriquecido com a comercialização de libretos de ópera e peças de teatro e abriram uma das grandes livrarias do século XIX no Boulevard des Italiens, onde havia uma seção de livros em liquidação. Além de investir na livraria, os irmãos também investiram em ferrovias, empresas de seguros e serviços públicos nas colônias. Na mesma época, Baedeker e Murray popularizaram os guias de viagem, que, como muitos outros tipos de livros, poderiam ser obtidos em inúmeros pontos de venda: mercearias, quiosques, vendedores ambulantes, livrarias independentes e em rede.

Eileen S. DeMarco estudou, em *Reading and Riding* [Leitura e trajeto], o caso da rede de livrarias Hachette nas estações de trem francesas, um projeto que durou quase um século, desde os primeiros esboços de 1826 até o início da Primeira Guerra Mundial em 1914, passando pela inauguração do primeiro estabelecimento parisiense em 1853. Os trens se tornaram rapidamente o veículo por excelência do livro: em seus vagões viajavam o papel, as impressoras, suas peças sobressalentes, os operários, os escritores, os livros de uma cidade para outra e, acima de tudo, os leitores. A rede baseou sua eficácia, pela primeira vez na história, na contratação de vendedoras, *femmes bibliothécaires*, pois a iniciativa se chamou Bibliothèque de Chemins du Fer. Na carta que Louis Hachette dirigiu aos responsáveis pelas principais companhias ferroviárias da França para convencê-los da relevância de sua proposta, insistia em seu caráter pedagógico, porque os livros portáteis e leves que seriam oferecidos, além de passatempos para a viagem, teriam um aspecto educacional. Em julho de 1853, 43 sucursais já tinham aberto suas portas, oferecendo cerca de quinhentos títulos. No ano seguinte, começaram a dispor de imprensa diária, que eventualmente se tornaria sua principal fonte de renda. E três anos depois, se juntou à oferta parte do catálogo de outras editoras, mantendo o monopólio de venda em estações. No final do século, estendeu-se à rede metroviária.

Até 2004, a rede de livrarias A. H. Wheeler and Company tinha o monopólio de venda em estações de trem da Índia. Como a da Hachette – que agora é um grupo editorial multinacional que opera com 250 milhões de livros por ano –, sua história ferroviária é fascinante. A primeira sucursal abriu as portas em 1877 na estação de Allahabad, depois de o escritor francês Émile Moreau e seu parceiro T. K. Banerjee tomarem emprestada a marca de alguém que provavelmente nunca pisou no solo asiático, Arthur Henry Wheeler, que possuía uma rede de livrarias na Londres vitoriana. Um acordo com o governo indiano deu-lhes o monopólio da impressão e distribuição de livros, com uma clara intenção social e educacional: durante mais de um século foi o principal modo de circulação da cultura nas zonas mais remotas do país, onde a A. H. Wheeler and Company era frequentemente a única livraria em muitos quilômetros. Com a independência no horizonte, em 1937 Moreau transferiu sua parte do imóvel para seu amigo e parceiro indiano, cuja família a dirige até hoje. A empresa chegou ao século XXI com cerca de seiscentos pontos de venda em quase trezentas estações, mas em 2004 perdeu o monopólio, em uma explosão nacionalista do ministro das Ferrovias Lalu Prasad Yadav, que acusou a sonoridade britânica do nome da empresa indiana. Mas a decisão foi anulada sete anos mais tarde: a rede de livrarias é muito emblemática da paisagem para não tratá-la como patrimônio cultural.

Como explica Shekhar Krishnan no artigo do *Indian Express* de onde tirei essa informação, "nos vemos na Wheeler" é uma expressão comum em Bombaim. Até esse ponto a marca faz parte da vida cotidiana do país. Em suas livrarias e quiosques, é frequente marcar um encontro para comprar o jornal e entrar no trem, compartilhar com amigos ou conhecidos a longa viagem de volta para casa; e em muitos desses estabelecimentos foram organizadas durante décadas conversas de literatura e política, de pé, ao calor de um chai.

Em Bombaim nasceu Rudyard Kipling, cujo destino esteve ligado ao nome "Wheeler", pois era o sobrenome do editor da *Civil and Military Gazette*, o primeiro jornal onde – aos 17 anos – o futuro escritor trabalhou. Dois terços do dia eram passados na redação, inclusive durante o verão, com suas temperaturas infernais: o suor e a tinta deixavam seu terno como a pele "de um dálmata", nas palavras de um de seus companheiros. Seus deslocamentos de trem para cobrir eventos do império nos territórios muçulmanos e hindus, com permanências de até seis meses que prefiguraram suas famosas viagens ao Japão ou à África do Sul, forneceram anedotas e atmosferas às sua primeiras histórias, que publicou em 1888 na "The Railway Library", a coleção de *paperbacks* editados pela A. H. Wheeler and Company, que assim se tornaram seus primeiros editores. Ao longo do tempo, a memória disfarçaria de exotismo onírico e lendário aquelas experiências coloniais, em romances como *Kim* ou *O livro da selva*.

Tanto a rede de livrarias Hachette quanto as de Moreau e Banerjee seguiam os modelos britânicos, pois em 1848, cinco anos antes do primeiro estabelecimento francês, já havia um semelhante na estação Euston de Londres, de propriedade da WHSmith, provavelmente a primeira grande rede de livrarias da história. O vínculo entre o sr. Smith e o *boom* ferroviário foi tão estreito que ele foi nomeado ministro por vários governos conservadores. Em paralelo, sua biblioteca foi se clonando por toda a ilha à medida que as estações foram se modernizando, com seus grandes salões para acomodar engraxates e floristas; e a progressiva sofisticação da viagem de trem, que foi oferecendo os mesmos luxos e vantagens que já tinham sido assimilados pelos barcos e os hotéis. No final do século XVIII e início do XIX – como Frédéric Barbier explica em *História do livro* –, as livrarias de Londres já tinham se aberto para a rua, através de vitrines, cartazes, letreiros e até pregoeiros ou homens-anúncios que convidavam os distraídos transeuntes a entrar. O próprio livro, na verdade, foi assumindo então sua natureza de mercadoria: começou a anunciar-se nas últimas páginas o restante dos títulos da mesma coleção ou da mesma editora; as capas padronizaram seu projeto para reforçar a identidade do selo e incorporaram o progresso da ilustração; o preço começou a ser mostrado para ser usado como publicidade ou gancho. *A biblioteca das estradas de ferro* vendia livros a um preço que variava entre 0,75 e 2,50 francos. O preço médio do livro na França passou de 6,65 francos em 1840 para 3,45 francos em 1870. Foram criadas coleções a 1 franco, porque o consumo de meios impressos se multiplicava, assim como os pontos de venda. E os de empréstimos. E as bibliotecas e as livrarias ambulantes, que se conectam, como os trens, com a medula inquieta da Revolução Industrial. E leitores profissionais: no século XIX, havia aqueles que viviam para ler as notícias em voz alta ou recitar com trejeitos passagens de Shakespeare (Bruce Chatwin, em sua infância, anacrônico, histriônico, se dedicou a isso em Stratford-upon-Avon).

A grande invenção do século XIX é a *mobilidade*. O trem muda a percepção de espaço e tempo: não só acelera vida humana, mas transforma a ideia de rede, de uma estrutura em rede, em algo que pode ser percorrido em alguns dias, apesar de sua vastidão. Todo um sistema na medida de um corpo. Os viajantes, que só sabiam ler na quietude, depois de um período de adaptação, aprendem a fazer isso também em movimento. Não só isso: poderão inclusive ir levantando a vista da página, alinhavar os fragmentos lidos, e portanto imaginados, com os fragmentos percebidos, vistos através da janela (preparando-se para a chegada do cinema). Surge o elevador, que permite que as cidades cresçam verticalmente, depois de muitos séculos de crescimento horizontal. O mobiliário pesado da aristocracia e da alta burguesia se transforma em mobiliário leve, para permitir mudanças. "O domínio da rua sobre o quarto": traduz em termos espaciais Renato Ortiz. Produzem-se as migrações mais rápidas e maciças na história da humanidade. As Exposições Universais de Paris e Londres, frutos do crescimento industrial e da expansão imperial, são a resposta à necessidade de tornar pública – em todo o mundo – sua supremacia. São amplificadores, vitrines monstruosas do Mito do Progresso. Nasce a moda, que é o ritmo vertiginoso pedido pela produção em série, pela nova sociedade de consumo, baseada na necessidade de que tudo, absolutamente tudo, tem um prazo de validade. A moda e a leveza chegam também aos livros: edições de bolso, miniaturas baratas, títulos de oferta, caixas de saldo, tabelas onde são expostos os livros de segunda mão. Tudo isso acontece na Inglaterra e na França, em Londres e em Paris, nas mesmas áreas onde se configuram as livrarias modernas e, com elas, as redes de livrarias.

O primeiro Hudson News, com sua oferta de impressão e livros comerciais como o conhecemos agora, abriu no Aeroporto de LaGuardia em 1987, após uma experiência anterior no Newark. Tem mil pontos de venda na América do Norte. Pertencia ao Hudson Group até que, em 2008, foi adquirido pelo Dufry, um grupo suíço especializado em lojas duty-free. Até sua morte em 2012, o rosto visível da empresa foi Robert Benjamin Cohen, que durante décadas se dedicou principalmente à distribuição de jornais e revistas. De acordo com seu obituário no *The New York Times*, em 1981 foi condenado por suborno aos sindicatos de distribuidores para obter um tratamento favorável. O Hudson Group não só abriu centenas de livrarias e quiosques em aeroportos, estações de trem e terminais de ônibus ao redor o mundo, mas também assumiu os correspondentes restaurantes de fast-food. Porque, se no século XIX se acelera o mundo, após as duas guerras mundiais são os Estados Unidos os responsáveis por dar-lhe uma segunda aceleração. E se as livrarias, independentes e em rede – se essa polarização for inteiramente válida e não for parcialmente negada por um número infinito de estágios intermediários –, desenham sua topografia no século XIX, a partir dos anos 1950 vão incorporando as grandes mudanças no consumo do tempo e do espaço que a cultura de massa americana introduz. O shopping center, que inicialmente imita o modelo europeu e se instala no centro das cidades, se torna progressivamente suburbano. E o parque temático vai se fundindo com os fast-foods: no mesmo ano que a Disneylândia é inaugurada, abre-se a primeira franquia do McDonald's e, como o motel, ambos se conectam à rede rodoviária dos Estados Unidos, um emaranhado imperial que tem seu duplo no das rodovias aéreas, o equivalente no século XX ao emaranhado ferroviário europeu do século XIX.

A livraria da segunda metade do século XX terá o caráter aglutinante desse shopping mall, onde convivem – estritamente ou em uma relação de vizinhança – a exposição de livros, o berçário, o parque infantil, a casa de espetáculos, a restauração e, progressivamente, os discos, os vídeos, os CDs, os DVDs, os videogames e os suvenires. O modelo urbano, vital e, portanto, livresco norte-americano, será seguido em grande parte por outras potências, como Japão, Índia, China ou Brasil, e, por extensão, pelos outros países. E os antigos impérios não terão outra opção além de se adaptar a essa tendência hegemônica de oferta maciça de lazer, que garanta uma venda indiscriminada de consumos culturais. Então, a WHSmith e os supermercados Coles se unirão para criar a Chapters. E a Fnac, que nasceu em 1954 como uma espécie de clube literário de espírito socialista, acabará vendendo televisores e possuindo cerca de oitenta estabelecimentos na França e mais de sessenta no resto do mundo. Todas as redes têm algo em comum: a oferta é dominada pela produção cultural estadunidense.

Em *Atlas de la novela europea. 1800–1900* [Atlas do romance europeu: 1800–1900], Franco Moretti desenhou em mapas a influência de autores como Scott, Dickens, Dumas, Hugo, Stendhal ou Balzac, e a expansão viral no Velho Continente de subgêneros como o romance sentimental, o marítimo, o religioso, o oriental ou o *silver-fork* (que às vezes só era lido regionalmente). Isso permite compreender a lógica da forma do romance durante o século XIX como uma tradução dos dois modelos predominantes:

"Diferentes formas, diferentes Europas. Cada gênero literário tem sua geografia e até mesmo sua geometria: *mas são todas figuras carentes de centro*. Observe como é estranha, e nada óbvia, a geografia do romance. E duplamente estranha. Porque, em primeiro lugar, o romance fecha a literatura europeia a toda influência estrangeira: reforça e até mesmo inventa seu personagem peculiarmente *europeu*. Mas essa maneira profundamente europeia priva depois quase toda a Europa de qualquer liberdade criativa: duas cidades, Londres e Paris, a dominam por um século inteiro, publicando metade (e talvez mais) de todas as novelas europeias em uma centralização cultural implacável e inflexível. Centralização: o centro, o fato conhecido, mas visto pelo que é: não um dado, mas um processo. [...] As bibliotecas inglesas e as bibliografias europeias nos enviam, pois, a mesma mensagem: com o romance, nasce na Europa um *mercado literário comum*. Um mercado único: através de sua centralização. E um mercado desigual: pelo mesmo motivo. Porque nos cem anos decisivos entre 1750 e 1850, o plano geográfico peculiar da centralização faz com que em quase toda a Europa os romances sejam, muito simplesmente, livros estrangeiros. Leitores húngaros, italianos, dinamarqueses, gregos se familiarizam com a nova forma lendo romances ingleses e franceses; e assim, inevitavelmente, os romances ingleses e franceses se tornam *modelos dignos de imitação*."

Se aplicarmos o método analítico de Moretti aos catálogos da Barnes & Noble, Borders, Chapters, Amazon ou Fnac, como ele faz com os das *circulating libraries* e os *cabinets de lecture* do século XIX, além da correspondente porcentagem de títulos locais, veremos que o consumo global de ficção é principalmente de produtos norte-americanos ou inspirado por eles. A mesma estratégia que a Inglaterra e a França seguiram no século XIX na forma do romance foi aprendida pelos Estados Unidos, que no cinema de Hollywood e mais tarde nas séries de televisão fez da ficção audiovisual *o modelo digno de imitação*, impondo – assim como Londres e Paris impuseram sua ideia de biblioteca – uma maneira de espacializar a experiência familiar (com a tevê no centro), a experiência cinematográfica (no cinema multissalas) e a experiência leitora (fundindo a livraria, a loja de suvenires e a cafeteria no estilo da Starbucks).

Por essa razão, as grandes redes de livrarias estadunidenses são o epítome dessa maneira de conceber a distribuição e venda de cultura que chamamos *rede de livrarias* e que muitas vezes distinguimos com um "grande" na frente. Porque a pequena rede, a meia dúzia de livrarias com o mesmo proprietário e a mesma marca, pode continuar a ter o capital localizado que caracteriza o negócio independente, enquanto as grandes redes constituem conglomerados quase sempre multinacionais, nos quais o livreiro deixou de ser assim, porque perdeu a relação direta – artesanal – com o livro e com o cliente. O livreiro é um vendedor ou o diretor executivo ou o chefe de pedidos ou chefe do departamento pessoal. As redes de livrarias, imersas nessa dinâmica de acionistas e diretores executivos, provocam as concatenações de eventos típicos de grandes empresas: a Waterstones foi criada em 1982 por Tim Waterstone após sua demissão da WHSmith, que por sua vez a comprou em 1999, para vendê-la alguns anos depois à empresa que já adquiriu a principal rede da competição, a Dillons, cujos estabelecimentos foram convertidos em Waterstones. Sob a nova direção, em 2008, a Waterstones de Cardiff cancelou uma leitura do poeta Patrick Jones depois da ameaça da associação Christian Voices de boicotar o ato, por ser um livro "blasfemo e obsceno". Os círculos e as piruetas, portanto, não são apenas neoliberais, mas também kafkianos.

Quando visitei Londres no início de 2016, tive a oportunidade de entrevistar James Daunt, diretor executivo de mais de trezentas livrarias e dono das nove Daunt Books. Fiquei surpreso quando nos encontramos no café da Waterstones de Piccadilly, pelo fato de que a primeira coisa que fez foi me perguntar o que eu queria tomar, ir até o balcão, pedir um café com leite e servi-lo a mim com um sorriso. Aos 52 anos, James Daunt me pareceu alto e elegante, de gestos cordiais que inspiravam muita calma, em contraste com um olhar acentuado e incisivo. Ele foi contratado em 2011 pelo bilionário russo Alexander Mamut, que acabara de comprar a rede, praticamente falida, para o HMV Group por 67 milhões de euros. Ou seja, eu entrevistei o homem que salvou a Waterstones.

— Quando, em 2011, o colocaram no comando do projeto da Waterstones, qual panorama você encontrou?

— A rede estava falindo. O Kindle havia entrado com muita força, o mercado tinha caído 25%. O que fazer? A primeira coisa que pensei foi motivar os livreiros, mas antes, infelizmente, tive que despedir um terço do pessoal. Eu decidi transformar a Waterstones em uma empresa onde eu mesmo teria trabalhado com satisfação. Nada fácil, se você levar em conta que aqui não havia preço fixo e a Amazon pode vender os livros com um preço até 40% mais barato do que o seu. É por isso que o livreiro deve compensar essa diferença de preço com sua qualidade humana, com seu compromisso e aproveitando essa energia que há entre o leitor, o livro e ele. Essa energia não existe na Amazon.

— Quais foram as principais mudanças que você introduziu, além desse corte do pessoal?

— Mudar uma livraria é um processo lento. A Hatchards foi uma grande livraria, muito importante, mas decaiu, e levamos três anos para recuperá-la, no nível da Waterstones. Nós também estamos conseguindo com o resto de livrarias de rede: nosso lucro passou de 9 milhões de libras para 13 milhões no ano passado. A primeira coisa que fiz foi dar aos livreiros uma grande segurança, total autonomia para decidir quais livros eles vendem e quais não. Para isso, tive que transformar a Waterstones na única rede que não aceita a compra de espaço expositivo por parte das editoras, nem mesas ou vitrines. Até a minha chegada, a Waterstones tinha ganhado cerca de 27 milhões de libras dessa forma.

Mas aceitar esse dinheiro significa que o editor pode pressioná-lo e que o livreiro não pode selecionar, não pode ser o curador de sua própria livraria, de maneira que o trabalho deixa de ser estimulante. A compra de espaço expositivo cria livrarias uniformes, iguais. Minha outra grande mudança teve a ver com devoluções. Nós passamos de 27% para 3% atuais e meu objetivo é que nada seja devolvido.

— Todo o sistema se baseia nessa entrega de lançamentos em consignação e nas devoluções periódicas. A negociação com os editores deve ter sido dura...

— Os editores odiaram essas medidas. Você tem que ser corajoso se quiser mudar o sistema editorial. Eu me reuni com eles e perguntei-lhes o seguinte: "Vocês têm uma ideia melhor? Porque, se não fizermos alterações, o negócio acabou". Pouco a pouco, eles foram entendendo. Se você é um ótimo editor, se você estiver construindo um grande catálogo, você vai sobreviver conosco; mas, se não, se você estiver interessado apenas na novidade, nos títulos medíocres que talvez você possa vender com artimanhas, vai afundar.

— Como vocês se posicionam em relação aos clientes, aos leitores?

— Nosso desafio é satisfazer o cliente mais intelectual e não intimidar o cliente menos intelectual. Em todas as minhas livrarias, os motoristas de táxi devem se sentir confortáveis. São pessoas que leem muito, tanto jornais como livros, eu quero que eles entrem em minhas lojas e encontrem o que querem ler. Eu não sou ingênuo, sei que as Waterstones são livrarias de classe média e que meus clientes da Daunt Books têm grana. Cada livraria deve conhecer seu público e não tentar competir com supermercados ou outro tipo de estabelecimento que também venda livros.

— Como é o livreiro da Waterstones? E o da Daunt Books?

— Minha intenção é que acabem se parecendo. Um bom livreiro deve ser amistoso, tem que se interessar pela cultura, ser capaz de divulgar esse interesse, ser intelectualmente comprometido com os livros e, além disso, ser ativo (não se deve esquecer que é um trabalho muito físico). Queremos que os jovens leitores desejem trabalhar aqui, porque não vão achar que esta é uma rede onde prima a eficiência e a padronização, mas onde se encontra um espírito de curiosidade e amor pelos livros. É por isso que também estamos mudando o design do espaço. Sempre que vou à Espanha, olho para a La Central, é um dos meus modelos, como é também a rede de livrarias Feltrinelli da Itália...

— Nota-se neste primeiro andar, com aquela madeira que lembra a La Central de Callao, em Madri. Sabe que por trás desses projetos está o mesmo designer, o argentino Miguel Sal?

— Verdade! Eu almoçava com Miguel sempre que visitava Londres. Ele era um homem inteligente, divertido e provocador... Além de um excelente cliente, eu sempre acabava comprando livros como louco. Que pena seu recente falecimento inesperado.

— O que você acha a respeito da grande e inovadora ideia da Amazon de abrir livrarias físicas?

— Acabei de voltar de Seattle. A livraria é incrível. Os livros não são dispostos de lado, mas de frente, mostrando a capa. Eles só têm cerca de 5 mil e são arrumados de acordo com um cálculo matemático, sem organização, sem hierarquias, sem que você possa experimentar o sentimento de que não está descobrindo nada. Eles desconstruíram a ideia de livraria: com outro nome seria ridículo, mas, como se chama Amazon, é brilhante. Porque se deve lembrar que a WHSmith não é uma livraria, mas a Amazon é.

"Quem melhor para ir à guerra contra a Amazon do que uma amazona?", perguntava Jan Hoffman em uma crônica sobre a McNally Jackson Books publicada no *The New York Times*. A guerreira seria Sarah McNally, que em um canto emblemático de uma livraria famosa por sua generosidade com escritores ibero-americanos (ao menos quando quem organizava a programação era Javier Molea), por sua agenda de atividades e por seu acervo de obras literárias organizado geograficamente, instalou a Espresso Book Machine, uma máquina capaz de imprimir e encadernar em questão de minutos qualquer um dos 7 milhões de títulos da livraria-nuvem que depende da livraria palpável de Manhattan.

Em uma cena liderada fisicamente pela Barnes & Noble e virtualmente pela Amazon, após o fechamento das centenas de livrarias da Borders, a American Booksellers Association lançou as campanhas Book Sense e IndieBound, cujos dois principais cavalos de batalha são um prêmio literário e uma lista de livros mais vendidos que só leva em conta as aquisições em livrarias independentes (ao contrário da lista do *The New York Times*, que contabiliza as de bancas de jornal, redes de livrarias, supermercados, lojas de presentes e farmácias, além de levar em consideração os registros dos próprios editores, muitas vezes duplicando as cifras do mesmo livro). André Schiffrin escreveu sobre esse panorama em 2010, em *Le contrôle de la parole: L'édition sans éditeur* [O controle da palavra: a edição sem editor]:

> "Em Nova York, onde nos anos do pós-guerra havia 330 livrarias, hoje existem apenas trinta, incluindo as redes. A Grã-Bretanha experimentou o mesmo processo: a rede Waterstones, depois de ter eliminado muitas livrarias independentes ao oferecer descontos enormes, foi comprada pela WHSmith, uma rede de bancas de jornais e revistas conhecida por sua política puramente comercial e seu conservadorismo político."

O editor usa vários rótulos em seu texto para diferenciar as livrarias de qualidade das redes de livrarias: "livrarias com função cultural", "livraria intelectual", "livraria de referência", e comenta as estratégias protecionistas realizadas na França para garantir sua sobrevivência. Anos depois, o governo de Hollande inventou outras. Ao contrário do videoclube, mas sem chegar ao extremo da biblioteca, a livraria possui uma aura de prestígio, uma importância tradicional comparável à do teatro ou cinema, como espaços que devem ser preservados e fortalecidos através dos pressupostos do Estado. Essa consciência não existe nos Estados Unidos, mas não seria de estranhar que o vazio deixado pela Borders, em vez de ser invadido por outras redes, seja ocupado localmente por novos estabelecimentos com ambição intelectual, que ofereçam tratamento personalizado, com a vontade de se tornarem centros culturais e, no futuro, de referência. Locais com intensa atividade nas redes sociais, com bons sites e que ofereçam impressão sob demanda ou que estejam próximos de centros de impressão. Pequenas lojas que sirvam café e bolo caseiro ou que ofereçam oficinas de escrita, como essas requintadas lojas de vinhos que organizam cursos de degustação. Livrarias onde o pó não seja removido por anônimos serviços de limpeza, mas pelos próprios livreiros, com a intenção de lembrar o lugar exato onde está cada um desses raros volumes minoritários, artesanais, fora de moda, que não têm lugar nas grandes redes de livros e que apenas livreiros da família de Beach, Monnier, Yánover, Steloff, Sanseviero, Ferlinghetti, Milla, Montroni ou McNally saberão acomodar nas prateleiras ou nas mesas de novidades: torná-los visíveis.

> A Primeira Guerra Mundial interrompeu os planos de Wallace. Em outubro de 1918, ele foi gravemente ferido durante uma batalha na França. Em seus meses de recuperação, concentrou-se na leitura de muitas revistas, destilando os textos até o essencial. Ao retornar para sua casa em St. Paul, continuou a trabalhar na *digestão* de outras matérias, reunindo 31 textos resumidos em uma prova do tipo de *revista digerida* que queria vender. A primeira edição da *Reader's Digest* é datada de fevereiro de 1922.
>
> www.referenceforbusiness.com

CAPÍTULO 11

# LIVROS E LIVRARIAS DO FIM DO MUNDO

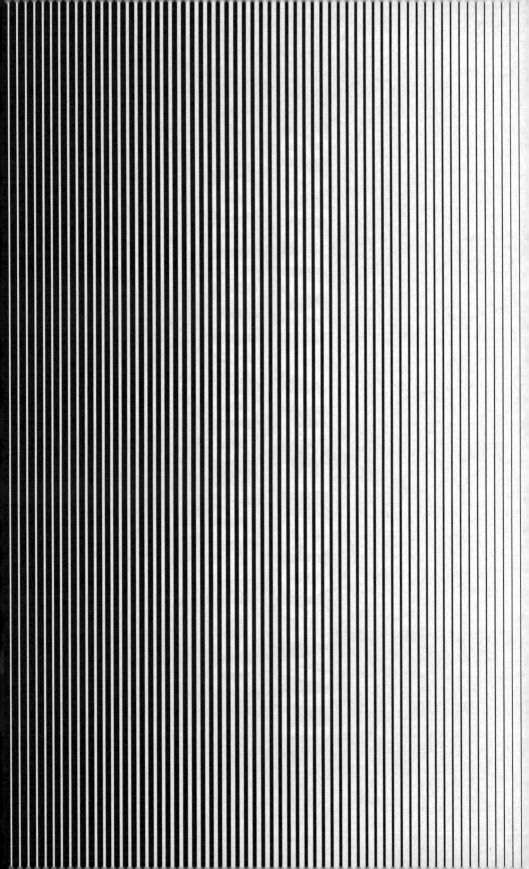

> Este comentário sobre o Apocalipse, que eu ponho nas mãos do leitor, não pretende ser fruto da erudição.
>
> — CRISTÓBAL SERRA (ED.),
> *Apocalipsis*

QUAL FOI a primeira coisa que fiz quando cheguei a Sydney? Procurei uma livraria e comprei uma edição de bolso de *The Songlines*, de Chatwin, cuja tradução para o espanhol eu tinha lido algum tempo atrás, e outra de *Austerlitz*, de Sebald, que acabava de ser publicado em inglês. No dia seguinte, visitei a Gleebooks e carimbei um dos primeiros selos de meu passaporte invisível, que na época (meados de 2002) tinha um significado, digamos, *transcendente* para mim, que peregrinava em livrarias, cemitérios, cafés, museus, templos da cultura moderna que eu ainda adorava. Como já se deve ter adivinhado a essa altura, há muito tempo assumi meu status de turista cultural ou de metaviajante e deixei de acreditar em passaportes invisíveis. A metáfora, no entanto, parece bastante adequada e, no caso dos amantes das livrarias, serviria para mascarar uma pulsão fetichista e acima de tudo consumista, um vício que às vezes parece muito com a síndrome de Diógenes. Daquela viagem de dois meses pela Austrália, voltei com vinte livros na mochila, alguns dos quais desapareceram na peneira de minhas mudanças sem ter sido lidos, folheados, nem mesmo abertos.

Como eu dizia: no dia seguinte fui à Gleebooks, mas comprei os dois livros fundamentais da viagem em uma livraria qualquer. Devemos distinguir entre as grandes livrarias do mundo e as livrarias de urgência. Claro, são estas que nos nutrem com a maioria das leituras necessárias, aquelas que não podem esperar, aquelas que irão nos entreter durante um voo ou uma viagem de trem, as que permitem que você compre um presente no último momento, as que lhe fornecem – no mesmo dia em que foi distribuído – o livro que você estava esperando. Sem as livrarias de urgência, as outras não existiriam, não teriam sentido. Uma cidade tem de ser uma trama de comércios de livro: da banca de jornal à livraria principal, abre-se uma variedade de livrarias modestas e médias, de redes de livros, de seções de best-sellers em supermercados, de sebos, de livrarias especializadas em cinema, quadrinhos, romances policiais, livros universitários, meios de comunicação, fotografia, viagens.

Cheguei ao número 49 na Glebe Point Road, naquela casa de estilo colonial com sua varanda de silicato sustentada por colunas metálicas, porque meu guia a destacava como a livraria australiana por antonomásia, vencedora em várias ocasiões do prêmio de melhor estabelecimento do país. Era julho de 2002 e este livro, apenas um projeto entre tantos outros. As notas dessa visita, ancoradas no tempo, agora contrastam com o site da livraria, constantemente atualizado. "Fundada em 1975", leio na minha caligrafia de então. "Estantes de madeira", leio:

"Aparentemente caótica (há até livros no chão). Os fundos têm vista para um pátio rudimentar e arborizado. Grande quantidade de literatura australiana, anglo-saxã e traduzida. Eles vendem Moleskines. Mural com capas de livros com dedicatórias de seus autores. Loft encantador, acarpetado como o andar de baixo, com muita luz natural, ventiladores e vigas de madeira, com o telhado à vista. Edição do romance de Carey sobre os Kelly, imitando papel e tipografia antigos. Revisteiro atualizado.

No loft são realizados os eventos literários. Eu folheio *Carrion Colony* [Colônia da Carniça], um romance de humor absurdo sobre uma penitenciária do século XIX."

*A verdadeira história do bando de Ned Kelly*, de Peter Carey, foi publicada em tradução de Enrique de Hériz alguns meses antes de minha viagem. Mostrando mais uma vez sua capacidade de alternar vozes, o escritor australiano assume a primeira pessoa de Ned Kelly, órfão, ladrão de cavalos, pioneiro, reformista, assaltante e policial, Édipo, reencarnação de Robin Hood no fim do mundo. Ou seja: uma tradução dos mitos europeus em um país que, para se inventar como nação, ignorou a cultura local, milenar e complexa, ao mesmo tempo que tentava exterminar ou assimilar os nativos. Como todas as livrarias australianas, a Gleebooks evidencia em sua distribuição física a ferida não cicatrizada que percorre como um rastilho de pólvora a ilha continente: uma seção é chamada de "Estudos Aborígenes" e outra de "Estudos Australianos", porque existem duas Austrálias que se sobrepõem em um só mapa e cada uma delas defende seus próprios limites.

Não há mais livrarias australianas em meu arquivo daquela viagem: nenhuma das que visitei em Brisbane, Cairns, Darwin ou Perth parecia particularmente sedutora para mim. Consegui os principais títulos para minha pesquisa sobre a emigração espanhola do outro lado do planeta, em lojas de museus. Dez anos depois, visitei Melbourne e tive a oportunidade de conhecer suas duas principais livrarias, que me pareceram memoráveis: a Reader's Feast Bookstore, em cujas poltronas descobri a literatura aborígene contemporânea através de Tara June Winch, e a Hill of Content, sem dúvida minha favorita, tanto por seu texto quanto pelo contexto. Toda a cidade agora é articulada através do culto ao café, de modo que as livrarias parecem apêndices desse ritual, cujos tempos estão completamente relacionados aos da leitura. A menos de cem metros da Hill of Content ficam o Pellegrinis, um antigo café e restaurante italiano que é uma autêntica instituição de Melbourne, e o Madame Brussels, um restaurante sofisticado no terceiro andar do prédio em frente, misto de antiguidade vintage (na cozinha, a proprietária falava em dialeto com seu assistente) e modernidade retrô (apenas a louça do Madame Brussels é realmente antiga): foi ali que comecei a ler *Under the Sun* [Sob o sol], as cartas de Chatwin, e *Travels* [Viagens], a antologia de crônicas de viagem de Bowles, ambas recém-editadas e ainda invisíveis em minhas livrarias de Barcelona e, por outro lado, expostas na vitrine de uma das livrarias do fim do mundo.

Os capuccinos que servem em Melbourne e sua férrea insistência na hora do chá, o cultivo de excelentes vinhos e as casas de banho de suas praias, a vida na rua e as Arcades restauradas: tudo pode ser lido como um vaivém entre um estilo de vida mediterrâneo, europeu, até internacional, e certa resistência a abandonar o passado colonial britânico, o legado da Commonwealth. O mesmo ocorre na África do Sul: os mesmos capuccinos, a mesma hora do chá, vinhos igualmente bons, as mesmas cabanas multicoloridas, a vida contemplativa que a maioria das cidades do mundo agora compartilha, as mesmas passagens (e, no fundo, o mesmo extermínio). No estabelecimento mais pitoresco da Cidade do Cabo, a The Long Street Antique Arcade, a livraria e o café são vizinhos dos antiquários e das lojas de objetos militares, em uma miscelânea que você encontra em todas as galerias urbanas do antigo Império Britânico.

Qual foi a primeira coisa que fiz quando desembarquei em Joanesburgo, em setembro de 2011? Claro, perguntar pela melhor livraria da cidade. Pude visitá-la apenas em meu último dia, quando, a caminho do aeroporto, pedi ao motorista de táxi que parasse o tempo suficiente para que eu a conhecesse. Tratava-se da Boekehuis, especializada em literatura em africâner, a única livraria que conheço que ocupa uma aldeia inteira, cercada por jardins e protegida por um muro e uma guarita. Centenário, estilo colonial, o prédio era a residência da filha de Bram Fischer, um proeminente ativista antiapartheid. As lareiras não são mais usadas, mas o ambiente ainda é familiar, a cafeteria é uma espécie de oásis e os tapetes da seção infantil recebem contadores de histórias nos finais de semana. Agora que eu já tenho a biblioteca de que preciso, e que posso carregar livros armazenados em meu tablet, só compro durante minhas viagens aqueles títulos que realmente podem ser úteis, aqueles livros que não são facilmente encontrados em minha cidade e que eu realmente quero ler. De maneira que na Bodkehuis não comprei nada. E também não fiz isso na The Book Lounge, a melhor livraria da Cidade do Cabo.

Levava na maleta *Mantis religiosa*, de André Brink. O romance é uma reescritura de uma história real situada no alvorecer nebuloso do país, a do arruaceiro Cupido Cucaracha, que se tornou um fervoroso missionário e experimentou em sua carne negra os conflitos que atacariam o futuro da África do Sul. Tanto *A verdadeira história do bando de Ned Kelly* como vários livros de J. M. Coetzee trabalham com a mesma estratégia: a do manuscrito encontrado e reescrito, a do diálogo com a matéria textual do passado. A revisão das origens obscuras da pátria se encontra nas próprias origens de Coetzee como romancista: desde seu primeiro livro, *Dusklands*, cuja primeira parte, "O projeto Vietnã", começa assim: "Meu nome é Eugene Dawn. Não posso fazer nada a esse respeito. Vou começar, então"; e cuja segunda parte, "A narração de Jacobus Coetzee", em que J. M. Coetzee aparece como tradutor, se inicia assim: "Cinco anos atrás, Adam Wijnand, bastardo – não há vergonha nisso –, empacotou sua bagagem e viajou a pé para o território dos korana". *Desonra* poderia ser traduzido como *Vergonha*. Pouco antes de minha viagem à África do Sul, tinha lido *Estética de laboratório: Estratégias das artes do presente*, de Reinaldo Laddaga, um daqueles bons livros de ensaios, como *La República de las Letras* [A República das Letras] ou *Atlas de la novela europea* [Atlas do romance europeu], em que o autor não se concentra em uma língua ou área geográfica concreta, mas tenta desenhar um mapa-múndi, pois a literatura não pode ser entendida a partir de uma fé anacrônica nas fronteiras. Ao contrário de seus livros anteriores, onde Laddaga falava sobre a literatura latino-americana, em seu novo título relacionava o espectro da literatura atual que sinto que está em uma frequência semelhante à minha (Sebald, César Aira, Sergio Chejfec, Joan Didion, Mario Levrero, Mario Bellatin), com autores de outros âmbitos da criação contemporânea, como a música ou as artes visuais. Um dos capítulos versa sobre um aspecto de *Desonra* que, apesar de minhas reiteradas leituras, tinha passado despercebido. David, o protagonista, tenta compor uma ópera durante todo o romance, a história de Byron na Itália, e a história termina com uma imagem desoladora: a do personagem afinando acordes em um antigo banjo de sua filha, pensando se um cachorro moribundo poderia fazer com a garganta o lamento de que a obra necessita, sentado em uma poltrona velha, sob a proteção de um guarda-sol de praia, com uma África negra e incompreensível que se expande até onde alcança seu olhar, que não se expressa em inglês nem conhece os mitos e as línguas da Velha Europa. Nessa composição que obceca David durante todo o romance, sustenta Laddaga, encontra-se a semente de todos os livros posteriores de Coetzee: páginas escritas a partir de materiais pobres, como notas, diários, entrevistas e cartas, sem o prestígio *do literário*, ensaios frustrados, tentativas de refinar uma música que não pode ser sublime, onde o alter ego do escritor aparece em cena expressando sua incapacidade de enunciar no século XXI uma história completa e perfeita.

Tão parecida com a Hill of Content, a Livraria da Travessa ou a Eterna Cadencia que poderiam até ser irmãs, a The Book Lounge é uma livraria encantadora, com mesas grandes de madeira e sofás e um subsolo com tapetes que dão vontade de morar ali. Sua estética é absolutamente clássica e, portanto, familiar; mas percorrê-la significou encarar um enigma. Porque observando os livros, prateleira por prateleira, encontrei lacunas. O primeiro foi Paulo Coelho: seus romances e livros de autoajuda não estavam lá, e um pequeno cartaz avisava sobre isso. O segundo foi Gabriel García Márquez. O terceiro, Coetzee. Nos três casos, o mesmo sinal com a mesma mensagem: "Pedir seus livros no balcão". O que teriam em comum Coelho, García Márquez e Coetzee? A livreira conversava com um amigo e fiquei com vergonha de interrompê-los, então matei o tempo fotografando o lugar e folheando livros. Finalmente, ela se desocupou e pedi-lhe que me resolvesse o enigma. E ela explicou: eles são os três autores mais roubados. Os únicos que roubam. Então nós os guardamos aqui, ela disse, apontando pilhas de livros às suas costas. Pedi os de Coetzee. Não havia nenhum que eu não tivesse em casa, mas voltei a folhear seu discurso do prêmio Nobel, lindamente encadernado em capa dura pela Penguin e que eu adquiri anos atrás na Seminary Co-op. E procurei na edição que a Penguin Classics acaba de publicar de *Desonra*, com notas e dirigida a estudantes universitários, alguma referência à estética da precariedade, à ópera que David compõe como a semente de sua futura ficção, à pobreza de sua execução com um banjo fora de sintonia em uma casa habitada apenas por cães. Foi em vão.

*Verão: cenas da vida na província* é o livro onde aparecem com mais evidência as intuições de Laddaga. Sua análise chega até *Diário de um ano ruim*, mas é na última obra-prima de Coetzee, até agora, que ele teria atingido seu esplendor epifânico. Autobiografia muito ficcional, é um romance sem centro, sem clímax. E ainda lembro com intensidade peculiar a noite que John passa com sua prima dentro de uma van, uma cena poderosa como o turbilhão de Maelstrom, apesar de sua aparente indolência, seu verniz de inércia. Naquele momento, o leitor se sente no fim do mundo. É um sentimento forte: como atravessar a Austrália ou a África do Sul ou os Estados Unidos ou o Norte mexicano ou a Argentina, interromper o avanço das horas pela paisagem monótona, parar em um posto de gasolina ou em uma aldeia e de repente estar no meio do nada, dessa vertigem, em um posto fronteiriço a partir do qual olhar para o horizonte esperando os bárbaros que nunca chegam, essa angústia, que leva a uma questão inevitável: o que diabos estou fazendo aqui?

Na Patagônia, segui a trilha de Chatwin como em nenhum outro lugar no planeta Terra. Durante aquelas semanas, meu exemplar de Muchnik Editores de sua obra-prima foi engordando até se tornar uma pasta: à rugosidade dos sublinhados a lápis foram adicionados bilhetes de ônibus, cartões-postais e folhetos turísticos, como os da Estância Harberton ou o da Caverna do Milodón. Dois foram os momentos em que eu estive mais perto do autor de *Anatomia da errância*: quando entrevistei o neto de Hermann Eberhard ("De manhã fui passear com Eberhard sob uma chuva torrencial. Ele usava um casaco forrado de pele e observava ferozmente a tempestade usando um gorro de cossaco") em Punta Arenas, o qual me contou a estranha visita feita pelo escritor e biógrafo Nicholas Shakespeare, que em certo ponto da entrevista começou obsessivamente a falar em comprar dele uma velha geladeira, pois as colecionava, então a conversa foi desviando para o eletrodoméstico até monopolizá-la; e quando fiz uma caminhada por Puerto Consuelo em direção à lendária caverna e acabei perseguido por uma matilha e pulando cercas, porque o caminho era interrompido pela propriedade privada, e finalmente, morto de medo, de um trailer enferrujado transformado em casa saiu um homem sujo e rude para acalmar os cachorros do inferno. Chatwin, mitomaníaco: é impossível que você tenha feito tudo o que sustenta em seu livro e, mesmo assim, que efeito intenso de verdade irradia tudo o que você escreveu.

Qual foi a primeira coisa que fiz quando cheguei a Ushuaia na primavera de 2003? Visitei o Museo del Presidio e comprei em sua loja de suvenires *Uttermost part of the earth* [O último confim da terra], de E. Lucas Bridges, a história de sua vida no final de mundo, entre os *yaganes* (índios *caoneros*), os *onas* (caçadores nômades) e sua família de emigrantes britânicos (proprietários da fazenda Harberton, a primeira da Terra do Fogo). É um dos melhores livros de viagem que já li e a antítese do relato de Chatwin. À sua fragmentação, Bridges opõe a unidade. À sua superficialidade – própria da velocidade da maioria das viagens memoráveis –, uma profundidade que poucas vezes se viu na Tradição Inquieta: seu autor estudou o idioma dos aborígenes, tornou-se amigo deles, estabeleceu uma ponte entre ambas as culturas que *Na Patagônia* nem sequer se propõe a fazer entre a anglo-saxã e a hispânica. A verdade de Bridges é superior à verdade de Chatwin. Pode parecer estranho, mas é assim: a verdade literária tem seus graus, e a honestidade, incontrastável à medida que os fatos se afastam no tempo, pode conseguir que um livro penetre em sua mais profunda intimidade. Muitas vezes, o viajante vê o que nativo não é capaz de apreciar, mas não é a mesma coisa ser um turista no fim do mundo e tê-lo habitado.

Acho que o que senti em minhas rápidas estadas na Terra do Fogo, no Cabo da Boa Esperança ou na Austrália Ocidental, aquela pulsação do longínquo e da finitude, é o que os viajantes romanos e os peregrinos medievais sentiam ao divisar as distintas *finis terrae* de ressonâncias celtas em que a Europa Ocidental se debruça no mar. Depois de chegar a Santiago de Compostela, cidade universitária e, portanto, de comércio de livros e, portanto, de empréstimo de livros a cada final de curso desde 1495, os peregrinos continuavam por três ou quatro dias até chegar a Finisterre, em cuja praia queimavam as roupas de meses inteiros de peregrinação antes de começar o lento regresso para casa, também a pé.

Se há algo de que todas as religiões compartilham é a necessidade do livro, a ideia de que caminhar nos aproxima dos deuses e a convicção de que o mundo acabará. Para os antigos, essa certeza tinha uma tradução física: na verdade, chegado a certo ponto, alcançada determinada fronteira, não era possível ir mais longe. Para nós, que mapeamos todos os cantos do globo, que acabamos com o mistério do espaço, só nos resta certificar a extinção dos tempos.

Coube-nos viver o final muito lento do livro em papel, tão lento que talvez nunca aconteça de todo. E no entanto, em Bécherel, na mesma Grã-Bretanha em que nasceu o material ficcional que moldou Chrétien de Troyes e que foi tão digno de imitação, a poucos quilômetros do departamento francês de Finistère, visitei com o tradutor François Monti dezessete livrarias e galerias de arte ligadas à tinta e à caligrafia em uma única tarde. Faz parte de uma teia de aranha de povoados livreiros que pode parecer anacrônica, mas é impressionante. O primeiro foi Hay-on-Wye, no País de Gales, fundado por Richard Booth em 1962, que hoje tem 35 livrarias. Esses povoados existem na Escócia, Bélgica, Alemanha, Finlândia, França, Espanha e em Luxemburgo. Em Bécherel, antes de 1989, não havia um só estabelecimento de livros. Seu antigo esplendor têxtil se conservou na toponímia: rue de la Chanvrerie (ou do Cânhamo), rue de la Filanderie (ou da Fiação). As supostas residências dos comerciantes remetem aos séculos XV, XVI e XVII, quando essa área era exportadora do melhor linho da Bretanha. Na hospedagem em que ficamos, há uma roca e uma estante cheia de livros. Nunca vi tantas livrarias com o chão coberto de tapetes.

As casas são antigas, mas as livrarias de livros antigos são novas e a desordem é perfeitamente calibrada: uma cena retrô em uma arquitetura vintage. Com sua estufa decorada com esculturas metálicas e seus dois andares ao lado do jardim do presbitério, a Librairie du Donjon é uma das mais belas que visitei em toda a minha vida. No entanto, é difícil esquecer que estou fazendo uma operação turística. Que Bécherel é um parque temático do livro. A inversão de uma antiga dinâmica: a biblioteca, em plena crise econômica, com suas ludotecas e videotecas, está mais viva do que nunca; e a livraria, por outro lado, torna-se um museu como estratégia para sobreviver.

Ou desaparece: acabei de descobrir na internet que a Boekehuis fechou em janeiro de 2012.

Algumas livrarias, remotas se o raio for medido a partir de Barcelona, estão no fim do mundo. Mas todas, absolutamente todas, estão em um mundo que talvez chegue muito, muito lentamente ao seu final.

> Afinal, Riegal, você deve considerar que, quando as autoridades marítimas pediram guardiões para o Farol do Fim do Mundo, o número de aspirantes era tão grande que a escolha não foi fácil.
>
> — JULES VERNE,
> *O farol no fim do mundo*

# CAPÍTULO 12

# O SHOW TEM QUE CONTINUAR

> Mas a maior ambição do espetacular integrado continua sendo que os agentes secretos se tornem revolucionários e que os revolucionários se tornem agentes secretos.
>
> — GUY DEBORD,
> *Comentários sobre a sociedade do espetáculo*

EM VENEZA, também senti que terminava um dos muitos mundos que chamamos de *mundo*. Estávamos no início de dezembro e a maré alta transformava diariamente a Piazza San Marco em um reservatório de colunas duplicadas, em uma lagoa atravessada por turistas com galochas, em um naufrágio de mesas metálicas com pernas longas que o reflexo líquido transformava em pernas de garça metalizadas. Era o momento certo para visitar a Acqua Alta, o local que Luigi Frizzo transformou em uma das livrarias mais fotogênicas do mundo, com sua longa gôndola no meio da nave central, cheia de livros usados, e com uma sala lateral que inunda várias vezes por ano. Algumas tábuas me permitiram fotografar aquele terreno invadido pela maré, parte de uma cidade à deriva; e a escada de livros que Frizzo construiu no terraço me deu acesso a uma bela vista panorâmica do canal. A Acqua Alta não é apenas uma livraria: é uma loja de cartões-postais; é uma comunidade de gatos; é um armazém de barcos e banheiras cheias de livros e revistas; é um lugar onde você pode conversar com venezianos simpáticos que vão diariamente ali para conhecer turistas; é – acima de tudo – uma atração turística. Na porta, um letreiro dá as boas-vindas à "*Most Beautiful Bookshop in the World*". Na saída, com a memória do celular cheia de fotos, você compra um marca-páginas, um calendário, um cartão-postal, em suma, alguma história da cidade ou uma coleção de crônicas de viagem de seus ilustres visitantes, e assim você paga a entrada para o museu.

Existem muitas livrarias tradicionais e belas que não entraram em circuitos turísticos ou conseguiram se esquivar de seus cantos de sereia. A John Sandoe Books, de Londres, por exemplo, tem tudo o que um fotógrafo aficionado quer: sua fachada junta três edifícios do século XVIII em uma imagem pitoresca única, com aquelas vitrines de madeira escura e os vidros que refletem as nuvens; e seu interior em três andares – com 20 mil volumes empilhados nas mesas ou dispostos nas prateleiras deslizantes, com escadas que vão para cima e para baixo conectando o subsolo poético e infantil com os outros ambientes – está cheio de cantos ideais para serem clicados. Mas esse corpo precioso tem alma. Percebi isso quando estava quase indo embora, depois de ter folheado vários livros sem me decidir por nenhum. Como faço sempre, perguntei no caixa se tinham alguma publicação que contasse a história da livraria. Então Johnny de Falbe – que, eu li mais tarde, trabalha lá desde 1986 e também é um romancista – começou a fazer mágica. Como se se tratasse de um anzol, primeiro me deu um pequeno livro delicioso, *The Sandoe Bag. A Miscellany to Celebrate 50 Years* [A sacola de Sandoe: uma miscelânea para celebrar 50 anos]. Enquanto eu olhava, notei um livrinho em que não havia reparado, exposto atrás dele: *The Protocols of Used Bookstores* [Os protocolos dos sebos], de David Mason, que comprei por cinco libras. Continuamos conversando sobre o autor, um livreiro canadense, e de repente De Falbe desapareceu – como faz em algum momento todo mago que se preze –, para reaparecer em seguida trazendo o *The Pope's Bookbinder* [O encadernador do papa], as memórias de Mason, recentemente importadas de Ontário, onde ele diz que, antes de se tornar um dos grandes livreiros da América do Norte, morava no Beat Hotel, com Burroughs datilografando furiosamente no quarto ao lado, e que ele se refugiou mais de uma vez na Shakespeare and Company de Whitman; quando voltou para o Canadá, viu sua vocação de livreiro germinar por dentro. Com prazer comprei esse livro que não sabia que queria por mais 25 libras. Da Acqua Alta, no entanto, saí sem comprar nada.

No café da livraria Laie, na rua Pau Claris de Barcelona, há duas fotografias da Shakespeare and Company original: uma da fachada e outra do interior, com Joyce conversando com suas editoras em torno de uma mesa. À direita estão dezenas de retratos de escritores pendurados na parede, acima da extinta lareira. É uma pinacoteca em miniatura, um resumo da história da literatura, um altar de idolatria. Monnier diz sobre La Maison des Amis des Livres: "Era uma livraria sem pinta alguma de loja, sem que fosse nossa intenção; não podíamos nem imaginar que ao longo do tempo nos elogiariam tanto pelo que, para nós, parecia precário e improvisado". Sylvia Beach comprou os sofás de sua livraria no mercado de pulgas, onde possivelmente também Whitman adquiriu depois os dele (quem sabe não seriam os mesmos). Steloff levou, em um carro puxado por cavalos, os quatro móveis e os poucos livros com que nutriu pela primeira vez sua livraria. Quando esse aspecto supostamente descuidado dura décadas, torna-se um traço de estilo e em uma parte da marca. Porque a essência do turismo é o eco, e uma livraria clássica, com seu verniz de antiguidade, deve aparentar certa desordem, a acumulação de estratos que a vinculam com o que o tópico identifica com a Grande Tradição do Conhecimento: esse aparente caos que vai revelando sua ordem. Também na entrada da Acqua Alta você encontra os produtos de alcance local e, à medida que penetra nos diferentes ambientes, apesar da bagunça e do pó, vai decifrando o sistema de classificação do qual nenhuma livraria pode se emancipar.

Como ela, a Bertrand original, a Lello, a Librería de Ávila, a City Lights, a Librairie des Colonnes ou a Shakespeare and Company tornaram-se museus de si mesmas e do fragmento da história da cultura que representam, sempre com mais fotografias de escritores – como ícones representativos da letra impressa – do que de filósofos ou historiadores. É por isso que se fala, injustamente, de *livrarias literárias*.

Com exceção da de Lisboa, são também museus da livraria única, sem sucursais, sem clones. A transformação da City Lights em atração turística acontece praticamente em tempo real, no âmbito de uma cultura obcecada com *a distinção* e com o ritmo acelerado de mitificação próprio do pop. A primeira Shakespeare and Company fazia parte do circuito da American Express, e o ônibus cheio de turistas parava alguns minutos na rue de l'Odéon para que tirassem fotos do lugar onde Joyce publicou seu célebre romance, frequentado por Hemingway e onde se realizou o glamouroso casamento de Fitzgerald. Nas listas que proliferaram nos últimos anos em jornais e páginas web – das mais belas livrarias do mundo, ou das melhores –, costumam aparecer todas elas ao lado de outras que imitam esse desalinho, essa imagem boêmia, essa importância histórica. É o caso da Another Country, de Berlim, clube de leitura e sebo de títulos em inglês. A Autorenbuchhandlung, com seu gosto requintado pelas coleções de poesia ou seu café literário, e a vizinha Bücherbogen, cinco construções paralelas consagradas aos livros sobre arte e cinema contemporâneos, ambas na Savignyplatz e ambas sob os trilhos do trem, são as melhores livrarias da cidade e as mais belas. A lista *Livraria dos Autores* materializa um ideal clássico de livraria contemporânea. A *Empréstimo de Livros*, um ideal *espetacular*: seu interiorismo sintoniza perfeitamente com o conteúdo dos volumes que compõem seu acervo. A *Outro País*, ao contrário, se limita a reproduzir em pequena escala o imaginário da livraria antiga, empoeirada e transformada em albergue, o que deu a Whitman bastante dinheiro, com uma geladeira cheia de cervejas e estudantes norte-americanos, noites passadas em claro ou com ressaca, que liam deitados nos sofás. Sua presença nas listas se deve a dois motivos: que pode ser conhecida (e reconhecida) em inglês (e os jornalistas que fazem esses cânones são geralmente anglo-saxões); e que pode ser condensada em uma única imagem (é *pitoresca*, responde ao que reconhecemos a partir da pintura, das impressões, das fotografias que circulam globalmente e que tendem a se repetir, isto é, a perpetuar-se através do mecanismo básico que regula o turismo e a cultura: a imitação).

Essas listas são geralmente lideradas por uma livraria que ainda não consegui visitar, a Boekhandel Selexyz Dominicanen de Maastricht, cujas prateleiras e mesas de lançamentos são acolhidas por uma *espetacular* estrutura gótica, a de uma *autêntica* igreja dominicana, reconvertida em 2007 pelos arquitetos Merkx e Girod em um templo do que em nossa época se entende por *cultura*. Para aproveitar a altura da nave, eles dispuseram três andares metálicos, com as escadas correspondentes, que sobem com as colunas para o alto: o lugar da luz e do velho Deus. A ironia dispõe no final da nave uma mesa em forma de cruz, no espaço do altar vazio, como se o ritual da comunhão fosse apenas leitura (a ingestão se desloca para a cafeteria próxima). Quatro anos depois, os mesmos arquitetos mexeram na fachada, que é a original, com uma porta de cor de ferro que aberta, parece um tríptico e, fechada, uma caixa ou um armário. Não há dúvida de que se trata de uma obra--prima da arquitetura e do design de interiores, mas não é tão claro que seja uma livraria extraordinária. Fecha às seis da tarde e o acervo é quase exclusivamente em holandês. Mas não importa: na circulação global da imagem, o continente é muito mais relevante do que o conteúdo. O pitoresco é mais importante do que o idioma que leva à leitura. O divórcio entre a comunidade de leitores que permite a existência da biblioteca, por um lado, e a dos turistas que a visitam apenas ocasionalmente para fotografá-la, por outro, constitui uma das características fundamentais da livraria do século XXI. Porque até agora a livraria se tornava atração turística quando se avaliava sua relevância histórica e sua condição pitoresca; mas nos últimos anos o compromisso arquitetônico, sua capacidade de sedução midiática, quase sempre vinculada à grandeza e ao excesso, se tornaram um rótulo talvez mais decisivo do que os dois tradicionais.

Quero enfatizar estes três conceitos: o de espetáculo, o de autenticidade e o de cultura. Se durante o século XX a construção de óperas, teatros, auditórios, complexos culturais, museus, estádios esportivos, centros comerciais e bibliotecas aspirava ao modelo de catedral contemporânea, foi no século XXI que essa tendência se firmou no campo das livrarias. A primeira – em segundo lugar na maioria das listas, depois de perder seu primado quando a Selexyz foi inaugurada – foi a El Ateneo Grand Splendid, que remodelou em 2000 o interior de um cinema-teatro da avenida Santa Fe de Buenos Aires, inaugurada em 1919, conservando sua cúpula pintada a óleo, seus balcões, varandas e o palco com cortina em tecido granada. A iluminação é portentosa, três andares de lâmpadas em círculo comunicam o sentimento de estar ao mesmo tempo no interior de um monumento e em plena execução de um espetáculo ininterrupto, no qual o protagonismo não recai em clientes ou livreiros, e sim no próprio recipiente que os recebe. Faz parte da rede Yenny e não tem um acervo particularmente notável, mas assegura uma experiência turística, tanto para visitantes ocasionais quanto para vizinhos e leitores assíduos. Proporciona a experiência de estar em um lugar único, embora a oferta seja idêntica ao resto das lojas da rede. Enquanto a Fnac é clonada dentro de qualquer edifício histórico, transformando o Palácio da Bolsa de Nantes em um espaço idêntico ao do metrô do Centro Comercial Arenas em Barcelona, mas no exterior continuam parecendo – respectivamente – um edifício neoclássico e uma praça de touros, a El Ateneo Grand Splendid demonstra que a singularidade é mais procurada no mercado simbólico do turismo virtual (a imagem) ou físico (a visita).

Não duvido de que, em um dos extremos do bairro de Palermo, na mesma Buenos Aires, a Eterna Cadencia seja uma livraria melhor e provavelmente também mais bonita que a El Ateneo Grand Splendid. Chão de madeira, mesas e poltronas majestosas, excelente acervo distribuído em estantes que cobrem completamente as paredes, um café encantador em um pátio remodelado onde se realizam todos os tipos de eventos literários, a atividade editorial do selo homônimo, as lâmpadas que o transportam para as livrarias dos filmes. Clássica e moderna, como a livraria Clásica y Moderna da avenida Callao, como a Guadalquivir, a poucos passos de distância e especializada em editoras espanholas, de estilo semelhante ao que a Eterna Cadencia reeditou em pleno século XXI. Nas três encontramos o mesmo estilo sóbrio, cuidadoso nos detalhes, tradicional, de algumas das grandes livrarias nascidas nos anos 1980 e na década de 1990, como a Laie, a Robinson

Crusoe 389 ou a Autorenbuchhandlung. E de outras que abriram suas portas na última década, como a The Book Lounge, porque sobre gostos há muita coisa escrita e nossa época é caracterizada pela multiplicidade deles.

O projeto da livraria La Central de Barcelona pode ser visto como uma possível migração das tendências do último quarto do século XX às do século XXI, desde que não esqueçamos a importância da *singularidade*. Sua primeira loja abriu as portas na rua Mallorca em 1996 e seu design é intimista, adaptado ao ser humano (o corpo do leitor), semelhante ao das que acabei de citar. A segunda, La Central del Raval, inaugurada em 2003, tem sintonia com a Selexyz e a El Ateneo Grand Splendid, ao reconverter a Capela da Misericórdia do século XVIII em um ambiente livresco, respeitando a arquitetura original e, portanto, sua monumentalidade, seus tetos altos que diminuem o homem. Mas existe nela uma sobriedade monástica, uma moderação que desapareceu na que poderia ser vista como a terceira fase de um projeto não premeditado: a La Central de Callao, em Madri, inaugurada em 2012, reformou completamente uma propriedade palaciana do início do século passado, conservando sua escadaria de madeira, suas paredes de tijolo aparente, seus tetos de cerâmica e madeira, seus pisos de azulejo hidráulico e até a capela pintada, e a tudo isso acrescentou, além das prateleiras e dos milhares de livros, um restaurante, um bar e uma exposição permanente de todos os tipos de objetos relacionados direta ou indiretamente com a leitura, como cadernos, lâmpadas, sacolas ou canecas. Embora os tetos de cada um dos três andares fossem relativamente baixos, o altíssimo pátio interior, com sua monumental sopa de letras, inseria o espaço em uma das principais tendências de nosso século: uma grandeza que permitia à livraria competir com os outros ícones culturais da arquitetura contemporânea. Infelizmente, em 2023 a livraria teve que se mudar para um local próximo, menor.

Depois da abertura, um de seus proprietários – junto com Marta Ramoneda e Maribel Guirao –, o livreiro Antonio Ramírez, que encarna a tradição do livreiro nômade (seu percurso vital lembra o de Bolaño: colombiano de origem, começou no ofício das livrarias na Cidade do México e se aperfeiçoou na La Hune de Paris e na Laie de Barcelona antes de abrir seu próprio negócio), publicou um artigo intitulado "Imagine a futura livraria", onde afirmou:

> "Talvez só seja possível se nos situarmos em sua dimensão insubstituível: a densidade cultural que encerra a materialidade do livro de papel; ou, para dizer de outra maneira, pensando na livraria como o verdadeiro espaço para o encontro efetivo de pessoas de carne e osso com objetos materiais dotados de uma aparência singular, de peso e forma únicos, em um momento preciso."

E depois listava as características desse espaço do futuro que já tem de ser, embora parcialmente, presente. Ramírez fala sobre uma arquitetura para o prazer e a emoção, que anula qualquer barreira entre o leitor e o livro e convenientemente hierarquiza a oferta, em que o livreiro atua como coreógrafo, meteorologista, hiperleitor ou mediador, e organiza os elementos afetiva e efetivamente para estimular a memória do leitor e catalisar sua escolha – a compra – para a direção que mais prazer possa lhe dar.

Embora predominem as cadeias de livrarias que clonam o design de seus interiores, há duas mexicanas que se destacam justamente pelo oposto: as livrarias do Fondo de Cultura Económica e as da El Péndulo. A primeira é uma rede latino-americana, com lojas tão meridianamente espetaculares como a do Centro Cultural Gabriel García Márquez de Bogotá, inaugurado em 2008 e com 1,2 mil metros quadrados de espaço, ou a do Centro Cultural Bella Epoca da Cidade do México, dois anos mais nova e alguns poucos metros menor. Enquanto aquela e o complexo do qual faz parte foram criados do zero pelo arquiteto Rogelio Salmona no centro histórico da capital colombiana, a livraria Rosario Castellanos faz parte da remodelação do Lido, um cinema emblemático dos anos 1940, efetuada por Theodore González de León. Trata-se de uma nave de catedral, de extrema brancura, em que as estantes e sofás foram dispostos como um hieróglifo faraônico. O céu da livraria foi desenhado pelo artista holandês Jan Hendrix e representa uma escritura vegetal. Claro que também há um café em seu interior, mas ocupa um espaço mínimo.

A primeira livraria El Péndulo, por sua vez, abriu as portas no bairro de La Condesa nos anos 1990 deixando clara a fusão de livraria e café, o que seria acompanhado pela hibridação da sala de concertos com a escola literária, em sintonia com os centros culturais que foram proliferando no mundo ocidental durante aquela época, prefiguração da resposta principal que a livraria dará à ameaça digital. Uma palavra se torna um emblema da mescla: *café-livraria*. A livraria como local de encontro, de reuniões de negócios, de aulas particulares, de eventos, em um contexto sutilmente mexicano (as toalhas de mesa, a vegetação). Ao longo dos anos, eles foram abrindo lojas até chegar a seis, que mantêm um estilo único, embora tenham se adaptado às características de cada espaço. No de Polanco, por exemplo, o restaurante, a livraria e o bar têm praticamente a mesma importância em termos de metros quadrados, mesmo que sejam as estantes de livros as responsáveis pela criação de um elo, de dar *o tom*, de criar harmonia entre as diferentes seções de produtos culturais: música, cinema, séries de televisão, livros de arte... No da Colonia Roma essa interconexão é feita pela parede de fundo da livraria, transformada em uma hiperbólica estante cheia de livros que acompanha as escadas até o primeiro andar e o terraço, e que evoca os jardins verticais de Patrick Blanc. Na Péndulo do Sur é um enorme lustre violeta que ecoa arte contemporânea. No de Santa Fe encontramos, por sua vez, alguns murais que recordam Miró e a arte pré-colombiana. Há uma imagem corporativa comum, mas flerta com as características da identidade do design particular, não em vão memoráveis, além de cool.

Não há dúvida de que a livraria de grandes dimensões é uma tendência importante em nossa época, na interação com a instalação e outros dispositivos próprios do design e da arte contemporâneos, que se tornam visíveis principalmente em superfícies maiores: certas paredes e, sobretudo, os tetos. Além de em Buenos Aires, Maastricht ou Cidade do México, encontramos projetos similares nascidos também em nosso século nos Estados Unidos, em Portugal, na Itália, Bélgica e China. A livraria The Last Bookstore ocupa a antiga sede de um banco do centro de Los Angeles e preserva a gigantesca colunata original: o balcão foi feito exclusivamente de livros e todo o espaço é ambientado pela escultura de um grande peixe, também feito com centenas de volumes. O antigo armazém industrial do bairro lisboeta de Alcântara que abriga a Ler Devagar, que preserva – intacta e enferrujada – a impressora industrial dos velhos tempos e também tem ao fundo uma grande parede cheia de livros, é continuamente sobrevoada por uma bicicleta com asas que abrem e fecham como um lento aplauso. Aplaude-se um projeto inigualável no mundo livreiro. Após duas lojas anteriores, uma no Barrio Alto e outra em uma antiga fábrica de armas, a Ler Devagar é atualmente a livraria com mais livros de Portugal, uma sociedade anônima com 140 sócios que não recebem lucros de seu investimento, que investem um dinheiro quase perdido em livros, porque todos os livros da sede principal e das que há em outros pontos no país são comprados. É uma grande biblioteca com livros à venda, que convida você a ler devagar. É também um centro cultural de primeira magnitude, um lugar onde as coisas sempre acontecem: não consigo pensar em uma definição melhor da livraria ideal. As plataformas brancas que compõem o teto da Bookàbar, a livraria e café do Palazzo delle Esposizioni em Roma, foram inclinadas e perfuradas como se fossem esculturas suprematistas. Uma instalação de livros que, amarrados com fios, pendem do teto preside a visão da Cook & Book, em Bruxelas. No caso da The Bookworm, em Pequim, era um toldo gigantesco laranja que combatia o *horror vacui*. Porque se trata, na realidade, de humanizar o espaço, de reduzir a vertigem desses metros cúbicos que separam as paredes, de dissimular a altura dos tetos que remetem a uma escala que não é humana, e sim fabril.

A maioria dessas livrarias do século XXI tem uma ou duas cafeterias, quando não um restaurante, que se inscrevem harmonicamente nesse conjunto variado em que os livros atuam como um fio de Ariadne. A decoração, o mobiliário, a seção infantil disfarçada de ludoteca ou o diálogo entre diferentes cores e texturas remetem a um design de interiores emocional cujo objetivo é prolongar a permanência do cliente na livraria, até se tornar uma experiência que envolve todos os sentidos e as relações humanas. Penso que o minimalismo é mais do que um recurso estilístico: pode ser lido como uma declaração de intenções. Uma hierarquia em três níveis é estabelecida. No superior se encontra a arquitetura, quase sempre dominada pelas linhas retas, num espaço tão amplo que acaba por se impor sobre aquilo que o povoa, mas não o preenche, minúsculo como uma carta. Em um nível intermediário encontramos o protagonismo das escadas, das janelas, vitrines, murais, esculturas, do mobiliário de época, lâmpadas, com os quais se tenta reduzir a intensidade de um espaço que muitas vezes foi concebido com outros tipos de funções sociais e foi reciclado, reconvertido. No nível inferior, pequenos, mínimos, se exibem os livros, que são o motivo de toda a estrutura, mas que nela, por sua magnificência, pela iluminação, pela condição de galeria de arte ou armazém vintage, não podem ter a importância que tiveram ao longo do século xx, quando as livrarias eram feitas em sua medida, que é a de nossas mãos e nossos olhos.

A livraria, então, torna-se uma possível metáfora da internet: como na rede, os textos ocupam uma área significativa mas limitada, pequena em comparação com aquela invadida pelo visual e, acima de tudo, pelo indefinido e o vazio. Como no ciberespaço, onde as coisas sempre acontecem, a grande maioria das quais é invisível, o visitante dessas livrarias multiespaciais está ciente de que na área dos livros infantis estão contando histórias, que uma cantora e compositora está cantando na cafeteria, que naquela manhã eles mudaram a mesa de lançamentos ou a vitrine, que em um momento a apresentação de um livro começará, que no restaurante há um novo cardápio de sobremesas ou que as oficinas literárias do primeiro trimestre estão quase terminando. Como no virtual, estamos testemunhando novas formas de socialização, de redes sociais; mas as livrescas insistem no contato pessoal, na plenitude dos sentidos, na única coisa que a internet não pode nos oferecer.

A proposta da 10 Corso Como torna essas intenções claras, através da etiqueta do *slow shopping*, que é a chave da livraria espetacular. Quanto mais você estiver física ou mentalmente no ambiente da loja, mais compra e mais consome. Embora a rede italiana tenha filiais em Seul e Tóquio, apenas na sede de Milão, à fusão de hotel, café-restaurante, jardim, galeria de arte, loja de roupas e design é adicionada uma livraria. Se no Complexo Trasnocho Cultural de Caracas, inaugurado em 2001, o centro de gravidade ainda recai em um cinema, em torno do qual se articulam os espaços gastronômicos, artísticos ou livrescos (a livraria El Buscón), como prolongamento de uma tendência do século XX que era, no entanto, minoritária, porque nos centros comerciais as salas multiplex tendem a estar no último andar e as livrarias são mais uma das lojas, sem qualquer tipo de singularidade ou prestígio; na 10 Corso Como, o núcleo é composto da restauração e a hotelaria, em torno das quais encontramos dois satélites culturais que, com sua presença, legitimam a intenção de atividade cultural do conjunto. A Ler Devagar faz parte do LX Factory, um centro comercial alternativo e ao ar livre, em um polígono industrial reconvertido, onde também as galerias de arte convivem com bares e restaurantes. A livraria da 10 Corso Como nem tem outro nome além deste: *livraria* ("Book and Design Shop"); porque não se pode entendê-la fora desse conjunto glamouroso. Na época em que a gastronomia alcançou reconhecimento artístico, a experiência cultural vê seus limites ampliados, que se desdobram em uma experiência turística que engloba todas as formas do consumo cultural. Algo semelhante aconteceu desde a origem da modernidade: quando Goethe viajava pela Itália, suas visitas a livrarias faziam parte do *continuum espacial* que configura todos os deslocamentos, juntos com as igrejas, as ruínas, as casas de eruditos, os restaurantes ou os hotéis. Tanto a viagem como as livrarias despertaram o prazer desde sempre.

O prazer intelectual se confunde com o voluptuoso. Mais do que nunca na livraria atual, que aprende com o sucesso das lojas dos museus de arte contemporânea, onde os acervos são apenas parte da oferta, muitas vezes nem mesmo a mais significativa, juntamente com as joias, os brinquedos, as roupas e, em geral, o design industrial. O objetal condensa um atrativo que se intensifica graças a esse contexto minimalista que destaca cada peça em suas virtudes únicas. Muitas vezes encontramos, como me aconteceu com o bule de Pequim, a mesma camisa ou a mesma caneca em outra loja, a um preço mais baixo, mas então sem o prestígio conferido pelo Pompidou ou o MoMA. Já não é *exatamente* o mesmo objeto. Se estivesse apenas uns metros além, dentro do marco da exposição, não podíamos tocá-lo, mas na loja sim, podemos fazê-lo. Ao contrário do museu ou das bibliotecas mais importantes, na livraria tudo pode ser tocado. E comprado. A margem de lucro com os objetos de presente é muito maior do que no caso dos livros. As novas livrarias sabem muito bem que o tátil é um valor agregado em sua oferta: o lugar não pode justificar sua existência apenas como a localização física da venda eletrônica, tem o dever de oferecer nela tudo o que sua home page não pode satisfazer.

E isso necessariamente envolve o luxo. Porque a visita a uma livraria marcada por sua história ou arquitetura, por seu design de interiores ou seu acervo editorial nos marca como sujeitos luxuosos, membros de uma comunidade diferente daquela que consome cultura nos centros comerciais e nas redes majoritárias. Paul Otlet, em seu *Tratado de documentação* de 1934, escreveu: "O conforto rivaliza com o luxo e a beleza nas salas de venda. Ambiente refinado, salões confortáveis, flores frescas. Algumas livrarias como as da Brentano's, Scribner ou Macmillan são verdadeiros palácios". Pelo menos desde a livraria The Temple of the Muses do século XVIII existiram as livrarias megalomaníacas. A política dos salões do século XVIII foi regulada precisamente pelo refinamento, por um gosto aristocrático refinado. Na democracia, multiplica-se exponencialmente aquele sonho dos trovadores: que o pertencimento do leitor às comunidades de maior excelência de sua época depende de sua cultura, formação, capacidade artística, e não de seu poder aquisitivo ou seu sangue. No entanto, a verdade é que, para valorizar e interpretar a arquitetura, o design ou a oferta das livrarias espetaculares, se necessita de uma educação que é paga com dinheiro, e não é qualquer um que pode pagar as viagens que permitem conhecer as livrarias que ocupam um lugar proeminente nos guias turísticos. Então, como em todos os cenários turísticos, nelas convivem diferentes graus de consciência ou aprofundamento e várias ficções de classe, tantas quantos cérebros e olhares nesse momento passam por elas.

Em outro livro antigo, *A Life of Books* [Uma vida de livros], Joyce Thorpe Nicholson e Daniel Wrixon Thorpe deixam claro que os livreiros australianos da década de 1970 estavam cientes da importância de ter suas instalações ligadas a isso que os autores chamam de *"trendy appearance"*. Mencionam a livraria Angus & Robertson de Sydney, que, ao se mudar para uma nova sede, decidiu pintar cada andar de uma cor diferente; a Angus & Robertson da Austrália Ocidental, que se mudou para um hotel e taberna de época e começou uma campanha a partir do binômio "livros e cerveja"; e a livraria Abbey's Henry Lawson's Bookshop, no subsolo do Hilton Hotel de Sydney, com suas estantes de madeira negra e sua impressionante oferta de "qualquer livro publicado na Austrália".

Muitos outros são os precedentes da livraria espetacular, esperando ser descobertos em bibliotecas, hemerotecas e memórias pessoais. Entre aqueles que ainda existem, destacam-se duas estações de trem vitorianas convertidas em livrarias: em 1991 abriu suas portas a Barter Books, em Alnwick (Costa Leste da Inglaterra), e quatro anos depois surgiu a Walk A Crooked Mile Books, na Filadélfia. Esta fechou, aquela segue viajando.

A ressignificação de hotéis, estações de trem, cinemas, igrejas, palácios, bancos, impressoras, galerias de arte ou museus em livrarias é, portanto, uma constante das últimas décadas que se intensificaram fortemente no século XXI. Em um novo contexto histórico, no qual a reciclagem adquiriu um novo sentido, em que a cultura foi digitalizada e, acima de tudo, em que a existência de toda realidade é – simultaneamente – física e virtual, essas catedrais da cultura escrita adquirem um significado entre religioso e apocalíptico, profundamente capitalista, mas também com uma ambição artística com raros precedentes. Em ambos os planos, a marca do espetacular é decisiva. No site da El Péndulo você pode fazer visitas virtuais por cada um de seus sete cafés-livrarias. Imagens do Google e outras plataformas estão cheias de fotografias das livrarias mais bonitas, mais interessantes, mais espetaculares do mundo. Pela primeira vez na história da cultura, essas livrarias entram imediatamente no circuito internacional de turismo, com categorização acelerada, há um contágio imediato – ao ritmo de *copy and paste* – nas páginas da internet, redes sociais, blogs e microblogs, impõe-se o desejo de conhecer, visitar, viajar, fotografar, sem que seja necessária a História ou a participação de escritores famosos ou livros míticos. A fotografia de uma igreja, de uma estação de trem, de um teatro convertido em livraria: na nova lógica do turismo, essa imagem vale mais do que os 100 mil livros que ela retrata e seus 10 bilhões de palavras.

> Após uma década de colaboração na Gandhi de Elvio Vitali, Luis del Mármol começou sua experiência de empresário, com "Un galo para Esculapio", localizada numa esquina de Palermo Soho. Lá funcionou, desde o ano 2001, como bar com livraria. Seu segundo endereço foi Gorriti, 3538, também em Palermo, onde havia espaços diferentes em que se organizavam apresentações de livros e mostras de fotografia e arte. Contava ali com um balcão que hoje funciona como mostrador em seu endereço atual. Da mesma forma, o sótão no qual hoje funcionam os escritórios é uma antiga ponte de trem que também foi transferida junto com os livros. Seguindo a onda de reciclagem, a vidraça atual é feita com o que eram as janelas do segundo bar, e as cortinas pesadas que serviram de pano de fundo para esse cenário dividem hoje o salão de vendas do depósito.
>
> www.tangocity.com

CAPÍTULO 13

# AS LIVRARIAS COTIDIANAS

> Preferia as bancas de jornal da Ronda e as luxuriosas montanhas de quadrinhos da Los Encantes de San Antonio, e os romances de aluguel da livraria Torrades, e da pequena, intransitável livraria de Príncipe de Viana, que era mais perto, com pilhas de livros que pareciam precárias torres da Babilônia.
>
> — MARCOS ORDÓÑEZ,
> *Un jardín abandonado por los pájaros*
> [Um jardim abandonado pelos pássaros]

J. R. R. TOLKIEN publicou seu primeiro poema, "Pés de duende", na coleção de poesias da livraria Blackwell's de Oxford, que lhe cancelou a dívida pendente em troca da cessão dos direitos autorais. Porque era um cliente regular desse estabelecimento fundado em 1879 por Benjamin Henry Blackwell e transformado em um projeto cultural e editorial por seu filho Basil, o primeiro estudante universitário da família e o primeiro editor do autor de *O senhor dos anéis*. À medida que a livraria foi se expandindo e se tornando uma rede, em cada uma das novas lojas foram proliferando os habitantes locais, os clientes habituais, aqueles que escolheram as Blackwell's de Edimburgo, Cambridge, Liverpool ou Belfast como suas livrarias cotidianas.

Na sede principal de Oxford ainda é possível imaginar, olhando e tocando, como os poucos metros quadrados em que o negócio foi criado foram comendo todas as áreas adjacentes até transformar várias casas em um único local monstruoso. Ao entrar, à esquerda, uma lareira do século XIX e as vigas de madeira são os vestígios arqueológicos do estabelecimento original. Ao lado da lareira no último andar, se você pedir, pode visitar a reconstrução do escritório dos fundadores, com cachimbos, óculos e abridores de cartas na mesa como se tivessem sido deixados lá há apenas algumas horas, e não um século inteiro. A partir dessas duas pequenas dependências, os sucessivos proprietários da Blackwell's foram comprando todos os apartamentos do prédio e expandindo o negócio. A última expansão, a definitiva, foi o grande porão na parte de trás, que ocupa o subsolo do jardim do Trinity College. Tem nome próprio: The Norrington Room. Trata-se de uma piscina olímpica cheia de prateleiras e livros. Nos anos 1960 e 1970, durante os apagões frequentes, contava com lâmpadas de querosene que garantiram a leitura, apesar de qualquer adversidade. Imagino aqueles leitores como náufragos num bunker pós-nuclear. Lá de cima, apesar de sua geometria retangular, parece uma ágora ovalada ou um cérebro gigantesco. Sim: o cérebro de uma inteligência coletiva, como seus oitenta funcionários, a maioria livreiros; como a Universidade de Oxford, que também se expande de forma exponencial e intelectual, tal como sua melhor livraria.

A última vez que estive em Berlim, antes de fotografar os restos decadentes da livraria Karl Marx, encontrei por acaso com César Aira. Entramos na cafeteria mais próxima e conversamos por um tempo sobre as últimas novidades da literatura argentina. "Eu me encontro diariamente", me disse a certa altura, "na Internacional Argentina, a livraria de Francisco Garamona, com Raúl Escari, Fernanda Laguna, Ezequiel Alemián, Pablo Katchadjian, Sergio Bizzio e outros amigos, quase todos os dias". Ambientada com um sofá e uma pequena mesa para apoiar os copos de vinho, a sede da editora Mansalva provavelmente é a única livraria do mundo onde você pode comprar a grande maioria dos livros de Aira, inclusive as traduções, embora, claro, sempre haverá dez ou vinte que nem Garamona pode conseguir. Um desses estabelecimentos novos onde foram implantados hábitos de outra época. Como La Ballena Blanca, a livraria de Alejandro Padrón em Mérida, Venezuela, onde se encontram diariamente professores universitários como Diómedes Cordero e escritores como Ednodio Quintero, para falar sobre os grandes poetas do país, de literatura japonesa ou de polêmicas espanholas e argentinas, enquanto preparam a próxima edição da famosa Bienal de Literatura Mariano Picón Salas, que inspirou precisamente as aventuras de Aira e de um exército de clones de Carlos Fuentes em *El congreso de literatura* [O congresso de literatura]. Porque a literatura é feita de polêmica, futuro e textos para fantasiar.

"À tarde, nossa livraria parecia mais com um clube onde cientistas, escritores e artistas vinham se ver, para conversar, para aliviar a alma da vulgaridade da vida cotidiana", escreveu Mijaíl Osorguín sobre a mítica cooperativa moscovita A Livraria dos Escritores. Embora as conversas sobre literatura nos estabelecimentos editoriais e de livros sejam tão antigas quanto a cultura ocidental, é obviamente a partir dos séculos XVII e XVIII que são institucionalizadas como *tertúlias*, que são tanto encontros culturais como sessões de vendas. Não é de se estranhar, pois, que seja nessa época que se começa a fundir a livraria e o café em um único ser, como Adrian Johns estudou em *The Nature of the Book* [A natureza do livro]. Os aprendizes faziam parte da família e os limites entre espaço privado e negócio público não eram nada claros; de modo que a presença de cadeiras, poltronas e sofás, onde você pode apreciar a leitura e tomar uma bebida, muitas vezes se devia ao fato de pertencerem à casa do dono da livraria. Desde então, muitos livreiros se tornaram centros dos salões e das tertúlias. "O mais emblemático exemplo de 'Amphibeous Mortal' certamente foi Jacob Jonson", que entre os aristocratas era percebido como um "livreiro; e entre os livreiros, como aristocrata". A confusão entre a vida privada e pública é paralela à confusão entre livraria e biblioteca. Samuel Pepys fala em seus diários de livrarias onde "se dispunham assentos para que os clientes pudessem ler o tempo que desejassem". E foram os próprios livreiros que impulsionaram as bibliotecas de empréstimos do século XVIII, muito mais democráticas que as sociedades literárias e a única maneira pela qual aprendizes de artesãos, estudantes ou mulheres poderiam ter acesso à leitura sem a necessidade de investir na alta soma que custava um livro. Parece que a livraria, apesar das aparências, nunca conheceu muito bem seus próprios limites.

Durante minhas viagens, muitas delas se tornaram refúgios, lares fugitivos longe de uma casa que eu realmente não tinha, amparando-me em sua natureza ambígua. Lembro-me de ir diariamente ao subsolo da Leonardo da Vinci durante os dias que passei no Rio de Janeiro; e à Seminary Co-op quando morava em Chicago; e ao Bazar dos Livros de Istambul durante o tempo que durou minha estúpida negociação para obter o livro sobre os viajantes turcos; e à livraria Ross de Rosario durante cada uma das minhas estadias na cidade do rio sem orlas, mesmo que tenha sido na vizinha El Ateneo que encontrei o trabalho completo de Edgardo Cozarinsky, e em seu café que li *Rinconete e Cortadillo* e *O licenciado Vidriera*. Desde que me restabeleci em Barcelona, sempre que vou a Madri, além de visitar as lojas da La Central do museu Reina Sofía e de Callao, tento tomar um café na Tipos Infames, um bar e galeria de arte em sintonia com as últimas tendências de livraria internacional; passo para cumprimentar Lola Larumbe, que administra com precisão e encanto a Rafael Alberti, que foi projetada pelo poeta e pintor em 1975 e por cujo subsolo parece que a água flui; tento passar na La Buena Vida para cumprimentar David García Martín, com quem compartilho a paixão pela crônica, e visito a Antonio Machado, no subsolo do Círculo de Bellas Artes, cuja seleção de pequenas editoras espanholas é sempre requintada e ao lado de cuja caixa registradora fui encontrando, durante anos, os principais livros sobre livrarias que usei aqui. Vou para Nápoles umas duas vezes por ano e as visitas obrigatórias são sempre à Feltrinelli da Estação Central e à Colonnese, na Via S. Pietro a Majella, cercada por igrejas, artesãos de manjedouras, restos de muralhas e altares consagrados a São Diego Maradona.

Sem dúvida, uma livraria é muito mais hospitaleira quando, por causa de visitas ou por acaso, você trava amizade com alguns de seus livreiros.

Quando eu morava em Buenos Aires e Rosario e tinha de sair a cada três meses do país, aproveitava para percorrer trechos do Uruguai em viagens por mar, rio e terra. Todos os meus itinerários terminavam na livraria La Lupa, onde um de seus proprietários, Gustavo Guarino, me dava dicas sobre literatura uruguaia em cada uma de minhas visitas, porque só viajando para o local dos eventos você tem acesso a tudo o que resiste a ser visível na internet. Quando eu frequentava Palma de Mallorca, entrava sempre na Biblioteca de Babel para me perder em sua seção de narrativa e ensaios; na Los Oficios Terrestres, onde admirava a já extinta coexistência do caveleireiro com a poesia e o ensaio político; e na Literanta, onde, atrás do balcão, Marina P. De Cabo me revelou a obra de Cristóbal Serra quando nos conhecemos. Durante anos visitei todas as tardes de sexta-feira La Central del Raval, em Barcelona, sabendo que César Solís estaria lá para recomendar-me novidades editoriais latino-americanas, ou para me conseguir o último lançamento de Sebald, ou sobre Sebald, em algumas das principais línguas europeias. Quando se mudou para Madri, foi a Damià Gallardo, na livraria Laie do Centro de Cultura Contemporânea, a quem recorri, vez ou outra, para solucionar meus problemas como leitor. Depois mudamos de bairro, de Eixample para Poblenou, e Nollegiu se tornou nossa livraria favorita. Porque todo livreiro tem algo de médico, farmacêutico ou psicólogo. Ou de barman. Francisco, Alejandro, Gustavo, Marina, César, Damià ou Xavi Vidal são parte de minha própria tradição de livreiros, a tradição inquieta dos hábitos que se recupera facilmente assim que se chega a cidades distantes onde se viveu uma rotina.

Austerlitz, o protagonista do romance de W. G. Sebald, vive o momento mais decisivo de sua vida em uma livraria antiga perto do Museu Britânico, de propriedade de uma bela mulher cujo nome é puro remanso de lar: Penelope Peaceful. Enquanto ela resolve um enigma de palavras cruzadas, e ele folheia distraído livros de gravuras de arquitetura, duas mulheres falam no rádio "como no verão de 1939, sendo crianças, elas foram enviadas para a Inglaterra em um transporte especial". Uma espécie de transe invade o corpo e a mente de Austerlitz: "Fiquei imóvel, como se não pudesse perder nenhuma das sílabas que saíam daquele aparelho". Porque aquela linguagem lhe permite recuperar de repente sua própria infância, sua própria jornada, sua própria chegada à

Inglaterra a partir de uma Europa ardente, seu próprio exílio: anos que sua memória havia completamente apagado. Em uma livraria repentinamente ele se lembra de quem é, de que Ítaca provém.

A infância e, sobretudo, a adolescência é a época em que uma pessoa se torna um amante das livrarias. Passei tantas tardes de sábado espiando nas prateleiras da Rogés Llibres, aquele térreo da Ciudad Jardín de Mataró transformada em sebo, que não consigo organizá-las em uma cronologia ou ajustá-las entre duas datas. Claro: aquelas sessões só existiram durante os fins semana e as férias, porque durante os períodos escolares a rota me levava no sentido oposto, em direção ao centro da cidade. No caminho para a Biblioteca da Caixa Laietana, onde li todos os quadrinhos de Asterix e Obelix e Tintin e onde emprestei todos os romances de *Alfred Hitchcock e os três detetives* e de Sherlock Holmes, ou de volta para casa na hora do almoço, passava pela Robafaves, que muito mais tarde descobri que era uma cooperativa e uma das livrarias mais importantes da Catalunha, onde quase todas as tardes se apresentava um livro e eu ouvia como se estivesse na missa ou na aula, aquelas palavras que, embora estivessem ali, entre a boca e o computador, objetos quase tão palpáveis como os próprios volumes que as cercavam, me pareciam muito distantes, um murmúrio incompreensível, totalmente desvinculado de minha firme intenção de ser escritor.

Quando eu tinha 14 ou 15 anos, acompanhava meu pai em suas visitas domiciliares em outro bairro de Mataró, vizinho do Parque Central, do Velódromo e da Piscina Municipal, onde quando criança vi pavões reais, corridas e ciclistas e eu mesmo me jogando na água como se não tivesse medo daqueles metros cúbicos de cloro azul. Depois de sua jornada de trabalho de oito horas na Telefónica, ele trabalhava como agente do Círculo de Lectores. Primeiro distribuíamos as novas revistas e recolhíamos os cartões de todos os sócios da área, com seus respectivos pedidos; depois processávamos a informação; após algumas semanas, chegavam à minha casa todos aqueles livros e minha mãe nos ajudava a ordená-los por ruas; e finalmente era preciso levá-los a seus novos proprietários e cobrá-los. Alguns clientes nos faziam voltar duas, três ou até quatro vezes, porque nunca tinham a quantia do pedido. Mas outros, ao contrário, compravam cinco, sete e nove livros a cada dois meses, e tinham separado o pagamento, porque estavam nos esperando, morrendo de vontade de ler. Acho que foi em alguns daqueles apartamentos de famílias ou idosos ou de solteiros desconhecidos que vi pela primeira vez enormes bibliotecas privadas e decidi que um dia, quando fosse escritor, também teria uma. A primeira coisa era muito abstrata para ser mais que um murmúrio indecifrável; já a segunda se concretizava em estruturas palpáveis que, como os corpos das meninas, eram puro desejo.

"Assim que uma criança aprende a andar e a soletrar, fica à mercê tanto do pavimento de uma rua mal asfaltada como da mercadoria de qualquer pobre infeliz que – o diabo saberá por quê – se dedicou a vender livros", escreve Elias Canetti em *Auto de fé*. "Crianças pequenas deveriam crescer em grandes bibliotecas particulares..." É muito provável que ele esteja certo, porque sou incapaz de lembrar um livro comprado na Rogés Llibres ou na Robafaves que mudou minha vida: todas as minhas grandes leituras chegaram mais tarde (ou simplesmente: tarde), quando eu já tinha me afastado de Mataró. No entanto: a Robafaves é a livraria mais importante da minha vida, porque nela eu experimentei algo que tinha vislumbrado naqueles domicílios particulares: a possibilidade de conviver com livros. "Provavelmente este livro tenha chegado às minhas mãos na Laie", pensa Amalfitano em *2666*, "ou na La Central". Isso também poderia ser dito sobre grande parte de minha biblioteca, talvez um terço, ao que se acrescentariam títulos comprados na Altaïr e quadrinhos adquiridos na Arkham. Os outros dois vêm de cortesias para a imprensa enviados pelas editoras e das viagens. De Rosario, Buenos Aires e Chicago, remeti dezenas de caixas: não concebo a ideia de biblioteca sem a ideia de nomadismo. Minha própria experiência urbana se configura a partir do cruzamento entre caminhada e livrarias, de modo que a maioria de meus itinerários habituais tem certos locais como ligação ou paradas. A rua, a livraria, a praça e o café configuram as rotas da modernidade como áreas de duas ações fundamentais: a conversa e a leitura. Enquanto a escrita literária, que até algumas décadas atrás ainda era visível nas mesas de café, foi se confinado ao espaço privado, ou no máximo à biblioteca, a conversa e a leitura, a reunião premeditada ou fortuita, e o jornal, o romance ou a revista persistiam em sua articulação da esfera social da existência metropolitana. Porque os blogs e as redes sociais permitem que você troque dados e ideias em Cosmópolis, mas seu corpo continua a pisar uma topografia doméstica e local.

Para Bolaño, as livrarias de Buenos Aires têm vida: os livros se perdem "no limbo das últimas estantes ou nas mesas superlotadas dos sebos" ou "vagavam pelas livrarias portenhas", lemos em "El viaje de Álvaro Rousselot", um dos contos de *El gaucho insufrible* [O gaucho insuportável]. Ou seja: não só os corpos dos leitores que ameaçam com seu movimento as diferentes livrarias das cidades, também os livros são móveis e errantes, abrem linhas de fuga, criam itinerários. Essa é a ideia que guiou o diretor do teatro barcelonês Marc Caellas quando se propôs a adaptar *O passeio*, de Robert Walser, a um passeio pela capital argentina. As páginas se encarnaram subitamente em um ator, um caminhante, que, como no romance, vagueia por vários espaços emblemáticos da cidade moderna. Um deles é, claro, a livraria:

"Como uma livraria bastante arejada e bem abastecida se mostrasse alegremente diante dos meus olhos, e eu sentisse o instinto e o desejo de fazer-lhe uma visita breve e passageira, não hesitei em entrar na loja com meus melhores bons modos, permitindo-me pensar em todo caso que talvez me saísse melhor como inspetor e revisor de livros, como compilador de informações e bom conhecedor, do que como um comprador rico e apreciado e bom cliente. Com voz cortês, extremamente cautelosa, e expressões compreensivelmente escolhidas a dedo, perguntei sobre o mais recente e o melhor no campo das belas-letras. [...]

— Com prazer – disse o livreiro. Desapareceu como uma flecha para retornar no mesmo instante ao comprador ansioso e interessado, e levando em mãos o livro mais comprado e mais lido, de valor perdurável. Ele carregava o valioso produto intelectual com muito cuidado e solenidade, como se estivesse carregando uma miraculosa relíquia. Seu rosto mostrava arrebatamento; seu gesto irradiava o maior respeito e, com um sorriso nos lábios como só podem ter os crentes e intimamente convencidos, me mostrou da maneira mais favorável o que trouxera consigo. Eu contemplei o livro e perguntei:

— Você poderia jurar que este é o livro mais vendido do ano?

— Sem dúvida.

— Poderia dizer que este é o livro que deve ser lido?

— A todo custo.

— E é realmente bom?

— Que pergunta supérflua e inadmissível!

— Muito obrigado – eu disse friamente; preferi abandonar o livro que tivera a mais absoluta difusão, porque tinha de ser lido a todo custo, e me afastei sem alarde, sem dizer mais uma palavra.

— Homem mal-educado e ignorante! – gritou, naturalmente, o vendedor, em seu desprezo justificado e profundo..."

O caminhante do suíço Walser, em uma livraria qualquer de Boedo e com um sotaque argentino, zombando dos consensos, da literatura sujeitada a critérios de venda, dos absurdos do mundo cultural, de acordo com as indicações de um diretor catalão. Centros periféricos e periferias centrais, fronteiras abolidas, traduções, mudanças de cidade, saltos quânticos, interações transculturais: bem-vindo a qualquer livraria.

A mesma relação entre a periferia e o centro que experimentei, sem perceber, quando, como se fossem enigmas, visitava a Rogés Llibres e a Robafaves, a livraria de livros usados e antigos e a livraria de novidades, pode ser estabelecida entre as livrarias centrais de Barcelona e as da periferia da cidade. A primeira livraria barcelonesa em que entrei foi a Gigamesh e logo eu iria explorar as lojas de quadrinhos e de ficção científica e fantasia heroica que a cercavam e continuam a cercá-la, como uma praga alienígena que se espalhou ao longo dos anos pelos arredores do Paseo de San Juan. A órbita desse centro impossível que é ocupado pela Laie, a Documenta, a Altaïr, a Alibri e La Central, entre muitas outras, é próxima, acessível. Até o final de 2015, era preciso apenas atravessar o Born, bairro sem livrarias, para chegar à Negra y Criminal, que Paco Camarasa dirigiu por quase quinze anos em uma esquina da Barceloneta. Agora são dois bairros órfãos. As livrarias se mimetizam com os bairros que as acolhem: aquele estabelecimento só poderia existir entre casas de pescadores, e em Gràcia, também a uma caminhada de quinze minutos do Arco do Triunfo, a Taifa e as trinta livrarias da Gràcia são imagináveis apenas no contexto de uma *vila*, em um âmbito de proximidades. Os já falecidos Camarasa e José Batlló, *alma mater* da Taifa (agora nas mãos de seus herdeiros, Jordi Duarte e Roberto García), foram duas das principais personalidades do mundo do livro de Barcelona, esse mundo cujo mito de origem são as páginas que Cervantes dedica a ele em *Dom Quixote* e que sempre negociou com o bilinguismo literário da cidade. Desde 1993, a Taifa é a livraria por excelência ao norte da Diagonal, como a Negra y Criminal é ao sul da Ronda Litoral. Batlló é um poeta, editor e mito. São famosas sua cultura, o quão amigável ele é de seus amigos e suas escaramuças com clientes, aos quais ele é capaz de repreender se decidem comprar certos títulos. Aqueles que mais venderam durante as últimas duas décadas são *O jogo da amarelinha* e *La ciudad de los prodigios* [A cidade dos prodígios]. Os livros usados estão mais para o fundo, para nos lembrar de que o normal é que os romances e os ensaios deixem de ser distribuídos, que as editoras fechem, que sejamos esquecidos.

Em um segundo círculo – órbita da órbita –, outras livrarias de Barcelona clamaram por ser levadas em consideração nos últimos anos. Penso, por exemplo, na +Bernat, a livraria e restaurante na rua Buenos Aires, ao lado da praça Francesc Macià, que dirigiu, até o final de 2024, a tão saudosa Montse Serrano, a qual se define como um "armazém cultural", refúgio de Enrique Vila-Matas desde que se mudou para o bairro. Ou na Llibreria Calders, na rua Parlament do bairro de Sant Antoni, com seu piano e sua agenda sempre frenética. Ou na Nollegiu, em Poblenou, também um importante centro cultural. Não são, por sorte, as únicas livrarias que têm se consolidado longe do centro urbano e que geram tecido cidadão. Porque, embora seja uma herança valiosa que se conservem eixos metropolitanos onde se concentram livrarias – como a popular rua Port'Alba, que Massimo Gatta chamou "a Charing Cross Road de Nápoles", ou a elegante Het Spui de Amsterdã e suas ruas adjacentes –, uma cidade democrática é uma rede de bibliotecas, públicas e privadas, e livrarias grandes e pequenas: um diálogo entre leitores que vivem em centros múltiplos e diversas periferias.

A caminhada às vezes me leva à rua Llibreteria (o antigo Decumanus de Barcino), onde se localiza a loja de artesanato Papirvm e a La Central do Museu de História da Cidade, um desses lugares – como a livraria do subsolo do Colégio de Arquitetos – onde Barcelona arquiva sua própria memória. Em 1553 foi fundada a irmandade de Sant Jeroni dels Llibreters. Se São Lourenço, um dos primeiros tesoureiros da Igreja, por seu trabalho de classificação de documentos é considerado o patrono dos bibliotecários, o severo São Jerônimo, um dos primeiros negros literários da Igreja (escrevia as cartas do papa Damaso I), é considerado o padroeiro dos tradutores e livreiros. São Lourenço, que algumas lendas identificam como o personagem misterioso que escondeu o Santo Graal para protegê-lo da onda de violência que terminou também com sua vida, morreu martirizado pelo fogo em uma grelha nos arredores de Roma: em 10 de agosto de cada ano o relicário contendo sua cabeça é exposto no Vaticano, para ser venerado, não sei se apenas pelos bibliotecários. São Jerônimo, ao contrário, depois de se destacar como tradutor, foi exilado para Belém, onde morava em uma gruta e se dedicou a atacar textualmente os vícios europeus e golpear-se com uma pedra em sinal de penitência. Na iconografia costuma aparecer com a Vulgata, a Bíblia que traduziu do hebraico – apesar de ser um especialista em grego antigo e latim –, aberta na mesa, o crânio como símbolo de *vanitas* e aquela pedra, que as más línguas dizem que usava como o dicionário de tradução que ninguém ainda tinha escrito: ele se espancava e Deus lhe revelava *ipso facto* o equivalente latino do hebraico original.

Sua cidade penetra nas livrarias que a povoam através das vitrines e dos passos dos clientes, espaço centauro, nem totalmente privado nem totalmente público. A cidade entra e sai da livraria, porque uma não se entende sem a outra, de modo que as calçadas em frente às portas da Pequod ou da Negra y Criminal se enchem de gente, nas tardes de sábado ou aos domingos pela manhã, para tomar uma taça de vinho ou comer mexilhões ao vapor, e os livros sobre Barcelona entram em todas as livrarias da cidade, porque é o lugar que lhes pertence por natureza. E quando começam a envelhecer, os romances, ensaios, biografias e livros de poemas que os cidadãos manusearam e possuíram regressam para os lugares da cidade, no Mercado de San Antonio, nas livrarias de segunda mão ou naquela passagem de livros com um telhado de amianto que havia no fundo da Los Encantes, onde o caminhante se revelava como colecionador, antiquário, trapeiro.

Se aos domingos do Mercado de San Antonio ou nos dias em que a Los Encantes abre a metrópole intensifica sua dimensão livresca, há um dia do ano em que reproduz em todas as suas esquinas aquela sensação pela qual Dom Quixote foi tomado: a cidade respira letra impressa. O impulsionador da celebração do Dia do Livro Espanhol foi o valenciano Vicente Clavel, que viveu desde jovem em Barcelona como dono da editora Cervantes, que na Câmara do Livro e com a cumplicidade do ministro do Trabalho, o catalão Eduard Aunós, conseguiu que seu projeto se tornasse um decreto real em 1926, em plena ditadura de Primo de Rivera. Embora a intenção fosse promover em todos os níveis da administração a cultura livresca hispânica, de modo que todas as bibliotecas e todas as cidades da Espanha participassem de uma forma ou outra na celebração, em um primeiro momento se polarizou entre a celebração popular de Barcelona e a celebração institucional e acadêmica de Madri. Guillermo Díaz Plaja, em um artigo após a morte de Clavel, escreveu:

"Quase meio século depois, o decreto ainda está em vigor, sem nenhuma outra modificação importante além daquela produzida em 1930 (decreto de 7 de setembro), pela qual a data inicialmente definida para 7 de outubro (dois dias antes da que ostenta o certificado de batismo de Cervantes) se traslada para 23 de abril, data confiável de sua morte. Essa razão de precisão histórica faz coincidir, em Barcelona, o Dia do Livro com a celebração de São Jorge. Quando dom Gustavo Gili percebeu isso, Clavel replicou: 'Não importa. As rosas de são Jorge sempre florescerão. O que corremos o risco de perder é a memória de Cervantes'. Os anos transcorridos tornaram manifesto o feliz emparelhamento de ambas as comemorações, no calendário festivo de Barcelona. A cidade dos Condes está indiscutivelmente à frente da geografia peninsular em grandeza e raízes populares do Dia do Livro."

Foi em 1930 que as editoras começaram a lançar novidades em catalão para o Dia de Sant Jordi, e o público começou a viver intensamente essa comemoração, enquanto Madri dava os primeiros passos para organizar sua Feira do Livro em outras datas e no resto do país o Dia de Cervantes também ia sendo esquecido. A guerra civil paralisou a produção editorial e o franquismo catalão e eliminou as câmaras do livro, unificando-as no Instituto Nacional do Livro Espanhol. Apenas nos anos 1950 é que o Dia do Livro voltou a ser importante na Catalunha. Em 1963, a proclamação ficou a cargo de Manuel Fraga Iribarne, ministro da Informação e Turismo, que defendeu a necessidade de promover a literatura em catalão (sic). A capa de *La Vanguardia Española* de 23 de abril de 1977 (15 pesetas), junto à fotografia de uma rua inundada de pessoas reproduzia em catalão estes versos de Josep Maria de Sagarra: *La rosa li ha donat gaudis i penes/ i ell se l'estima fins qui sap a on;/ i amb ella té més sang a dins les venes/ per poder vèncer tots els dracs del món.* Desde 1964, graças ao impulso do Primeiro Congresso Latino-Americano de Associações e Câmaras do Livro, 23 de abril tornou-se o Dia do Livro em todos os países de língua castelhana e portuguesa; e desde 1996 também o Dia Internacional do Livro e dos Direitos de Autor. Talvez porque em 23 de abril não só morreram Cervantes e Shakespeare, mas também outros escritores universais como o inca Garcilaso de la Vega, Eugenio Noel, Jules Barbey d'Aurevilly e Teresa de la Parra.

Adoro visitar minhas livrarias favoritas nos dias anteriores a Sant Jordi: fazer todas as minhas compras então e, durante as comemorações, limitar-me a passear e observar, "como um bom folgado, fino vagabundo e preguiçoso ou esbanjador de tempo e andarilho", como diz Walser. Do mesmo modo que todos os escritores e todos os editores que se orgulham de sê-lo, aproveito esses passeios e qualquer outra oportunidade para comprovar se meus livros estão ali ou não e arrumá-los corretamente nas prateleiras das livrarias cotidianas. E naquelas que não são. Mesmo na seção de livros da El Corte Inglés. Mesmo no segundo andar da Fnac, no coração da cidade, onde imagino que muitos desses jovens empregados, formados em letras, mestres ou doutores em letras, teriam sido grandes livreiros em outro mundo – certamente melhor –, ou que talvez já sejam neste, que, embora esteja em crise, é o único que temos.

> As Fnacs e as El Corte Inglés e as Casas del Libro onde vendem apenas livros de Manuel Vilas no centro nevrálgico da Cidade Vilas.
>
> — MANUEL VILAS,
> *Gran Vilas*

CAPÍTULO 14

# LIVRARIAS VIRTUAIS

> Ninguém, nem mesmo o dono de 89 anos, terceira geração, Sr. L., ninguém conhece as dimensões reais da livraria.
>
> — LO CHIH CHENG,
> *Bookstore in a Dream*
> [Livraria em um sonho]

DURANTE OS PRIMEIROS meses de 2013, vi uma livraria quase centenária transformar-se em um McDonald's. A metáfora é óbvia, é claro, mas nem por isso menos contundente. Provavelmente a Catalònia, que abriu suas portas nas imediações da plaza de Cataluña em 1924, não tenha sido a primeira livraria que se tornou um restaurante de fast-food; mas é a única dessas metamorfoses que testemunhei. Por cerca de três anos, pela manhã eu passava pela porta de vidro e às vezes entrava para dar uma olhada, comprar um livro, fazer uma consulta, até que, de repente, as persianas não foram levantadas novamente e alguém pendurou um cartaz precário, apenas uma folha, onde se lia:

"Depois de mais de 88 anos de sua abertura e cerca de 82 anos de atividade na rua de Sant Pere, n. 3, e após ter superado uma guerra civil, um incêndio devastador e um conflito imobiliário, a Librería Catalònia de Barcelona fechará definitivamente suas portas.

A atual crise, a mais acentuada no setor do livro, gerou uma queda nas vendas nos últimos quatro anos, que, em nossas circunstâncias e condições, tornou impossível a continuidade da livraria.

Essa decisão, irrevogável, foi muito difícil, triste e dolorosa de ser tomada. Tentamos todas as soluções possíveis, procurando adiá-la, mas ou elas não existem ou não soubemos encontrá-las.

Tampouco poderíamos prolongar a situação se quiséssemos que a empresa fechasse de maneira ordenada e procurando cumprir, na medida do possível, todas as obrigações contratuais; prolongar as atividades só nos levaria a um final pior.

No momento de tornar pública essa decisão, também queremos demonstrar nosso apreço a todas as pessoas que ao longo de todos esses anos trabalharam na Librería Catalònia e às empresas que dela dependem, especialmente a editora Selecta, a todos que foram nossos clientes – alguns durante décadas e gerações – e a todos os autores, editores, distribuidores... que ao longo dos anos colaboraram conosco. Todos juntos fizeram com que a contribuição da Librería Catalònia à cultura de Barcelona e da Catalunha tenha sido de uma importância notável.

Hoje e no futuro, com todas as novas formas de difusão cultural, há e haverá pessoas, associações e empresas que tornam e tornarão possível a sobrevivência da literatura e, em geral, da cultura escrita. Infelizmente, neste futuro, a Librería Catalònia não poderá estar presente.

— MIQUEL COLOMER, Diretor
*Barcelona, 6 de janeiro de 2013*"

Dia a dia testemunhei o desaparecimento dos livros, as estantes vazias, o pó, esse pó que é o grande inimigo dos livros, livros que não estavam mais lá, que eram apenas o fantasma, a memória, mais e mais o esquecimento de alguns livros que, em uma quarta-feira, nem sequer tinham mais prateleiras nas quais existir, porque o lugar foi esvaziado, ficou cheio de operários que desmontaram as estantes e as gôndolas e preencheram tudo com brocas e barulho, aquele barulho que me surpreendeu tanto por semanas, porque durante anos, quando passava pela mesma porta, o que emanava dela era silêncio e limpeza, e agora surgia uma nuvem de poeira, carretas carregadas de escombros, de ruína, a progressiva transformação da promessa de leitura, do negócio da leitura, na ingestão de proteínas e de açúcares, o negócio da carne prensada e entupida de molhos.

Não tenho nada contra fast-foods. Eu gosto do McDonald's. Na maioria de minhas viagens eu procurei por um, para experimentar os pratos locais, porque sempre há um café da manhã ou um wrap ou um hambúrguer ou um doce que é a versão McDonald's de um dos pratos favoritos dos nativos. Mas não é por essa razão que a substituição deixa de ser dolorosa. É por isso que durante esses meses, de manhã eu assistia à destruição de um pequeno mundo, a ocupação desse mesmo espaço pela embaixada de outro mundo, e à tarde eu lia sobre a leitura e ia terminando de escrever este livro.

Em Turim existe uma livraria tradicional e multicolorida que se chama La Bussola. Todas as livrarias são bússolas: estudá-las nos oferece interpretações do mundo contemporâneo mais afinadas do que as fornecidas por outros ícones ou espaços. Se eu tivesse de escolher outra livraria que explique – parcialmente, não há explicações totais – a divisão em que se encontra o negócio livreiro de nossa época seria a Pandora de Istambul. Trata-se de dois locais, frente a frente, muito bem abastecidos: um vende exclusivamente livros em turco; o outro, títulos em inglês. As etiquetas de um marcam preços em liras turcas; as do outro, em dólares. A Pandora torna explícita uma realidade simbólica: todas as livrarias estão entre dois mundos, o local e o imposto pelos Estados Unidos, o do comércio tradicional (*de proximidade*) e o dos grandes centros comerciais (as redes), o físico e o virtual. Essa metáfora não é tão óbvia como a de uma velha livraria, uma livraria clássica e com tradição, uma livraria que foi fundada por Josep López, Manuel Borràs e Josep Maria Cruzet, que sobreviveu ao difícil período de uma ditadura e ao metódico assédio de uma empresa imobiliária, que depois de tanta resistência política e moral sucumbiu diante da implacável e fria economia abstrata: a Catalònia fechou e o local, a dois passos da Apple Store, a duzentos metros da Fnac, em frente à El Corte Inglés, tornou-se um McDonald's. Com efeito:

a da Pandora é uma metáfora menos óbvia, mas mais esperançosa, porque, em vez do fechamento, leva à sobrevivência. Todas as livrarias estão divididas pelo menos entre dois mundos e são forçadas a pensar – que seja dito às claras – em outros mundos possíveis.

A Green Apple Books – como Dave Eggers lembrou em seu capítulo da antologia *My Bookstore* [Minha livraria] – se encontra em um edifício que sobreviveu a dois terremotos, aqueles que desestabilizaram San Francisco em 1906 e 1989; talvez seja por isso que entre suas prateleiras experimenta-se essa "sensação de que se uma livraria é tão pouco ortodoxa e tão estranha quanto são os livros, os escritores e a própria linguagem, tudo parece estar bem". Comprei ali um livrinho em edição bilíngue, publicado por um festival de poesia de Hong Kong, cujo título em inglês era *Bookstore in a Dream* [Livraria num sonho]. Chamaram-me muita atenção quatro versos sobre a livraria como ficção quântica: sua multiplicação no espaço, sua entidade mental, sua existência nos universos paralelos da internet, sobrevivente compulsiva de todos os terremotos. Se a narradora de Danilo Kiš sonha com uma biblioteca impossível em que se encontra a infinita *Enciclopédia dos mortos*, Lo Chih Cheng sonha com uma livraria que não pode ser topografada. Uma livraria, como todas, tranquilizadoramente física e terrivelmente virtual. Virtuais porque são digitais; ou porque são mentais; ou porque deixaram de ser. Livrarias relativamente novas, como a Lolita em Santiago do Chile, como a Bartleby & Co. em Berlim, ou a Bartleby Bookstore em Valência, como a Librerío de la Plata, na periférica Sabadell, como a Dòria Llibres, que ocupou o vazio deixado pela Robafaves em outra pequena cidade catalã, minha Mataró: em que momento os projetos são completamente reais? Livrarias na memória, progressivamente invadidas pela ficção.

Como a do sábio catalão, de *Cem anos de solidão*, que chegou a Macondo durante o esplendor da Companhia Bananeira, abriu sua loja e começou a tratar tanto os clássicos quanto seus clientes como se fossem membros de sua própria família. A chegada de Aureliano Buendía a esse covil de conhecimento é descrita por Gabriel García Márquez em termos de epifania:

"Na tarde em que foi até a livraria do sábio catalão, encontrou quatro rapazes falastrões, envolvidos numa discussão sobre os métodos de matar baratas na Idade Média. O velho livreiro, conhecendo a fixação de Aureliano por livros que só mesmo o Venerável Beda tinha lido, sugeriu com uma certa malignidade paternal que intercedesse na controvérsia, e ele sequer tomou fôlego para explicar que as baratas, o inseto alado mais antigo da terra, já era vítima favorita das chineladas no Antigo Testamento, mas que como espécie era definitivamente refratária a qualquer método de extermínio, desde as rodelas de tomate com borato de sódio até a farinha com açúcar, pois suas 1.603 variedades tinham resistido à mais remota, tenaz e impiedosa perseguição que o homem havia empreendido desde as suas origens contra qualquer ser vivo, inclusive o próprio homem, ao extremo de que, da mesma forma que se atribuía ao gênero humano um instinto de reprodução, devia se atribuir a ele outro mais definido e aflitivo, que era o instinto de matar baratas, e que se elas tinham conseguido escapar da ferocidade humana era porque haviam se refugiado nas sombras, mas em compensação tornaram-se suscetíveis ao esplendor do meio-dia, de tal forma que já na Idade Média, na atualidade, e por séculos e séculos, o único método eficaz para matar baratas era o ofuscamento solar. Esse fatalismo enciclopédico foi o início de uma grande amizade. Aureliano continuou a se reunir todas as tardes com os quatro participantes, que se chamavam Álvaro, Germán, Alfonso e Gabriel, os primeiros e os últimos amigos que ele teve na vida. Para um homem como ele, encastelado na realidade escrita, aquelas sessões tempestuosas que começavam na livraria às seis da tarde e acabavam nos bordéis ao amanhecer foram uma revelação."

Esse sábio catalão era, na verdade, Ramón Vinyes, livreiro de Barranquilla e agitador cultural, fundador da revista *Voces* (1917–1920), primeiro emigrante espanhol, depois exilado espanhol, professor, dramaturgo, contista. Sua livraria R. Viñas & Co., um centro cultural de primeira magnitude, sofreu um incêndio em 1923 e ainda é lembrada em Barranquilla como uma das livrarias míticas do Caribe colombiano. Quando, depois de passar pela França, se exilou no país da América do Sul como intelectual republicano, dedicou-se ao ensino e tornou-se professor de uma geração inteira, conhecida como "El Grupo de Barranquilla" (Alfonso Fuenmayor, Álvaro Cepeda Samudio, Germán Vargas, Alejandro Obregón, Orlando Rivera Figurita, Julio Mario Santo Domingo e García Márquez). Durante uma das manhãs mais estranhas de minha vida, dei a um taxista da rodoviária de Barranquilla o seguinte endereço: rua San Blas, entre a Progreso e a 20 de Julio. Librería Mundo. No caminho, ele me informou que a nomenclatura tinha mudado tempos atrás, fez suas consultas e descobriu que eu estava me referindo à rua 35, entre a 41 e a 43. Lá fomos nós. A Librería Mundo de Jorge Rondón Hederich, onde nos anos 1940 se reunia o lendário grupo de intelectuais, herdeira espiritual da R. Viñas & Co., reduzida a cinzas duas décadas antes. Ao chegar, descobri que também deixara de existir. Era óbvio, mas isso não tinha ocorrido nem a Juan Gabriel Vásquez (que tinha me passado os dados) nem a mim. A livraria deveria estar ali, mas não estava, porque fazia muito tempo que só existia nos livros:

"Em todo caso, o eixo de nossas vidas era a Librería Mundo, ao meio-dia e às seis da tarde, na quadra mais popular da rua San Blas. Germán Vargas, amigo íntimo do dono, dom Jorge Rondón, foi quem o convenceu a abrir o estabelecimento, que em pouco tempo se tornou o ponto de encontro de jornalistas, escritores e jovens políticos. Rondón não tinha experiência no negócio, mas aprendeu logo, e com um entusiasmo e uma generosidade que o transformaram em um mecenas inesquecível. Germán, Álvaro e Alfonso eram seus assessores nos pedidos de livros, sobretudo em novidades de Buenos Aires, cujos editores haviam começado a traduzir, imprimir e distribuir em massa as novidades literárias do mundo inteiro depois da guerra mundial. Graças a eles, podíamos ler a tempo os livros que de outra forma não teriam chegado à cidade. Eles mesmos entusiasmavam a clientela e conseguiram que Barranquilla voltasse a ser o centro da leitura que tinha decaído anos antes, quando a livraria histórica de dom Ramón deixou de existir. Não foi muito tempo depois da minha chegada que ingressei naquela irmandade que esperava como se fossem enviados do céu os vendedores viajantes das editoras argentinas. Graças a eles fomos admiradores precoces de Jorge Luis Borges, Julio Cortázar, Felisberto Hernández e dos romancistas ingleses e norte-americanos bem traduzidos pelo grupo de Victoria Ocampo. *La forja de un rebelde* [A forja de um rebelde], de Arturo Barea, foi a primeira mensagem esperançosa de um Espanha remota silenciada por duas guerras."

Foi assim que García Márquez falou em *Viver para contar* sobre aquelas duas livrarias, a que não conheceu e a que podia frequentar, ambas fundidas em uma só na virtualidade de sua obra-prima. Não encontrei na internet nenhuma imagem da Ramón Vinyes y Co. nem da Librería Mundo e percebo agora que o ritmo deste livro foi o das buscas na matéria dos livros e na imaterialidade da tela, uma sintaxe de ida e volta, contínua e descontínua como a própria vida; como Montaigne se deliciaria com os desvios dos sites de busca, com sua capacidade de gerar associações, vínculos, desvios férteis, analogias. Quanto aprenderia também neles seu herdeiro Alfonso Reyes, de quem o narrador da primeira parte de *Os detetives selvagens* diz: "Reyes poderia ser meu porto seguro. Lendo só ele ou aqueles que ele queria, poderíamos ser imensamente felizes. Em *Libros y libreros en la Antigüedad* [Livros e livreiros da antiguidade], o estudioso mexicano observou:

"O pergaminho era mais resistente e mais barato do que o papiro, mas não foi facilmente adotado no comércio do livro. [...] Toda a antiga produção de livraria preferia essa forma leve e elegante, e havia certa aversão contra o peso e a aspereza do pergaminho. Galeno, o grande médico do século II d.C., opinava, por razões higiênicas, que o pergaminho, devido ao seu brilho, dói e cansa os olhos mais do que o opaco e suave papiro, que não reflete a luz. O jurista Ulpiano (falecido em 229 d.C.) examinou como problema legal a questão de se os códices de vitela ou pergaminho deviam ser considerados como livros nos legados das bibliotecas, questão que nem merecia ser discutida em relação aos papiros."

Quase dois milênios mais tarde, o trânsito lento entre leitura em papel e leitura digital atualiza essas discussões periódicas. Agora nos perguntamos se a tela e sua emanação de luz são mais prejudiciais para a vista do que a tinta eletrônica, que não nos permite ler no escuro. Ou se depois da morte de uma pessoa é de lei que seus herdeiros recebam, juntamente com livros e discos de vinil e CDs e os HDs, as músicas e os textos que seus pais compraram sem uma associação direta com suportes materiais. Ou se a televisão e os videogames são prejudiciais para a imaginação da criança e do adolescente, porque estimulam seus reflexos, mas maltratam a atividade cerebral e são tão violentos. Como Roger Chartier estudou em *Inscrever e apagar: cultura escrita e literatura (séculos XI a XVIII)*, é na Castela do Século de Ouro que se formaliza o perigo que a ficção representa para o leitor, com o *Quixote* como a máxima expressão literária desse temor social: "No século XVIII, o discurso se medicaliza e constrói uma patologia do excesso de leitura considerado uma doença individual ou epidemia coletiva". Nessa época, o mal do leitor está relacionado ao mesmo tempo com a excitação da imaginação e com a imobilidade do corpo: a ameaça é tão mental quanto fisiológica. Seguindo esse fio, Chartier também analisa o debate do século XVIII entre a leitura tradicional, chamada *intensiva*, e a leitura moderna, que é qualificada como *extensiva*:

"De acordo com essa dicotomia, proposta por Rolf Engelsing, o leitor *intensivo* era confrontado com um conjunto limitado de textos, lidos e relidos, memorizados e recitados, ouvidos e conhecidos de memória, transmitidos de geração em geração. Tal maneira de ler estava fortemente impregnada de sacralidade e sujeitava o leitor à autoridade do texto. O leitor *extensivo*, que aparece na segunda metade do século XVIII, é muito diferente: lê numerosos impressos, novos, efêmeros, consome-os com avidez e rapidez. Seu olhar é distanciado e crítico. Assim, um relacionamento comunitário e respeitoso com o escrito seria substituído por uma leitura irreverente e desenvolta."

Nosso modo de ler, inextricável das telas e dos teclados, seria a intensificação, depois de centenas de anos de textualidades multiplicadas e cada vez mais aceleradas, em plataformas de informação e conhecimento progressivamente audiovisuais, dessa *extensão* com implicações políticas. Perder a capacidade de concentração em um único texto implica ganhar espectro luminoso, distância irônica e crítica, capacidade de relacionamento e interpretação de fenômenos simultâneos. Significa, portanto, emancipar-se das autoridades que restringem as leituras, dessacralizar uma atividade que a essa altura da evolução humana já deveria ser quase *natural*: ler é como andar, como respirar, algo que fazemos sem ter de pensar nisso antes.

Enquanto os apocalípticos renovavam argumentos desgastados de mundos que já não existem, em vez de aceitar a mudança perpétua como o motor invariável da História, as livrarias Fnac foram preenchidas com videogames e séries de televisão, e as livrarias de prestígio começaram a vender ensaios sobre videogames e séries de televisão, além de de e-readers e e-books. Porque no momento em que uma linguagem deixa de ser moda ou tendência e se torna a corrente principal, o mais provável é que experimente um processo de sofisticação artística que acaba por colocá-la nas prateleiras de livrarias e bibliotecas e nas salas dos museus. Como produto cultural. Como obra artística. Como mercadoria. O desprezo pelas linguagens emergentes e mainstream é bastante difundido no mundo da cultura, que é um campo – como todos – dominado pela moda, pelo ego e pela economia. A maioria das livrarias de que falo neste livro, em cujo circuito internacional me inseri como turista e como viajante, cultiva uma ficção de classe à qual cada vez mais milhões de seres humanos têm – felizmente – acesso; mas isso ainda é uma minoria. Somos a ampliação das *pessoas escolhidas* que Goethe encontrou em sua livraria italiana. Uma ficção de classe, como todas, eminentemente econômica, embora esteja coberta com o verniz da educação mais ou menos requintado. Porque não nos enganemos: as livrarias são centros culturais, mitos, espaços para conversas, debates, amizades e até mesmo para assuntos de amor, causados em parte por sua parafernália pseudorromântica, muitas vezes liderada por leitores artesãos que amam seu trabalho, e até mesmo por intelectuais e editores e escritores que conhecem parte da história da cultura; mas antes de tudo são negócio. E seus proprietários, muitas vezes livreiros carismáticos, também são chefes, responsáveis pelos salários de seus funcionários e para que seus direitos trabalhistas sejam respeitados, empregadores, gerentes, empresários, especialistas em burlar a legislação trabalhista. Um dos textos mais emocionantes e sinceros daqueles reunidos em *Rue de l'Odéon* é precisamente aquele que relaciona a liberdade com a compra de um livro:

> "Para nós, o comércio tem um sentido comovedor e profundo. Em nosso entender, uma loja é uma autêntica câmera mágica: no momento em que o transeunte atravessa o limiar de uma porta que qualquer um pode abrir, em que ele penetra nesse lugar impessoal, nada modifica o gesto de seu rosto ou o tom de suas palavras; ele realiza com um sentimento de total liberdade um ato em que acredita sem consequências imprevistas."

Mas o que exatamente se define por essas consequências: James Boswell conhecerá Samuel Johnson na livraria de Tom Davies na Russell Street; Joyce encontrará uma editora para o *Ulysses*; Ferlinghetti decidirá abrir sua própria livraria em San Francisco; Josep Pla entrará durante a infância na livraria Canet de Figueras e selará seu pacto com a literatura; William Faulkner trabalhará em uma livraria como livreiro; Vargas Llosa comprará *Madame Bovary* em uma livraria no Quartier Latin de Paris muito depois de ter visto o filme em Lima; Jane Bowles encontrará seu melhor amigo de Tânger; Jorge Camacho comprará *Celestino antes del alba* [Celestino antes do amanhecer] em uma livraria em Havana e se tornará o maior defensor de Reinaldo Arenas na França; um psiquiatra irá aconselhar um jovem infrator com o sobrenome Limónov que se aproxime da Livraria 41 de uma cidade russa de província e isso o tornará escritor; entre os livros usados da Delamain de Paris, François Truffaut encontrou um romance de Henri-Pierre Roché intitulado *Jules e Jim*; em 23 de abril de 1971, Iain Sinclair comprará na Compendium de Camden o livro de William Blake que mudará sua vida (sua arte); em uma noite de 1976, Bolaño recitará, na livraria Gandhi na Cidade do México, o "Primeiro Manifesto Infrarrealista"; Cortázar descobrirá a obra de Cocteau; Vila-Matas encontrará a de Borges. Talvez apenas uma vez na história da cultura o fato de que alguém não entrasse em uma livraria teve consequências positivas: certo dia de 1923, Akira Kurosawa foi à famosa livraria Maruzen de Tóquio, conhecida por seu prédio erguido por Riki Sano em 1909 e por sua importação de títulos internacionais para a elite cultural japonesa, com a intenção de comprar um livro para sua irmã, mas a livraria estava fechada e ele se foi; após duas horas, o prédio foi destruído por um terremoto e todo o bairro foi consumido pelas chamas.

A literatura é mágica e é uma troca e, durante séculos, compartilhou com o dinheiro o suporte do papel, e por isso foi vítima de tantos incêndios. As livrarias são negócios em um nível duplo, simultâneo e inquebrável: econômico e simbólico, venda de exemplares e criação e destruição de famas, reafirmação do gosto dominante ou invenção de um novo, depósitos e créditos. As livrarias, desde sempre, foram sabás, templos do cânone e, portanto, pontos-chave da geopolítica cultural. O lugar onde a literatura se torna mais física e, portanto, mais manipulável. O espaço onde, bairro a bairro, cidade a cidade, se decide a quais leituras as pessoas terão acesso, quais serão divulgadas e, portanto, terão a possibilidade de serem absorvidas, descartadas, recicladas, copiadas, plagiadas, parodiadas, admiradas, adaptadas, traduzidas. Nelas se decide grande parte da possibilidade de *influenciar*. Não em vão, o primeiro título dado por Diderot à sua *Carta sobre o comércio de livros* era: "Carta histórica e política dirigida a um magistrado sobre a Livraria, seu estado antigo e atual, seus regulamentos, seus privilégios, licenças tácitas, censores, vendedores ambulantes, as pontes de cruzamento e outros assuntos relacionados ao controle literário".

A internet mudou essa democracia – ou ditadura, de acordo como se veja – da distribuição e seleção. Muitas vezes eu compro na Iberlibro.com ou em outros sites títulos publicados em cidades que visitei e que não consegui adquirir lá. No ano passado, ao retornar da Cidade do México, onde percorri uma dezena de livrarias em busca de um ensaio de Luis Felipe Fabre publicado por uma pequena editora mexicana, ocorreu-me procurar no site da Casa del Libro e lá estava, mais barato do que em seu lugar de origem. Se o Google é O Buscador e a Barnes & Noble é A Rede de Livrarias, é desnecessário dizer que a Amazon é a Livraria Virtual por excelência. O que não deixa de ser uma grande imprecisão: mesmo que tenha nascido como livraria em 1994 com o nome de Cadabra.com e pouco depois se transformar em Amazon para galgar posições na ordenação alfabética que imperava na internet antes do Google, a verdade é que faz muito tempo que se transformou em grandes armazéns em que os livros têm a mesma importância que as câmeras fotográficas, os brinquedos, os sapatos, computadores ou bicicletas, embora a marca baseie sua capacidade convocatória em dispositivos emblemáticos, como o Kindle, um *leitor* ou livro eletrônico que fideliza as compras de textos na própria Amazon. Na verdade, em 1997 a Barnes & Noble a denunciou por publicidade enganosa (essa tautologia): o slogan "A maior livraria do mundo" era falso, porque não se trata de uma "livraria", mas sim de um "*book broker*".

Aqueles de nós que somos buscadores natos no mundo físico – a perseguição da inexistente livraria de Barranquilla foi apenas um exemplo entre mil –, não podemos evitar sê-lo também no virtual: a história do livro eletrônico é absorvente como um thriller. Começou na década de 1940, acelerou nos anos 1960 com os sistemas de edição de hipertexto; encontrou seu formato graças a Michael S. Hart nos anos 1970 e uma forma de ser nomeado (*"electronic book"*) graças ao professor Andries Van Damme, da Universidade Brown, em meados da década seguinte. Quando, em 1992, a Sony lançou seu leitor de livros com CD Data Discman, fez isso junto com o slogan "A biblioteca do futuro". Kim Blagg obteve o primeiro ISBN para um livro eletrônico em 1998. Esses são os dados, as cronologias possíveis, as pistas que, somadas, comunicam a sensação de que estamos entre dois mundos, como estavam os contemporâneos de Cervantes durante o século XVI, os de Stefan Zweig no início do século XX ou os habitantes do Leste Europeu no final dos anos 1980. Em um lento apocalipse em que as livrarias são ao mesmo tempo oráculos e observatórios privilegiados e campos de batalha e horizontes crepusculares em mutação irremediável. Como diz Alessandro Baricco em *Los bárbaros* [*Os bárbaros*]:

"Trata-se de uma mutação. De algo que diz respeito a todos, ninguém está excluído. Mesmo os engenheiros, lá, nas torres da muralha, já têm as características somáticas dos nômades contra quem, na teoria, estão lutando: e têm dinheiro bárbaro no bolso e pó da estepe em seus pescoços engordurados. Trata-se de uma mutação. Não é uma pequena mudança, nem uma degeneração inexplicável ou uma doença misteriosa: é uma mutação realizada para sobreviver. A escolha coletiva de um habitat mental diferente e salvífico. Nós sabemos, mesmo vagamente, o que pôde gerá-la? Penso em algumas inovações tecnológicas, sem dúvida decisivas: aquelas que comprimiram espaço e tempo, comprimindo assim o mundo. Mas provavelmente não teria sido suficiente se não tivessem coincidido com um evento que abriu de par em par as portas do cenário social: a queda das barreiras que até então haviam mantido boa parte de seres humanos afastada da práxis do desejo e do consumo."

Mais uma vez a palavra "desejo" aparece neste livro, essa energia platônica e química que nos atrai a determinados corpos e a certos objetos, veículos para o conhecimento múltiplo. No mundo posterior a 1989, com o neoliberalismo reforçado pela queda da União Soviética, cada vez mais digital e mais digitalizado, esse desejo foi se materializando em consumo de pixels, essa unidade mínima de significado que explica nossos escritos, nossas fotografias, nossas conversas, nossos vídeos, os mapas que indicam as rotas através das quais transpiramos ou dirigimos, voamos ou lemos. É por isso que as livrarias têm sites: para vender livros pixelados e para que consumamos também imagens, histórias, novidades. Tudo isso é substancial, não mero acidente: nossos cérebros estão se transformando, nossas formas de comunicação e relacionamento estão mudando, somos os mesmos, porém somos muito diferentes. Como explica Baricco, nas últimas décadas mudou o que entendemos por experiência e até mesmo o tecido de nossa existência. As consequências dessa mutação são as seguintes: "Superficialismo em vez de profundidade, velocidade em vez de reflexão, sequências em vez da análise, o *surf* em vez do aprofundamento, a comunicação em vez da expressão, o *multitasking* em vez da especialização, o prazer em vez do esforço". Uma desmontagem exaustiva do maquinário do pensamento burguês do século XIX, um esgotamento dos últimos restos do naufrágio da divindade na vida cotidiana. O triunfo político da ironia sobre o sagrado. É muito mais difícil que os poucos deuses antigos que sobreviveram, no papel, às duas guerras mundiais, continuem nos agoniando no brilho fino da tela.

As culturas não podem existir sem memória, tampouco sem esquecimento. Enquanto a biblioteca se obstina em lembrar-se de tudo, a livraria seleciona, descarta, adapta-se ao presente graças ao esquecimento necessário. O futuro é construído por obsolescência, temos de nos livrar das crenças do passado que são falsas ou ficaram obsoletas, das ficções e dos discursos que deixaram de produzir uma quantidade mínima de luz. Como escreveu Peter Burke: "Descartar conhecimentos dessa maneira pode ser desejável ou mesmo necessário, pelo menos até certo ponto, mas não deveríamos esquecer as perdas, da mesma forma que os lucros". É por isso que, uma vez que se produziu a série de seleções e de descartes que é um processo inevitável, é conveniente "estudar o que foi rejeitado ao longo dos séculos, o lixo intelectual", no qual os homens puderam se equivocar e a coisa mais valiosa poderia ter sido jogada no esquecimento, entre muitos outros dados e crenças que mereciam desaparecer. Depois de tantos séculos de sobrevivência a longo prazo, o livro ingressa com o suporte eletrônico na lógica da obsolescência calculada, do prazo de validade. Isso mudará ainda mais profundamente nosso relacionamento com os textos, os quais poderemos traduzir, alterar, *personalizar* até limites ainda inimagináveis. Trata-se da culminação provisória do caminho que começou no humanismo, quando a filologia questionou autoridades conhecidas e inúteis e as bíblias começaram a ser vertidas em nossas línguas por critérios racionais e não de acordo com o ditame da superstição.

Se muitos de nós acumulamos carimbos inúteis no estúpido passaporte das livrarias do mundo, é porque neles percebemos vestígios dos deuses culturais que suplantaram os religiosos, porque desde o Romantismo até agora as livrarias, como os cemitérios, como as ruínas arqueológicas, como certos cafés e tantas bibliotecas, como mais tarde os cinemas e os museus de arte contemporânea, foram e continuam sendo espaços rituais, muitas vezes assinalados como importantes pelo turismo e por outras instituições para entender a história da cultura moderna, topografias eróticas, ambientes estimulantes em que nos alimentamos de materiais para construir nosso lugar no mundo. Se com a morte de Jakob Mendel ou com o hipertexto borgiano esses lugares físicos aos quais se agarrar foram se tornando mais frágeis, menos transcendentais, com o desenvolvimento da internet, eles se tornaram muito mais virtuais do que a imaginação nos sugeria. Eles nos forçam a construir novas ferramentas mentais, a ler mais crítica e mais politicamente do que nunca, a imaginar e relacionar como nunca antes, analisando e navegando, aprofundando e acelerando, convertendo o privilégio de um acesso sem precedentes à informação em novas formas de conhecimento.

Em muitas tardes de domingo, eu passeio pela internet em busca de livrarias que ainda não existem totalmente para mim, mas que estão lá, me esperando. Fui durante anos um leitor-espectador de lugares emblemáticos que ainda não tinha visitado. Faz muito pouco tempo, a sorte quis que eu conhecesse dois desses espaços: em Coral Gables, esse topônimo que para mim era apenas juanramoniano, 24 horas inesperadas de conexão aérea me permitiram aproximar-me da Books & Books, a linda livraria em Miami que fica em um edifício dos anos 1920, de estilo mediterrâneo; em Buenos Aires, num fim de semana sem atividades programadas, consegui pegar o ferryboat e ir a Montevidéu para finalmente descobrir em carne e osso uma livraria ainda mais bonita e igualmente bem abastecida, a Más Puro Verso, com sua arquitetura do mesmo período, art déco, vitral no alto da escadaria imperial. Da mesma forma que desejei esses espaços, passei anos colecionando dicas sobre outros em livros, jornais, revistas, sites ou vídeos; outros que eu também quero possuir. Algumas dessas livrarias são a Tropismes, em uma galeria do século XIX de Bruxelas; a Le Bal des Ardents, em Lyon, com uma grande porta feita de livros e os tapetes orientais que convidam à leitura no chão; a Mollat, de Bordeaux, pura tradição familiar convertida em 2.500 metros quadrados de cultura impressa que preenchem a mesma casa onde morou, escreveu e leu no início do século XVIII ninguém menos que Montesquieu, filósofo viajante; a Athenaeum Boekhandel de Amsterdã, que me foi recomendada enfaticamente por Cees Nooteboom tanto por sua estética clássica como, acima de tudo, por sua importância como centro cultural e residência de escritores; a Pendleburys, casa de campo devorada por um bosque galês; a Swipe Design, de Toronto, porque de seu teto pende uma bicicleta velha e entre suas duas poltronas de leitura há um tabuleiro de xadrez; e a Atomic Books, a livraria favorita do roteirista e crítico de quadrinhos Santiago García, quem, por e-mail, me disse que é uma das melhores dos Estados Unidos para o leitor de *graphic novels*, embora também tenha literatura, fanzines contraculturais e até mesmo brinquedos e discos punk: "Além disso, você pode encontrar John Waters conferindo seu e-mail". Me aguardam também as livrarias oníricas que proliferaram nos últimos anos em tantas cidades chinesas – em forma de templos ou de fantasias ecológicas –, assim como o fizeram bibliotecas monumentais que se assemelham a selvas. Certamente tomarei notas sobre todas elas, à medida que as for visitando como se estivesse saldando dívidas, em um caderno semelhante ao que usei naquela viagem remota à Guatemala, porque já perdi o hábito fugaz de fazê-lo no aplicativo Moleskine do meu iPad e não gosto de usar o celular, além de câmera fotográfica, como um notebook. Vamos ver: o que importa, em suma, é a vontade de arquivar.

Em "Felicidade clandestina", um conto de Clarice Lispector, encontramos uma garota "gorda, baixa, sardenta e de cabelos excessivamente crespos", mas que possui "o que qualquer criança devoradora de histórias gostaria de ter: um pai dono de livraria". Faz muitos anos que tiro a etiqueta com o preço e o código de barras de qualquer livro que compro, e o colo dentro da contracapa, ao lado do chip antirroubo. Assim conservo um vínculo paterno. A última vontade do escritor David Markson, que morreu em Nova York em junho de 2012, foi que sua biblioteca fosse vendida inteiramente na Strand, espalhada entre tantas outras bibliotecas de inúmeros leitores anônimos. Por um dólar, por vinte, por cinquenta: seus livros estavam lá, reintegrados no mercado ao qual pertenceram, aguardando sua sorte, seu destino. Markson poderia ter legado sua biblioteca a alguma universidade, onde acumularia poeira e seria visitada apenas pelos poucos estudiosos de sua obra; mas ele optou por um gesto antitético: reparti-la, desagregá-la, submetê-la ao risco de futuras leituras totalmente inesperadas. Quando a notícia se espalhou, dezenas de seguidores do autor de *This is Not a Novel* [Isto não é um romance] foram à livraria de Manhattan em busca daqueles volumes sublinhados e anotados. Um grupo virtual foi formado. Começaram a ser publicadas na web as páginas digitalizadas. No exemplar de *Bartleby, o escrivão,* Markson sublinhou cada uma dos ocorrências da frase "*I would prefer not to*"; no de *Ruído branco*, alternou o "assombroso, assombroso, assombroso" com o "chato, chato, chato"; em uma biografia de Pasternak, escreveu à margem: "É um fato que Isaak Babel foi executado no porão de uma prisão em Moscou. A possibilidade poderosa de que o manuscrito de um romance publicado em sua prisão ainda exista nos arquivos de Stálin". Com todas as notas de sua biblioteca, seria possível escrever um dos romances fragmentados de Markson, em que as notas de leitura, as impressões poéticas e as reflexões vão se sucedendo como em uma sessão de zaping. Seria um romance impossível, porque nunca serão localizados todos os livros que um dia fizeram parte de sua biblioteca: muitos deles foram comprados ou estão sendo comprados agora na Strand por pessoas que não sabem quem era Markson. Esse gesto faz parte de seu legado. Um gesto final e definitivo que combinou a morte, a herança, a paternidade e uma só das infinitas livrarias, que, no entanto, resume o restante como um único conto para a literatura universal.

> Não há ideias, exceto nas coisas.
> — DAVID MARKSON,
> *The Reader's Block*
> [O leitor bloqueado]

# O FIM DE TODOS OS INÍCIOS

2025

Aquela livraria não foi apenas um refúgio, mas também uma etapa da minha vida. Muitas vezes eu ficava lá até a hora de fechar. Havia um assento perto das estantes ou, melhor dizendo, uma escadinha de certa altura. Eu me sentava nela para folhear os livros e os álbuns ilustrados. Perguntava-me se o dono tinha consciência da minha presença. Depois de alguns dias, sem parar de ler, ele me dizia uma frase, sempre a mesma: "O quê? Encontra algo que o faça feliz?".

— PATRICK MODIANO,
*No café da juventude perdida*

I

*A HISTÓRIA sem fim** começa com um menino que entra em uma livraria e, depois de passar por várias pilhas de livros, vê ao longe anéis de fumaça. Eles são exalados por um livreiro que fuma cachimbo. O menino se chama Bastian Baltasar Bux, é um leitor apaixonado e sofre bullying em uma época, os anos 1970, em que ainda não identificávamos a violência escolar com nenhuma palavra e se fumava com tranquilidade em espaços fechados. O homem se chama Karl Konrad Koreander e é o clássico livreiro antipático que prefere a leitura ao contato com seus clientes. Michael Ende nos conta nas primeiras páginas de seu romance que o jovem leitor B. B. B. sente-se atraído pelo livro que K. K. K. está lendo, intitulado *A história sem fim*, e pensa que era exatamente o que desejava: "Uma história que não acabasse nunca! O livro de todos os livros!"

* Michael Ende, *A história sem fim*, trad. Maria do Carmo Cary, São Paulo: Martins Fontes, 2022.

Como todos os romances, o de Bastian tem um começo e um fim. As crônicas e os ensaios, por outro lado, não começam nem acabam nunca: são intermináveis. Têm uma capa e uma contracapa, muitas vezes até um prólogo e um epílogo, mas são incapazes de conter a história ou as histórias que quiseram pensar e contar, porque não há discurso capaz de congelar a realidade. Os fatos, os dados não só precedem a escrita, como também desafiam sua capacidade de representação, pois vão além dela; e, quando você põe um ponto-final em suas reportagens ou em seu ensaio narrativo, a História, que continua gerando acontecimentos e fenômenos, logo os desatualiza e os supera. O desafio de todo livro de não ficção é permanecer relevante à medida que os anos passam e o mundo muda, empenhado em que ele caduque. Revelar-se, dupla e absurdamente: contra o devir e contra o real.

Desde que escrevi *Livrarias*, passaram-se treze anos e uma pandemia. Nesse tempo, o fascismo se espalhou novamente pelo planeta; o uso da rede social TikTok se popularizou, transformando obras literárias canônicas em fenômenos de massa, e o próprio conceito de rede social entrou em crise; a censura aumentou em todos os lugares, até mesmo em países democráticos; a inteligência artificial generativa explodiu, com sua vontade de questionar o que entendemos por autoria, por objeto cultural, por escrita, por leitura e por mundo; muitos livros sobre livrarias foram publicados, e muitas delas abriram e fecharam, como sempre aconteceu. Contudo, tanto as que sobrevivem e insistem quanto as recentes compartilham uma nova consciência de seu alcance e importância. Após décadas ou séculos sendo personagens secundárias da cultura, as livrarias se tornaram protagonistas.

O clássico e o viral, o físico e o digital parecem ter se entrincheirado em seus respectivos âmbitos: as arquiteturas robustas dos centros e das instituições culturais, de um lado; e, do outro, as telas, as plataformas e as redes sociais das corporações tecnológicas. Embora o pixel e o algoritmo conquistem cada vez mais quilômetros cúbicos, o certo é que eles também existem graças a estruturas materiais. E a tradição sempre foi, em nossa mente, virtualidade. A internet vive nesses corpos que são as torres e os servidores, os pontos de aterramento da Nuvem. E esses outros corpos que são os livros se tornam experiências de realidade aumentada cada vez que os ativamos com nossas mãos, olhos e cérebros, com nossos membros corporais. Tudo – absolutamente tudo – é ao mesmo tempo analógico e virtual.

Se durante milênios demos menos importância ao corpo do que à alma, agora tendemos a idealizar o que parece existir apenas nas telas, mas que na realidade – como os deuses – se encarna em corpos, humanos ou artificiais. Uma livraria, além de um labirinto de livros em papel, é também um centro de dados e um espaço imersivo. E vice-versa: a informática se organiza por meio de livrarias de programação, sistemas que classificam os fragmentos de código, porque todo o sistema cibernético é cultural e se baseia em uma nova forma de escrita, central.

A livraria e biblioteca Profética, de Puebla – a cidade colonial do México –, é um bom exemplo dessas convergências. Fundada em 2003 por José Luis Escalera, está localizada em uma propriedade do século XVI conhecida como Casa de la Limpia, que no início deste século estava em ruínas, era um lixão, um cemitério de cães mortos. Após sua aquisição, foi reformada pelo arquiteto Gonzalo Gómez-Palacio a partir de uma ideia arriscada: transformar a mansão por meio de um exoesqueleto de aço e madeira que sustentasse o peso dos livros sem impactar as paredes originais, de modo que a intervenção fosse teoricamente reversível. Ou seja, alguém, no futuro, poderia decidir remover a nova estrutura, e ainda permaneceria de pé o sólido fantasma do Vice-Reinado.

Em sua nova vida, a Casa de la Limpia passou a abrigar uma biblioteca pública, cujas paredes recebem faixas de luz que descem e sobem ao longo do dia, como um termômetro luminoso; uma livraria de cerca de trezentos metros quadrados; e um café. A forte presença dos materiais de construção e das dezenas de milhares de volumes encadernados não eclipsa a energia humana que percorre o edifício. A energia da leitura, da curiosidade, do estudo e do prazer. Tampouco oculta o fato de que todos os títulos disponíveis ao usuário ou ao cliente têm também uma identidade digital, gerenciada por catálogos e programas de informática. E que *Profética*.

Casa de la Lectura é tanto um projeto físico quanto uma marca com grande força nas múltiplas autoestradas da informação.

O fluxo de dados não é interrompido quando suas portas se fecham a cada noite. As livrarias do século XXI são ciborgues visíveis 24 horas por dia. Em sua atualização constante, frenética, tentam pulsar, por meio das novidades editoriais e de suas comunidades de leitores, no mesmo ritmo em que bate o coração do presente. São elas, de fato, que dão a última palavra: que os livros que tentam em vão nos narrar e nos pensar tenham ou não ponto-final.

## II

VISITEI LIVRARIAS que eram, ao mesmo tempo, sapatarias, lojas de objetos de design ou fotográficos, cabeleireiros, churrascarias (juro), sede de uma editora, oficina literária, loja de discos de vinil, cinema de arte e ensaio e simultaneamente laboratório cinematográfico (a Numax, em Santiago de Compostela), galeria ou até museu de arte contemporânea (como a impressionante Ona de Barcelona, que exibe em suas paredes cartas originais de Bob Dylan ou peças do coletivo Art & Language, de Damien Hirst ou Alicia Martín). Todas elas eram, por sua natureza híbrida, intrinsecamente estimulantes. E é para isto que vamos às livrarias: para que nossos neurônios recebam choques elétricos em vários graus de intensidade.

Embora persista a ideia purista da livraria, segundo a qual ela deve ser monopólio do papel, obsessivamente livrocêntrica, seu destino está ligado, sobretudo, ao dos projetos ou negócios que naturalmente implicam vários sentidos. Como o café e o vinho têm cheiro e gosto e acompanham harmonicamente a leitura, além de oferecerem uma margem de lucro muito superior à do livro, é natural a proliferação nos últimos anos de boas livrarias independentes com café, bar ou até restaurante. Penso na Olavide, em Madri, na Pessoa, em Querétaro, na The Wild Detectives, em Dallas, ou na Shakespeare and Sons, em Berlim. São múltiplas as formas de conversa e de percepção. E o livro as catalisa.

Se nossas experiências cotidianas – profissionais, culturais, até íntimas – dependem cada vez mais de nossos computadores e celulares, parece lógico imaginar que a livraria deve oferecer o que não podemos obter na tela. Carícia ou arrepio, um espectro de fragrâncias, contato visual, temperaturas e sabores, até um abraço.

Um dia, passeando pela rua da Escola Politécnica de Lisboa, encontrei por acaso a Almedina Rato, que eu não conhecia, apesar de ela já ter sido mencionada em vários livros importantes sobre as livrarias do mundo. Para minha surpresa, descobri que ocupa o mesmo local da antiga Oficina de Vidro e Mosaicos de Arte Ricardo Leone, que nas décadas de 1930 e 1940 se destacou por seu trabalho refinado com vidro colorido. Nos cantos, podem-se ver as ferramentas e o maquinário da oficina original; e, na parte superior das paredes, não só vitrais, mas também os frascos químicos que tradicionalmente se usava para pintá-los.

A última vez que estive em Veneza, me deparei, também por acaso, com a Studium, uma livraria internacional e olfativa que abriu em 2022 com um laboratório e uma escola de perfumaria no andar superior. A marca de perfumaria The Merchant of Venice é a responsável pela reformulação radical da clássica livraria veneziana, que eu não tinha visitado em minhas viagens anteriores, apesar de meu instinto aracnídeo que sempre me guia em direção às livrarias. Em outro estabelecimento italiano, a Luxemburg de Turim, me deram o perfume com o qual ambientam o local, especialmente elaborado para eles. Cada livraria, de fato, deve defender seu próprio cheiro, sua própria química, suas texturas e temperaturas próprias, suas mesclas. Com uma fórmula que não seja óbvia. Porque, apesar do ar familiar que aproxima todas as livrarias do mundo, como os seres humanos e suas obras, elas buscam, acima de tudo, sua *diferença*.

|||

EM 10 DE OUTUBRO de 1968, o último dia de vida de Marcel Duchamp começou em uma livraria e terminou com uma foto.

Pela manhã, ele se aproximou da Vuibert do boulevard Saint-Germain – nos contam seus biógrafos, nos lembra Donald Shambroom em *El último día de Duchamp* –, onde ainda havia exemplares de *Les anaglyphes géométriques* [Os anáglifos geométricos], um livro de anáglifos com óculos de lentes bicolores, publicado pela própria livraria, que ele comprara ali mesmo nos anos 1930 e que faz parte da gênese daquela que talvez seja sua última obra, a lareira anáglifa que ele projetou para seu apartamento em Cadaqués; também comprou na venerável livraria uma edição de escritos humorísticos de Alphonse Allais, porque não compreendia a arte sem o riso.

Embora toda a sua vida tenha estado intensamente relacionada aos livros e às livrarias, entre 1913 e 1915 essa relação foi particularmente intensa, devido ao seu trabalho como bibliotecário da Bibliothèque Sainte-Geneviève de Paris. Foi o grande ponto de inflexão: entre a viagem a Munique, que significou sua despedida da pintura, e a viagem a Nova York, onde iniciou seu projeto radical através dos conceitos. Na imponente sala de leitura, ele se aprofundou nos livros sobre perspectiva e geometria que lhe permitiriam assinar *O grande vidro* ou *Étant donnés*. Pouco antes de morrer, um velho livro em uma velha e querida livraria lhe lembrou que ele passara a vida toda lendo e pensando sobre como construímos nosso olhar.

À noite, sua esposa Teeny e ele receberam seus amigos em comum Robert e Nina Lebel, Man e Juliet Ray, para saborear um delicioso faisão. Conversaram e riram até tarde. O casal ficou acordado depois de se despedir dos convidados. E, à uma hora da madrugada, Duchamp foi ao banheiro. E morreu. Morreu, embora seu epitáfio, escrito por ele mesmo para a lápide onde suas cinzas descansam – sem um funeral prévio –, no Cimitière Monumental de Rouen, diga: "(Por outro lado, são sempre os outros que morrem)."

Minutos mais tarde, Man Ray, depois de receber uma ligação telefônica de Teeny, voltou à casa onde jantara e fez uma foto póstuma de seu amigo. Não é estranho: uma de suas fotografias mais famosas é a do rosto do cadáver de Marcel Proust, que ele fez em 1922 a pedido de Jean Cocteau.

Mas com Marcel havia um forte vínculo. E a imagem permaneceu invisível por muito tempo. Até que um dia, como tudo, ela acabou sendo revelada.

## IV

OS LIVROS não são revelações etéreas, não existem no ar das ideias, mas na terra dos corpos. Eles se inscrevem quase sempre nos circuitos da indústria, nos Excels e nos arquivos das livrarias e das bibliotecas, nos debates jornalísticos, no labirinto do campo cultural. Depois de se consagrar como finalista do prêmio Anagrama de Ensaio, a vida deste livro me permitiu entender muito melhor os mecanismos de todas essas instâncias, tanto na Espanha quanto no mundo todo. Essas viagens me fizeram perder o que me restava de inocência editorial, o que quase sempre é bom. E ampliaram meu panorama das livrarias de uma maneira que eu nunca teria imaginado.

Eu o escrevi no verão de 2012, depois de uma viagem com Marilena, minha esposa, à Colômbia e à Venezuela. Quando voltamos, em vez de repetir o gesto que tinha caracterizado o fim de todas as minhas viagens anteriores – que consistia em guardar em uma caixa os marcadores de página, cartões, publicações ou anotações sobre livrarias que eu trazia comigo depois de vários dias, semanas ou meses fora de casa –, por alguma razão decidi, então, abrir todas as caixas acumuladas. Descobri dezenas de objetos e lembranças. Espalhei-os sobre a mesa de jantar, sobre o sofá e sobre o chão. Talvez porque, algum tempo antes, eu tivesse visitado no Museu Reina Sofía de Madri a exposição *Atlas. ¿Cómo llevar el mundo a cuestas?*, naquela sucessão desordenada de fragmentos de história cultural, memorabilia e autobiografia, com vestígios de livrarias dos cinco continentes, de repente vi ali um mapa-múndi. E um livro com vocação de atlas, uma máquina do espaço. E do tempo.

Meu olhar havia se tornado particularmente cartográfico durante os meses que precederam aquela viagem. Além disso, no ano anterior, eu estivera na África do Sul e conhecera livrarias em Joanesburgo e na Cidade do Cabo. Intuo que, em meu cérebro, aquela viagem foi crucial para o futuro projeto, ainda inconsciente, porque até então, em minha estranha coleção, havia livrarias da Europa, América, Ásia, Austrália e do Norte da África, mas não da África negra. E, para as simetrias e lógicas que regem um livro que só faz sentido se for – na medida do impossível – global, aquela experiência sul-africana era necessária.

Eu o escrevi em um par de meses, porque, na verdade, eu estava escrevendo-o havia muitos anos. Visitei as primeiras livrarias daquela coleção caótica em 1996, durante uma longa viagem pela Grã-Bretanha, e dois anos depois entendi sua importância na Guatemala. No entanto, na escrita de *Livrarias*, não só convergiram muitas viagens, mas também toda uma vida de leituras. Em seus capítulos, estão presentes vários dos autores que me marcaram, desde Walter Benjamin, Stefan Zweig e Susan Sontag até Jorge Luis Borges, Julio Cortázar e W. G. Sebald, junto a ecos de leituras de Teoria Literária, Sociologia, História da Viagem ou Arquitetura. Além de minha biblioteca, o Google foi de grande ajuda em todo o processo. Graças aos seus buscadores de notícias, livros ou mapas, o pixel foi se entrelaçando com a própria rede da literatura. Foram longas sessões de escrita feliz, nas quais, durante doze ou catorze horas, eu ia entrelaçando as lembranças das viagens e das leituras decisivas com os dados e as histórias que ia encontrando em minha biblioteca ou nos textos on-line. Foi o primeiro livro que escrevi sempre conectado à internet. Sua forma, de fato, é uma dupla rede: de viagens e conexões no mundo geográfico e de hiperlinks que não são visíveis.

Durante anos, comprei volumes sobre livrarias em todos os idiomas que leio. A maioria eram histórias de livrarias concretas, autopublicações para celebrar algum aniversário. Eu também tinha guias e mapas das livrarias de algumas cidades. Mas, para minha surpresa, não existia uma história cultural das livrarias nem um guia das melhores do mundo. Era estranho, porque as livrarias contêm guias e ensaios que contam a história dos meios de locomoção ou de comunicação, de suas cidades e países, do planeta e até do Universo.

São muitas as livrarias que existem no interior de edifícios com muita história (como a Norli de Oslo, no mítico cinema El Dorado, ou a Puro Verso de Montevidéu, na mansão do século XIX que fazia parte do complexo do Palácio Santos). Há livrarias que narram, em suas paredes, em suas vitrines, a história do livro ou de alguns livros (como a Linardi y Risso, também em Montevidéu, ou a incrível Ulysses Rare Books, em Dublin), ou de si mesmas (como acontece na Documenta de Barcelona, que em 2025 completa meio século de vida, ou na La 22, de Girona, com aquela fotografia de uma apresentação com Javier Cercas e Roberto Bolaño, ou no Dae-o, um autêntico museu do livro coreano, em Seul). Mas não existe, que eu saiba, nenhuma metalivraria. Nem existia em 2012 nenhuma enciclopédia, nenhum breviário sobre as livrarias do mundo. Por isso, porque não existia um livro como este, decidi escrevê-lo.

V

"ANTONIA. LA OFICINA del Libro vai ser minha última livraria", me disse Selva Hernández na última vez que estive na Cidade do México. Ela pertence à grande família de livreiros da megalópole impossível, os dez irmãos López Casillas que deram continuidade ao ofício de seu pai, Ubaldo López Barrientos, multiplicando as lojas de compra e venda de livros usados na mítica rua Donceles. Dez de treze irmãos: 76% da genética teve vocação livreira. Selva Hernández, neta do patriarca, esteve à frente da A Través del Espejo, fundada por sua mãe, e da La Increíble Librería, junto a Alejandro Magallanes. E agora decidiu viver no primeiro andar de um prédio cheio de livros, onde também ministra workshops e oferece café. O tempo dirá se é ou não a última livraria de sua vida.

Designer gráfica e docente, além de livreira, ela assinou três projetos que pensam de forma textual e visual o passado, o presente e o futuro das livrarias: o livro *Libreros. Crónica de la compraventa de libros en la Ciudad de México*, confeccionado com Mercurio López, uma crônica familiar e um precioso arquivo fotográfico, que inclui também três mapas que localizam tanto as livrarias vivas quanto as que se tornaram fantasmas, além de uma árvore genealógica da dinastia livreira; a infografia *Mapa de librerías de México*, que expande a pesquisa a todo o território nacional; e a pesquisa de etnografia especulativa *Futuro de las librerías y editoriales independientes*. Entre suas conclusões, destaca-se a necessidade de conhecer a tradição para projetar estratégias de futuro. E a de pensar em formas de inclusão tanto das escritas geradas com inteligência artificial quanto da comunicação com seres não humanos de natureza biológica, como outros animais, fungos ou plantas. Do papel e do mundo clássico, portanto, avançamos para novas maneiras de entender as relações dos livros com as inteligências humanas e mais que humanas.

Como diz o artista e escritor James Bridle em seu ensaio *Maneiras de ser*,* a Ecologia é o estudo das inter-relações, das "cordas que nos unem com tudo que há" e é essencial compreender que "essas relações abrangem as *coisas*, além dos *seres*". A chave dessas novas relações com os artefatos e com as criaturas que nos cercam, desses entrelaçamentos tecnobiológicos, é dupla: atenção e cuidado. As livrarias sempre foram espaços habitados por pessoas atentas, com especial devoção pelos objetos, e atravessados pela companhia e pela conversa.

Eu entendi isso em Estocolmo, em uma noite na casa de Jan Smedh, o livreiro da The English Bookshop, à qual ele convidou todos que trabalham com ele; e, no dia seguinte, na sede original da livraria em Uppsala, muito perto do Jardim Botânico de Lineu, que no século XVIII transformou um jardim abandonado em um centro de estudos precioso e pioneiro. Todos aqueles leitores compulsivos suecos faziam a curadoria dos livros e cuidavam uns dos outros: formavam uma grande família. Como as humanas e os gatos, que sobem e descem as escadas da oficina do livro de Selva Hernández, uma biologia que faz com que a livraria se confunda com o lar.

Não me espantei que a The Last Bookstore, que nasceu em Los Angeles com um nome provocador, mas não apocalíptico,

---

* James Bridle, *Maneiras de ser*, trad. Daniel Galera, São Paulo: Todavia, 2023.

abrisse a filial Lost Books precisamente em meados de 2021, quando a quinta pandemia mais mortal da história, que ceifou cerca de 7 milhões de vítimas, nos lembrou com força sobrenatural da presença de outros agentes em nossos ecossistemas. A irmã mais nova da famosa livraria de Los Angeles, que conta sua história através de um fanzine, te recebe com um túnel vegetal e um aquário. Na mesma cidade, a Skylight Books tem uma árvore em seu centro. Um centro que, como todos os centros, é ao mesmo tempo físico e simbólico. Deveríamos ser biocêntricos: a espinha dorsal de tudo sempre é a vida.

Seguindo a rota de Hunter S. Thompson em *Medo e delírio em Las Vegas*,* fui de Beverly Hills a Nevada, passando por Barstow; e, além dos famosos hotéis cassinos que clonam os canais de Veneza ou a Torre Eiffel, visitei lá a Writer's Block Bookstore, que se define como uma "livraria, café, oficina literária para jovens e santuário de pássaros artificiais". E, de fato, há em seu interior um belo diálogo entre os livros nas estantes de madeira e as figuras de aves, entre a cultura bibliográfica e o cultivo de plantas e árvores.

A livraria Finestres, que abriu suas portas também em 2021 com um espírito warburgiano (na seção de ensaio, os títulos estão organizados conforme temas mais ou menos caprichosos e nunca evidentes, como "Cosmologias", "Mulheres com poder", "Melancolia", "Mar") e com ambição de mecenas (sua fundação dedica dezenas de milhares de euros a prêmios e bolsas de estudo e conta com sua própria residência de escrita na casa da Costa Brava onde Truman Capote escreveu *A sangue frio*),** acrescentou um jardim vertical à sua varanda nos fundos, que assim se transformou em um pequeno refúgio climático em pleno distrito de Eixample, em Barcelona.

A cidade que, em todo 23 de abril, celebra o casamento simbólico entre as rosas e os livros, entre o cultivo e a cultura, poderia ter explorado há muito tempo as livrarias floriculturas. Parece-me uma simbiose tão natural quanto a

---

* Hunter Thompson, *Medo e delírio em Las Vegas*, trad. Daniel Pellizzari, Porto Alegre: l&pm, 2010.

** Truman Capote, *A sangue frio*, trad. Sergio Flaksman, São Paulo: Companhia das Letras, 2003.

do café ou o vinho. Em todas as minhas viagens, no entanto, encontrei poucas lojas que combinem flores com a livraria. A mais estimulante talvez seja a Huella Botánica, de Buenos Aires, onde convivem harmoniosamente a leitura com a jardinagem e a reflexão sobre alimentação, Agronomia, Neurobiologia, paisagismo ou o pensamento das selvas. A Page One, de Pequim, com seus seis andares mutantes – o design arquitetônico vai mudando conforme o tipo de livro que cada seção contém –, inesperadamente abriga uma área onde se vendem orquídeas e outras plantas de interior. Em minha lista de livrarias futuras, ainda por visitar, está a Wutopia Lab, de Xangai, projetada como um jardim tradicional chinês. Faz todo sentido: vamos às livrarias para nos enraizar provisoriamente nesse tipo de espaços: austeros, harmônicos, inclinados a certa espiritualidade, a certo estado de consciência, sereno, ecológico, cada vez mais raro, do qual necessitamos como a água que bebemos.

## VI

LEMBRO-ME DE QUE, após a apresentação em Valência de *Livrarias*, poucas semanas depois de sua publicação em 2013, recebi um e-mail do editor Jorge Herralde no qual me dizia que a segunda impressão já estava na gráfica. Lembro-me de que, durante alguns dias de férias em Canet de Mar, a poucas semanas do nascimento de nosso primeiro filho, recebi outro e-mail importante: minha agente, Nicole Witt, me contava que havíamos recebido uma oferta para a tradução de *Livrarias* para o inglês. O contrato que assinei alguns meses depois com a MacLehose Press despertou o interesse internacional pelo livro. Logo chegaram ofertas da França, da Itália e de outros países mais distantes, que deram início a uma série de traduções e viagens que me levaram a Londres, Moscou, Tóquio, Pequim, Seul, Miami e outras cidades. Todas essas viagens foram memoráveis, mas em algum momento comecei a acumular tantas lembranças de livrarias que passei a sentir a necessidade de organizar não apenas meu arquivo físico, aquelas caixas no armário, mas também o digital.

Com um iPhone no bolso, na companhia de editores e tradutores, a experiência de visitar livrarias mudou radicalmente. Durante anos eu havia chegado até elas a pé ou por transporte público, depois de buscá-las em todo tipo de fonte, sem um plano, sem um método, às vezes sem sequer uma câmera fotográfica. Em muitos casos, não tinha conseguido conversar com seus livreiros por não dispor de um idioma em comum ou por súbitos ataques de timidez. Agora, ao contrário, eu chegava às livrarias de táxi ou em veículo particular, com intérprete; e suas livreiras e livreiros já estavam me esperando. E me concediam privilégios. Na Lello, do Porto, por exemplo, seus novos donos – Pedro e Aurora Pinto – me deram acesso à livraria mais turística do mundo enquanto estava fechada ao seu numeroso público, de modo que, além de visitar com exclusividade o museu que abriram no subsolo, com vários tesouros emocionantes (como parte do patrimônio de Michael Seidenberg, que dirigiu até sua morte, em 2019, a lendária livraria clandestina Brazenhead, em um apartamento próximo ao Central Park), pude tirar fotos com as quais todo turista cultural sonha.

Esses presentes, é claro, só fizeram aumentar a suspeita de que eu era, na verdade, um impostor. Não sou especialista em livrarias. As traduções para outros idiomas são, muitas vezes, fruto do acaso. Eu havia me tornado alguém dividido: já não podia desfrutar sempre do anonimato e do prazer que vem de certa inocência, mas, em troca, ia adquirindo uma visão cada vez mais profunda e internacional do presente mutante das livrarias. Como ser um suposto profissional, apesar de tudo, genuinamente apaixonado? Como lidar com a habitual síndrome do impostor que afeta todo escritor diante dessa nova capa de especialista, tendo plena consciência de que não sou, nem quero ser, especialista em absolutamente nada?

Assim pude, enfim, compreender melhor não apenas a história ou o espírito de algumas das melhores livrarias do mundo, mas também as relações e os ecos que existem entre todas elas. Como o arquivo digital permite voltar repetidamente às imagens e dar zoom nos detalhes que mais te interessam, ele foi se tornando tão essencial quanto meu arquivo físico nessa minha estranha vocação de detetive intermitente de livrarias. Às vezes me sinto, diante da tela de meu laptop, como em um observatório global, um mosaico gigantesco, que resumo e interpreto com dificuldade por meio da escrita e suas máscaras.

## VII

A ROMANCISTA japonesa Yoko Ogawa imagina, em *A polícia da memória*,* uma ilha na qual desaparecem tanto os objetos e os seres quanto a lembrança deles. Ou seja, de repente já não existem mais os guizos, os perfumes ou as rosas; e poucos dias depois ninguém se lembra o que eles eram. Um corpo policial vela para que o desaparecimento seja completo, vasculhando os lares para destruir desenhos, anotações, fotografias ou livros em que apareça ou seja mencionado aquilo que já deixou de existir, a fim de apagar qualquer vestígio, o rastro que se volatiliza, todo tipo de documento. Um dia, de repente, já não existem mais fotografias. A protagonista do romance é precisamente uma escritora. E esta é a pergunta fundamental que a ficção propõe: é possível ser escritor em um mundo sem memória?

Nosso mundo, por sorte, se lembra virtualmente de tudo. A Nuvem digital é cada vez maior. Os arquivos coletivos e individuais não param de crescer. Um telefone celular ou um laptop contém muito mais informação do que uma biblioteca inteira de séculos passados. De forma paradoxal, esse aumento das ferramentas que incentivam a lembrança tem sido inversamente proporcional à nossa capacidade de recordar. Recorremos constantemente a essas memórias externas que são nosso e-mail, nosso histórico de conversas, nossas fotos digitais, porque somos incapazes de acessar de imediato dados – mesmo os fundamentais – que, no mundo anterior à internet, faziam parte de nossa consciência (basta pensar nas datas de aniversário ou nos números de telefone das pes-

---

* Yoko Ogawa, *A polícia da memória*, trad. Andrei Cunha, São Paulo: Estação Liberdade, 2021.

soas queridas). E é por isso que nossas bibliotecas pessoais são tão importantes: organizam o caos e a incerteza, neutralizam um pouco o esquecimento, ajudam a dar à nossa vida um mínimo, indispensável sentido. E é por isso que lemos e inclusive escrevemos livros: eles geram conjuntos provisoriamente coerentes a partir da sucessão ininterrupta de fatos mais ou menos isolados, como o hábito de visitar livrarias.

Passei a incluir as bibliotecas públicas – nacionais, acadêmicas, de bairro, clássicas e inovadoras – nos passeios pelas metrópoles que iam surgindo em meu caminho, porque entendi que a energia de todo livro passa por dois vértices, o das livrarias e o das bibliotecas, antes de convergir em um terceiro: o de nossas bibliotecas pessoais.

É difícil encontrar livrarias que habitem harmonicamente dentro de bibliotecas. Só me ocorrem um ou dois exemplos. Um seria a sede da Readings, que te dá as boas-vindas à National Library of Victoria, em Melbourne, uma impressionante biblioteca panóptica de meados do século XIX. O outro, ainda mais sedutor, é o das Bouquinistes, aquelas três livrarias, cada uma em sua casinha de madeira e vidro, projetada com grande bom gosto, que te recebem no andar térreo da Grande Bibliothèque de Montreal: a Yann Vernay Libraire, a Librairie Bonheur d'occasion e a Librairie Lingue, do livreiro de origem colombiana Fernando Uribe, que assinou seu contrato vital com os livros durante a época universitária, na biblioteca da Universidade McGill. Na sala infantil da biblioteca, em grandes letras verdes, pode-se ler: "*Tout est possible.*"

Embora, na ilha desmemoriada de *A polícia da memória*, "o catálogo da biblioteca não apenas deixasse de crescer, como tendia a diminuir, fato que, é claro, não provocava queixa nem lamento entre os satisfeitos ilhéus", enquanto "as livrarias enfrentavam um destino igualmente decrépito", em muitos de nossos vilarejos e cidades, por sorte, o panorama tanto não é desolador quanto transmite esperança e até um possível entusiasmo. Na última década, mudou-se a narrativa internacional sobre as livrarias, que passou da derrota para o otimismo, e se fortaleceu o papel social das bibliotecas, que em muitos lugares passaram a ser máquinas de gerar orgulho – quando não, ícones arquitetônicos e culturais.

O prêmio de melhor biblioteca pública do ano, concedido pela Federação Internacional de Associações de Bibliotecários e Bibliotecas, recentemente foi concedido a instituições como a norueguesa Deichman Bjørvika, a Biblioteca Gabriel García Márquez de Barcelona, a Missoula Public Library dos Estados Unidos, a nova Biblioteca da Cidade de Pequim (com suas colunas em forma de árvores e com vista para uma floresta) ou a Oodi Helsinki Central Library. Em parceria com essa biblioteca da Finlândia, a artista britânica Katie Paterson concebeu o projeto Future Library, que consistiu em plantar mil árvores na floresta de Nordmarka, perto de Oslo, para obter o papel necessário, em 2114, para imprimir os exemplares de cem textos que, à razão de um por ano, terão sido escritos por cem autores e autoras de todo o mundo. Já participaram nomes como Margaret Atwood, Valeria Luiselli, Han Kang e Karl Ove Knausgård. Suas obras permanecem guardadas em uma câmara da biblioteca que foi construída com a madeira das árvores retiradas da floresta para dar lugar aos mil novos membros da comunidade.

Essa aliança entre livrarias e bibliotecas, entre projetos públicos de incentivo à leitura e negócios privados que também buscam que as pessoas leiam – de forma crítica e sistemática, e ainda assim com prazer – é fundamental para o fortalecimento da democracia e da consciência climática, no contexto do avanço paralelo e interligado da ultradireita e da inteligência artificial. Em uma atmosfera cada vez mais pós-verdadeira, em que a esfera pública está sendo automatizada, as bibliotecas e as livrarias, os espaços que se nutrem exclusivamente de textos editados e verificados, estão adquirindo uma importância ainda maior do que a que já tinham. São refúgios da informação, dos dados, dos fatos comprovados, enquanto lá fora espreita a intempérie.

VIII

SE A NOVA ordem climática explica o surgimento de livrarias preocupadas com a Ecologia, que promovem clubes de leitura sobre meio ambiente e cuidados, algumas a partir de geolocalizações inesperadas – como a NaturaLlibres, que nasceu em um antigo estábulo e revestiu suas paredes com diferentes tipos de madeira das florestas próximas, em uma aldeia de oitenta habitantes nos Pirineus catalães –, o auge global do populismo e da ultradireita faz com que as livrarias politicamente comprometidas sejam mais importantes do que nunca.

A formação em teoria marxista ou em pensamento ecológico, que antes era própria das faculdades de Ciências Políticas ou de Filosofia e Letras, agora é frequentemente dada em livrarias ou espaços culturais híbridos que assumem a missão educativa das instituições acadêmicas como própria. No bairro de Coyoacán, na Cidade do México, a U-tópicas, que tem como subtítulo "Livros, arte, feminismo, movimentos sociais", exibe na faixa superior de sua loja dezenas de retratos de escritoras e pensadoras contemporâneas. Na Espanha, com espírito cooperativista, a Traficantes de Sueños em Madri ou a Katakrak em Pamplona conseguiram construir comunidades amplas, que justificam a existência de grandes espaços onde se vendem e discutem tanto os ensaios políticos publicados pelos grupos editoriais quanto os que circulam pelos pequenos selos alternativos, entre eles os das próprias livrarias, que também editam, agitam e animam redes de economia social e solidária. As três são espaços amplos, com muitos livros e áreas de interação e diálogo, onde se organiza todo tipo de atividades e provocações. Desse modo, expande-se o que entendemos por livraria. Assim, a Alma Negra, em Santiago do Chile, é considerada tanto livraria quanto plataforma. E afirma em seu manifesto: "Busca acolher e criar uma comunidade leitora e autora interessada em descobrir e encontrar em um só lugar referências literárias que abordem temas de interesse crítico, apostando no diálogo, no debate e na colaboração que podem ser propiciados a partir dos livros como suportes materiais e simbólicos."

Frequentemente, esse ativismo político se torna evidente na seção de fanzines, um tipo de publicação que retornou com ímpeto nos últimos anos, para nos lembrar de que sempre é necessário um estrato contracultural em todas as nossas estruturas. Lembro-me de que na Falanster, a livraria underground de Moscou, havia tanto fanzines sofisticados, com ambição artística, quanto folhas fotocopiadas e grampeadas, em russo e em inglês, que privilegiavam a comunicação de certas ideias em detrimento de qualquer consideração estética. Era, sem dúvida, um gesto rotundamente político. Não me surpreendi ao descobrir que seu proprietário, Boris Kupriyanov, foi acusado em 2010 de distribuição de pornografia por vender livros de Virginie Despentes ou Lydia Lunch. Em uma conversa com livreiros russos em outra livraria emblemática da capital, a Piotrovsky, entendi que a oposição a Vladimir Putin passa pela oferta de materiais de leitura contrários ao discurso oficial. Se o governo impulsiona a homofobia, a transfobia, a censura e a guerra, as livrarias independentes oferecem em suas mesas e prateleiras livros e fanzines que denunciam essas políticas e práticas repressivas e violentas, defendendo a diversidade sexual, a tolerância, a liberdade de expressão e a paz. Para isso, claro, assumem grandes riscos. A comunidade moscovita de editores de fanzines, de fato, diminuiu nos últimos anos: a maioria agora vive no exterior.

A censura de livros não cessou de crescer durante o século XXI. E os Estados Unidos se tornaram uma de suas potências mundiais: em suas escolas públicas, durante o ano letivo de 2023–2024, cerca de 10 mil títulos foram proibidos, o triplo do ano anterior, não apenas com personagens homossexuais ou trans, mas também por tratar da escravidão ou da evolução humana. Como a Flórida é um dos estados mais castigados pela intolerância, na livraria Books & Books de Miami foi pintado um mural no qual se lê "A censura nos deixa na escuridão. Nós lemos livros censurados"; e a seguir vemos títulos como *O grande Gatsby*, *Senhor das moscas*, *1984*, *Lolita* ou *Os versos satânicos*.*

---

* F. Scott Fitzgerald, *O grande Gatsby*, trad. Vanessa Barbara, São Paulo: Penguin-Companhia, 2011. William Golding, *Senhor das moscas*, trad. Sergio Flaksman, São Paulo: Alfaguara, 2021. George Orwell, *1984*, trad. Heloisa Jahn e Alexandre Hubner, São Paulo: Companhia das Letras, 2019. Vladimir Nabokov, *Lolita*, trad. Sergio Flaksman, São Paulo: Alfaguara, 2011. Salman Rushdie, *Os versos satânicos*, trad. Misael H. Dursan, São Paulo: Companhia das Letras, 2008.

Em 12 de agosto de 2022, trinta e três anos depois de ter sido condenado à morte pelo aiatolá Khomeini, Salman Rushdie não só foi esfaqueado no olho por um jovem tão radical quanto desorientado – que não o matou graças à ação de várias pessoas que haviam assistido à conferência –, como também continuava a sofrer a violência da censura de sua obra mais conhecida, tanto em ditaduras quanto em democracias. Em *Faca*,* seu livro sobre o atentado, afirma que "as pessoas que são objeto de violência experimentam uma crise em sua compreensão do real". Por isso, os autores e os leitores sob ameaça devem ser defendidos por aqueles que podem manter a distância crítica e pelas instituições. Nesse contexto, a Federação Europeia e Internacional de Livreiros deixou claro que é necessário defender tanto a alfabetização e a compreensão leitora, em papel ou por meio de novas tecnologias, quanto a liberdade de expressão, um direito humano e um pilar da democracia, uma ideia cada vez mais fragilizada.

## IX

NA QUARTA-FEIRA, 27 de novembro de 1985, Borges passou na livraria Alberto Casares – então localizada na Arenales, 1739 – sua última tarde em Buenos Aires. Ali, foi organizada uma mostra das primeiras edições da bibliografia borgiana, a coleção de José Gilardoni. Fazia tempo que não via seu amigo íntimo Adolfo Bioy Casares, parente do livreiro. Nenhum dos dois poderia saber que seria o último encontro, pois no dia seguinte Borges partiu para Milão e Veneza, acompanhado de María Kodama. Embora sua saúde piorasse dia após dia, Bioy anotou em seu diário que o achou com boa aparência. A partir de então, só se comunicaram por telefone. Em 12 de maio de 1986, Bioy lhe disse: "Estou ansioso para te ver", e Borges respondeu que não voltaria. Àquela altura, vivia com sua esposa em Genebra.

---

* Salman Rushdie, *Faca: reflexões sobre um atentado*, trad. Cássio Arantes Leite e José Rubens Siqueira, São Paulo: Companhia das Letras, 2024.

Mudaram-se para um apartamento no número 28 da Grand--Rue, quando o fim já era inevitável. A poucos metros dali, funcionava na década de 1950 a livraria antiquária Illibrairie, que, após décadas de exílio, retornaria a essa rua em 1995, muito perto de onde está a discreta placa que homenageia o autor de *Ficções*.

X

COMO A AUTOBIOGRAFIA é sempre um marcador fluorescente no interior de um ensaio de história cultural, os trechos mais comentados deste livro foram os que relatam minha infância em uma casa sem livros; minha primeira lembrança do desejo voraz de possuir um livro (um manual para jovens detetives, em uma papelaria de bairro); minha experiência adolescente ajudando meu pai em sua distribuição como funcionário do Círculo de Leitores, que me abriu as portas das casas de pessoas que tinham bibliotecas enormes e que me permitiram nutrir minha própria biblioteca com volumes quase de luxo, como as obras completas de Borges.

Passei três décadas repetindo que na casa de meus pais, na casa onde cresci, não havia livros. E isso é verdade. Mas quando, há seis ou sete anos, finalmente entendi que minha biblioteca não precisava mais crescer, mas se manter no número de exemplares que se pode controlar, ao mesmo tempo que meus filhos começavam a construir sua própria coleção de livros, deixei de sentir a pressão daquele vazio de minha infância. Era um poço que eu tinha de preencher com volumes e leituras. Um poço com fundo que, aos quarenta anos, se desfez lentamente até desaparecer como angústia ou impulso e se tornou apenas um pulsar, um eco. A escrita de *Livrarias* em meados de 2012, nesse sentido, foi o início de um fim.

A necessidade de reivindicar aquela falta se transformou, nos últimos tempos, na vontade contrária: a de buscar o que havia em seu lugar, a de encontrar as presenças que também determinaram meu futuro como leitor que escreve, além daquela dúzia de livros presenteados por instituições sociais, o *Decameron*\* que li às escondidas ou o dicionário no qual meu pai e minha mãe resolviam suas tensas discussões sobre certas palavras.

Em minha infância não havia livros, mas havia conversa. Minha mãe lembra que, no ano em que passamos os três em Tarragona, o primeiro de minha vida, ela não parava de falar comigo, porque se sentia muito sozinha e porque percebia que eu gostava de ouvi-la. Não me lembro de ter alguma vez comido sozinho ou apenas com meu irmão: comíamos os cinco, os seis quando minha irmã nasceu, nos fins de semana e de segunda a sexta-feira, pois meu pai fazia uma jornada fracionada e minha avó Pepa morava conosco. E conversávamos sobre tudo. À noite, minha mãe lia em voz alta para meu irmão e para mim. Lembro com intensidade de *Pequenos contos negros*,\*\* de Blaise Cendrars, e *Momo*,\*\*\* de Michael Ende. "Os homens de cinza", descobri anos mais tarde, não eram apenas personagens memoráveis, mas também o subtítulo do romance. A literatura esteve sempre ao meu redor, mas nas formas quase intangíveis da oralidade e do carinho.

Meu pai consertava telefones e minha mãe costurava em casa. Meu pai era um empregado da Companhia Telefônica Nacional da Espanha; minha mãe trabalhava para Juan, que vinha uma vez por semana com um par de sacos cheios de roupas para finalizar e recolhia as peças que minha mãe havia costurado, e lhe pagava em dinheiro vivo. Minha educação (a escola primária particular, os livros e o material escolar, as excursões, a escola de inglês que nunca aproveitei como devia, o trem e as refeições dos quatro anos de faculdade) foi paga por duas pessoas que resumiam a economia espanhola da Transição: metade subterrânea, metade emergente, relativamente próspera, sempre esforçada.

---

\* Giovanni Boccaccio, *Decameron: dez novelas selecionadas*, trad. e org. Maurício Santana Dias, São Paulo: Cosac, 2025.

\*\* Blaise Cendrars, *Pequenos contos negros*, trad. Priscila Figueiredo, São Paulo: sm, 2014.

\*\*\* Michael Ende, *Momo*, trad. Monica Stahel, São Paulo: wmf Martins Fontes, 2012.

Com seus salários, os dois pagaram, durante vários meses, três enciclopédias e uma coleção de fichas de animais que li com entusiasmo. Aproveitei ao máximo duas daquelas enciclopédias, porque se tornaram sinônimos do mundo antes do primeiro atlas do ensino médio; mas uma delas, de Ciências, tinha nível universitário, e eu era uma criança que tendia para as letras apesar de meu microscópio e minha paixão pelo laboratório. Às vezes me pergunto como seria o vendedor que os enganou, que os convenceu de que meu irmão e eu nos beneficiaríamos daqueles volumes tão técnicos que eles não podiam pagar e que, no entanto, compraram a prazo para nós, porque tínhamos de estudar tudo que eles não estudaram. Embora, pensando bem, é assim que se constroem as bibliotecas: adquirindo livros de que você precisará dentro de dez, quinze, trinta anos, ou nunca. Com esses horizontes móveis de futuro, a biblioteca vai se confundindo com a vida. E com suas aspirações. E com seus acertos e erros.

Desde pequeno, brinquei com aparelhos de disco ou com teclado, modelo Heraldo ou Góndola. Ainda conservo um telefone antigo, preto e dourado, com um toque que feria os tímpanos, agora mudo e desconectado no alto da estante da Ikea onde se alinham as antologias literárias. Também dobrei muitos pijamas, mangas e agasalhos, que minha mãe costurava em uma Overlock ainda mais barulhenta, cujo rugido regular marcava os ritmos da casa. Meus pais, entendo agora que me aproximo dos cinquenta, eram profissionais do tecido. Seus fios continuam lá, sob meus pés, a uma distância razoável, de segurança. Constituem uma rede paralela àquela que tracei com meus próprios textos.

Em *O funâmbulo*,* que Jean Genet dedicou a seu amante Abdallah Bentaga, um equilibrista de dezoito anos, filho de pai argelino e mãe alemã, que se dedicava às acrobacias, o autor francês escreveu uma das grandes fábulas sobre o artista moderno:

---

* Jean Genet, *O funâmbulo*, trad. Aníbal Fernandes, Lisboa: Hiena, 1984.

Para adquirir essa solidão absoluta que é necessária se deseja realizar seu trabalho – surgida de um nada que ao mesmo tempo se preencherá e se tornará perceptível –, o poeta pode se expor ao perigo em uma posição que será para ele a mais perigosa. Cruelmente, afasta todo curioso, todo amigo, toda solicitação que pudesse inclinar sua obra para o mundo.

Durante muitos anos, concentrei-me sobretudo no que não tinha, em minha carência. E me propus a preenchê-la com livros. Agora percebo que, em vez disso, minha infância esteve repleta de outras formas de cultura, orais e técnicas, que não passam pelo estudo formal nem pelos livros. "E sua ferida, onde está?", pergunta Genet ao seu funâmbulo. Ao ler a obra de meus contemporâneos, muitos dos quais se consagraram graças a um relato autobiográfico que revela um trauma, penso frequentemente que – por sorte – não tenho uma ferida fundacional. Não sofri na infância. A falta de livros em minha casa era suprida com os empréstimos na biblioteca e com a compra de obras desde os primeiros salários da adolescência. E, embora desfrutasse enormemente daquelas conversas com autores vivos e mortos, também busquei sempre os intercâmbios de ideias e histórias com pessoas de todas as idades. Amigos e amigas, mestres, companheiras de viagem, sem mais dores, por sorte, do que as que compartilhamos todos nós, seres humanos. Rodeado por milhares de livros em nosso apartamento burguês em Barcelona, pergunto-me agora se, durante a maior parte de minha vida, escrevi, na verdade, por dinheiro. Ou seja, para não ser pobre como meus avós e talvez todos os meus antepassados. Se a mudança em meus interesses literários, de viagens e livrarias – os arquivos do passado, a memória familiar, a migração – para a ficção especulativa – os futuros –, deve-se ao fato de eu ter completado minha mudança de classe social. Tudo é política e economia. A paternidade se confunde com a hipoteca. Mas o certo é que sempre escrevi ficção científica. E que conservo minha consciência de classe operária, média-baixa, como diziam meus pais. E que continuo acumulando livrarias, porque a coleção é infinita. Como certos poços.

## XI

ESCREVI MUITOS ensaios e crônicas a partir das excursões que ativaram as traduções deste livro. Reuni uma seleção em *Contra Amazon*,\* que foi o primeiro epílogo de *Livrarias*: este é o segundo e, muito provavelmente, será o último. Como a não ficção nunca acaba, é preciso saber decidir seus possíveis pontos-finais.

Por tudo isso, era importante para mim regressar à Guatemala, onde assinei o pacto definitivo com as livrarias há 25 anos, e visitar a Sophos, a livraria que já existia em 1998, mas que não conheci então, talvez porque tenha me apaixonado pela Del Pensativo. Quando Philippe Hunziker me convidou, no fim do ano passado, minha memória se arrepiou como uma segunda pele nervosa. Foi uma viagem preciosa.

Na primeira noite, jantei com ele e com sua mãe, a fundadora da Sophos, Marilyn Pennington, no restaurante da própria livraria. Ela me contou que comprava livros na livraria Gandhi da Cidade do México e, na Guatemala, na Artemis ou na El Pensativo da Cúpula, até que no fim dos anos 1990, quando completou cinquenta anos, decidiu abrir seu próprio estabelecimento, nomeá-lo com um palíndromo e incluir um café. E ele, depois de falar em detalhes sobre o programa de apresentações, eventos musicais, clubes de leitura e oficinas, me disse: "As pessoas sentem que querem fazer parte do que encontram na livraria". Assim, por meio da conversa, eu mesmo entrei no universo de uma família dedicada de corpo e alma aos livros.

Não me surpreendi ao descobrir, no dia seguinte, que, vinte anos depois de abrir a livraria, a Fundação Sophos pa-

---

\* Jorge Carrión, *Contra Amazon e outros ensaios sobre a humanidade dos livros*, trad. Reginaldo Pujol Filho e Tadeu Breda, Rio de Janeiro: Elefante, 2020.

trocinou a abertura de La Teca, uma biblioteca popular no centro histórico da cidade. Como diz Vania Vargas em *Un mi rinconcito. El Sophos de Marilyn Pennington*, a biblioteca fica em El Altillo, um "espaço amplo e iluminado, em boa parte pela luz que entra da rua através da varanda". Visitei-a ao meio-dia e estava cheia de mães com bebês, senhores lendo o jornal e meninas que liam deitadas em almofadas no chão. A água e o café são cortesia da casa. Há sempre um mínimo de quinhentos livros em circulação, emprestados.

## XII

CADA VEZ que volto a uma cidade, tento regressar às minhas livrarias mais queridas, as que mais me interessam, aquelas com as quais fui criando um forte vínculo emocional e intelectual. Às vezes descubro que deixaram de existir, mas geralmente não caio na melancolia, porque quase sempre abriram outras livrarias, que no futuro também se tornarão importantes em minha biografia e, sobretudo, nas cidades onde existem. Como as cidades, as bibliotecas ou os corpos, elas acumulam camadas, que são feitas tanto de presenças quanto de ausências.

Algumas são profundamente dolorosas. No dia 8 de junho de 2017, morreu Natu Poblet. Tinha 79 anos, a mesma idade que a sua Clásica y Moderna. Depois de vários anos de conversas intermitentes, ela me convidou para apresentar ali este livro com Ricardo Piglia no final de 2013, como parte das comemorações do 750 aniversário da livraria. Em 27 de janeiro de 2020, faleceu Rachel Muyal, que tive a sorte de conhecer em sua extraterritorial Tánger e com quem voltei a me encontrar em um congresso internacional de livreiros que coordenei quando San Sebastián foi capital europeia da cultura em 2016. O evento foi presidido por duas grandes damas do mundo dos livros: Muyal, aos 83 anos, e Catherine Domain, que então tinha 74, da parisiense Ulysse, uma pioneira tanto na teoria quanto na prática das viagens, que, em vez de se casar, gastou seu dote para dar a volta ao mundo e acabou visitando mais de 150 países.

Também convidei José Pinho, criador da Ler Devagar, um homem de energia ilimitada, que visitei em Lisboa a partir de então, até que nos deixou em 30 de maio de 2023, vítima de câncer depois de sobreviver à pandemia. Na verdade, nos encontramos no Bairro Alto no fim de 2020, durante minha primeira viagem após o confinamento. Ele me contou que continuava escrevendo cartas à mão. Cartas de ódio e, sobretudo, de amor. No dia seguinte, levantei-me cedo e caminhei seguindo o curso da água, do hotel no centro até a ponte de Alcântara, para retornar pela enésima vez à Ler Devagar e tomar um café com José, que me deu de presente a publicação que celebrara o vigésimo aniversário do projeto, pouco antes do terremoto biológico com epicentro em Wuhan. Tirei centenas de fotos do passeio e da livraria, feliz por ter recuperado o movimento depois de tantos meses de paralisia e máscaras. José me convidou, mais uma vez, para ir com ele a Óbidos, a vila que ele transformara em cidade literária. E recusei, outra vez, porque meus filhos ainda eram pequenos e eu tentava me ausentar o mínimo possível de casa.

Viajei a Óbidos, finalmente, com eles, quando José já não estava lá para me guiar pelas ruas medievais e suas igrejas transformadas em livrarias; mas pude comprovar que seu legado continuava bem vivo. Na última noite da viagem, deixei a família no hotel, e a livreira Mafalda Milhões me levou de carro até sua livraria rural, O Bichinho de Conto, especializada em literatura infantil, que ocupa o interior e o exterior de uma antiga escola primária rodeada de bosques, onde ela organiza leituras à luz de fogueiras. Entre álbuns ilustrados, confessou-me que no caixão de José escreveu algumas frases do manifesto contra a Amazon, que ele traduziu antes de qualquer um. Enquanto me contava isso, reparei que o teto era atravessado por fios vermelhos, como se a livraria quisesse tecer uma rede para capturar os sentimentos dos mais jovens, consciente de que aqueles que se apaixonarem agora pelos livros em papel garantirão sua existência no próximo século. Talvez não haja livrarias mais importantes do que as infantis.

Pouco depois da morte de José, abriu as portas a Casa do Comum, uma livraria e centro cultural que parece a sala de uma casa, com móveis e atmosfera que convidam à desaceleração da vida. É dirigida por sua filha Joana e fica no Bairro Alto, muito perto de onde seu pai vivia. Quanto à Librairie des Colonnes de Tânger, ela continua sendo uma instituição histórica na cidade marroquina, onde convive desde 2010 com a La Insolite, da livreira e escritora Stéphanie Gaou, que está se tornando uma grande dama da cultura. E a Clásica y Moderna, que fechou em 2019 por não conseguir superar o luto por Natu, reabriu em 2024, em uma cidade em parte transformada, graças a tantas livrarias novas, como a Céspedes Libros – liderada por Cecilia Fanti, que se tornou referência – ou a Falena – sem janelas para a rua, pura beleza interior, quase secreta.

Acabo de comprovar que a livraria Ulysse de Paris, como a grande maioria das que cito neste livro desde sua primeira edição, continua ativa. Abre às duas horas, todos os dias.

## XIII

É UM FENÔMENO internacional. Por toda parte abrem-se livrarias mais ou menos independentes. Só em 2024 nasceram a Ficciones em Bogotá, a Last Bookshop em Brighton, e tantas outras em Buenos Aires, Nova York, Cingapura ou Hanói. Muitas das que hoje são imprescindíveis não existiam havia dez anos. E criam disseminação, escola. A portenha Eterna Cadencia desdobrou-se do outro lado do rio da Prata na Escaramuza, igualmente belíssima, inaugurada em 2018 em Montevidéu. Mas não se trata de uma tendência exclusivamente urbana. Algumas estão isoladas, como a Rizoma, a duas horas da costa uruguaia, que, além de livraria, é café, hotel e oficina de cerâmica, em uma arquitetura situada no meio de um bosque, inspirada em Gilles Deleuze e Félix Guattari (que em *Mil platôs: capitalismo e esquizofrenia*\* escreveram: "faça rizoma e não raiz, nunca plante! Não semeie, pique! Não seja

---

\* Gilles Deleuze e Félix Guattari, *Mil platôs: capitalismo e esquizofrenia*, trad. Aurélio Guerra Neto e Celia Pinto Costa, São Paulo: Ed. 34, vol. 1, 1995.

nem uno nem múltiplo, seja multiplicidades!"). Outras se inserem em itinerários que atravessam ruas ou bairros, como os que unem em Bogotá livrarias consolidadas, como a Casa Tomada, a Prólogo ou a Wilborada 1047, com as novas Garabato ou Matorral. A cena de livrarias de autor de Quito, liderada por Tolstói, é incrível. A mesma energia se sente em Santiago do Chile ou na Cidade do México. Eu tenho a sorte de viver em Barcelona, onde também não param de surgir novos projetos de livrarias.

É como se a Amazon, o Mercado Livre e outras plataformas de comércio eletrônico tivessem chegado ao seu limite de crescimento. Tampouco é tão ascendente como antes a curva do uso do livro eletrônico. A pandemia nos reconectou com nossas bibliotecas e livrarias, após uma primeira fase de consumo digital desenfreado. Na Espanha, iniciativas brilhantes como a Todostuslibros.com, que permite localizar qualquer título e decidir se você compra on-line ou vai até a livraria mais próxima que o tenha disponível, nasceram precisamente no dia 20 de outubro de 2020. Enquanto voltávamos a uma vida cotidiana mais ou menos normal, a experiência do isolamento nos fez tomar consciência do perigo da solidão, essa outra pandemia. A abertura de livrarias – como a de academias e cafés e centros de meditação ou yoga, como o retorno do turismo e sua amplificação – responde a essa necessidade de reconexão através do corpo e dos rituais. Se na incerteza de meados de 2020 se falou do possível fim do capitalismo, o que aconteceu foi sua intensificação. E o mercado favoreceu e reforçou a circulação do livro.

Algumas livrarias emblemáticas se expandiram nesses anos: a McNally Jackson fez isso em Nova York; a Antonio Machado abriu uma nova e grande livraria em Madri; a Taschen já soma onze lojas em todo o mundo. As redes de livrarias também se multiplicam. Na Itália, abriram-se nos últimos anos grandes filiais das redes Feltrinelli ou Mondadori; e o grupo editorial Giunti inaugurou no final de 2023 o GiuntiOdeon, que funde a livraria com um cinema de cem anos de história e se tornou imediatamente uma atração turística. No Reino Unido pós-Brexit, as livrarias resistem em um panorama em que desaparece o comércio de proximidade nos outros setores e parece implacável o declínio das bibliotecas públicas. Parece-nos quase impossível imaginar uma cidade, um país sem livrarias.

Durante a longa pandemia de Covid-19, na China fecharam cerca de 1,5 mil livrarias; mas, no fim de 2024, já haviam aberto mais de 1,2 mil novas. Em sua visita a Barcelona, Sanguo Cheng, diretor da Bookdao, afirmou que o governo apoia as livrarias porque elas fazem parte de sua visão para o futuro do país. Tanto é que estão melhorando a qualidade do papel das impressões e edições nacionais para que os livros possam continuar circulando por várias décadas, em um circuito de livros usados que ainda não existe porque sua qualidade não o permite. A construção de bibliotecas e as vantagens fiscais para as livrarias fazem parte da estratégia nacional para construir uma estrutura cultural sólida. Para ser uma potência mundial, o gigante asiático entende que o investimento em tecnologia, transporte ou energia deve ser acompanhado pelo design de infraestruturas intelectuais. Por isso, tornou-se o laboratório internacional da arquitetura e da fantasia. Em Huai'an, a arquitetura paranormal da Zhongshuge, aberta também em 2024, com suas pontes impossíveis e seus anéis concêntricos e hiperbólicos, com sua imaginação especulativa, aponta para uma ideia que cada vez adquire mais força: as livrarias são portais espaçotemporais. Embora estejam firmemente enraizadas em um lugar e à nossa época, nos impulsionam como nenhuma outra plataforma em direção à viagem mental.

XIV

A ESCRITORA protagonista de *A polícia da memória* está escrevendo um romance amoroso estranhamente relacionado com as máquinas de escrever. Depois de milênios escrevendo com diferentes formas de pena, o ser humano começou, há um século e meio, a assinar novos contratos com artefatos cada vez mais complexos. Como analisou Martyn Lyons em *El siglo de la máquina de escribir*, nossa dependência da

Underwood ou das Olivetti durou cerca de cem anos, desde sua irrupção nos anos 1880 até que, por volta de 1980, os processadores de texto chegaram à nossa vida. Foi o século dos escritórios. Se a máquina de escrever não significou uma mudança drástica na estrutura das livrarias, a informática, em contrapartida, começou a mudar tudo. Surgiram os programas de gestão. E depois os e-mails. Mais tarde, as páginas da web, as redes sociais, o comércio eletrônico e a Amazon. Agora é a vez da inteligência artificial generativa. E, por extensão, a vez das inteligências não humanas.

Nesse novo contexto, vale a pena observar L'École de la Librairie, a escola de livreiros nos arredores de Paris, que é dona da La Ruche, uma livraria-escola, gerida pelos próprios estudantes, que põem em prática ali parte da teoria que aprenderam em sala de aula. Laurent Garin, seu presidente, me contou que lhes ensinam a ideia de que "um livreiro é como um polvo, deve ter muitos tentáculos". A cada ano, mais alunos se matriculam, pois, desde o fim da pandemia, muitas pessoas descobriram que querem ser livreiras, não só por romantismo, mas também porque a profissão envolve contato e conversa, além de leitura. E que na França, atualmente, há mais livrarias abrindo do que fechando.

Não só a La Ruche é, além de livraria, uma escola. Todas as livrarias têm uma função formativa, acadêmica. Na terceira década do século, elas se caracterizam por oferecer exclusivamente obras elaboradas por profissionais – escritores, editoras, revisores, tradutoras, designers –, em contraposição aos sites de autoedição, redes sociais e internet, onde proliferam textos sem revisão adequada ou gerados automaticamente. Nessas livrarias, encontramos, curados e selecionados, títulos clássicos e contemporâneos, alguns dos quais sobre esse mesmo mundo em que vivemos, de estímulos e boatos, de som e fúria. Por isso me pareceu tão sintomático que a Bandini, na Galícia, programe um clube de leitura silenciosa, reuniões onde se lê coletivamente sem trocar uma palavra. Ou que a Politics and Prose, a lendária livraria de Washington, que fica curiosamente muito perto da pizzaria Comet Ping Pong (que, segundo a maquinaria das mentiras da extrema direita, era em 2016 a base de uma rede de pedofilia ligada a Hillary Clinton), tenha uma enorme seção de livros dedicados à análise da pós-verdade.

Como diz a filósofa americana N. Katherine Hayles em *Lo impensado*, vivemos na transição contínua entre diversas assemblages, nas quais nos conectamos temporariamente com humanos e com não humanos para ampliar nossa cognição. Quando usamos o celular, por exemplo, fazemos parte de uma assemblage inconsciente junto com antenas, torres de comunicação, infraestruturas em rede, além de nosso interlocutor, uma pessoa. O poder dessas assemblages, ela escreve,

> alcança seu máximo potencial quando estas funcionam como sistemas com interfaces e circuitos de comunicação bem definidos entre sensores, atuantes, processadores, meios de armazenamento e redes de distribuição, dentre os quais se incluem componentes humanos, biológicos, técnicos e materiais.

Em uma livraria, esses diálogos e simbioses também podem alcançar seu potencial máximo. Os livros em papel – essa tecnologia perfeita –, registrados em bases de dados, talvez rodeados de plantas ou até gatos, além de livreiros e livreiras, também simbiontes, configuram um sistema de relações de ontologias diversas, que se amplia a uma comunidade de leitores, cúmplices e clientes mais ou menos habituais, cujas interações são catalisadas presencialmente, nos workshops e nos clubes de leitura, ou digitalmente, através das redes sociais. Mesmo para aqueles que – como eu – leem livros apenas em papel, em nossa época a leitura é sempre cibernética.

Com suas justaposições orgânicas e eloquentes de coisas, seres e máquinas, com seus espaços terapêuticos ou acadêmicos, com sua seção de leituras teóricas – sobre inteligências não humanas, novas escolas filosóficas, últimas tendências da ciência e tecnologia – e práticas – manuais de horticultura ou inteligência artificial, volumes para combater a desinformação, pedagogias diversas –, com suas arquiteturas clássicas e virais, as livrarias são hipermirantes e centros de interpretação do século XXI. Por isso, devemos atualizá-las e, sobretudo, cuidar delas. Se não quisermos que nos abandonem, não podemos abandoná-las.

XV

MUITOS DOS PROJETOS da artista e filósofa Camila Cañeque versam sobre a despedida e o final. Em 2010, ela passou suas férias de agosto na área de embarque do terminal do aeroporto de El Prat, em Barcelona. Quando morava em Paris, frequentemente cruzava o cemitério de Père-Lachaise e ficava observando os enterros; fez o mesmo durante sua estadia em Buenos Aires, com o cemitério de La Chacarita. Em *Mucha mierda*, retratou o que sobra depois das grandes festas populares: a desordem, o confete e os balões murchos, o lixo, o vômito.

Uma absurda brincadeira do acaso fez com que, em 2024, pouco antes de morrer aos 39 anos, vítima de uma morte súbita provocada por um edema pulmonar enquanto dormia, depois de toda uma vida intelectual dedicada a investigar a fadiga e o adeus, Cañeque finalizasse seu livro *La última frase*, que reflete sobre seus temas ao mesmo tempo que reúne 452 frases finais de outros tantos livros. Lá, ela confessa: "Sou viciada. Sou viciada no final. Sou obcecada pelo final. Reconheço minha fascinação por esse instante, meu esforço para habitá-lo. Minha incapacidade de deixar que o que acaba se acabe." Tudo continua, depois e sempre, porque um livro não é mais do que um parêntese. No entanto, a última frase acaba por chegar.

> "Todo final decepciona."
> — CRISTINA RIVERA GARZA
> *Blogsivela, 2003*

# PANORAMA

Hiperión, Madri

Antonio Machado, Madri

La Mistral, Madri

Rayuela, Málaga

Libros Traperos, Múrcia

Castroviejo, Logroño

Letras Corsarias, Salamanca

Leonardo da Vinci, Rio de Janeiro

O Bichinho de Conto, Óbidos

Lello, Porto

Centésima Página, Braga

Almedina Rato, Lisboa

Port'Alba, Nápoles

Colonnese, Nápoles

Dante & Descartes, Nápoles

Bartleby & Co., Berlim

Jullien, Genebra

Albatros, Genebra

Delamain, Paris

Ulysse, Paris

Söderbokhandeln, Estocolmo

John Sandoe Books, Londres

Hodges Figgis, Dublin

Bona, Cracóvia

Le Carrefour des Livres, Marrakech

Lost City Books, Washington

Book Culture, Nova York

The Writer's Block, Las Vegas

Books & Books, Miami

Lost Books, Los Angeles

Les Bouquinistes, Montreal

The Book Lounge, Cidade do Cabo

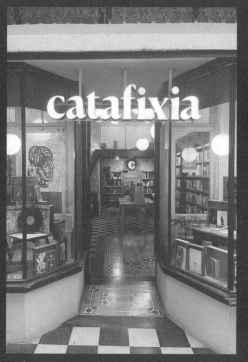
Catafixia, Cidade da Guatemala

The Bookshop, Galápagos

Tolomeo, Quito

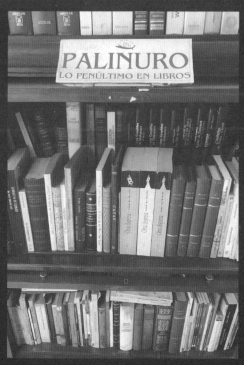
Palinuro, Medellín

U-tópicas, Cidade do México Jaime García Terrés, Cidade do México

Merlín, Bogotá

Antonio Machado, Madri

Matorral, Bogotá

Wilborada 1047, Bogotá

Puro Verso, Montevidéu

Linardi y Risso, Montevidéu

Pocitos Libros, Montevidéu

El Galeón, Montevidéu

Dain Usina Cultural, Buenos Aires

La gata y la luna, Buenos Aires

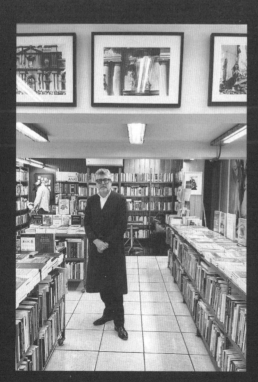
Metales Pesados, Santiago do Chile

Ulises Lastarria, Santiago do Chile

Falanster, Moscou

Tongmunwang, Seul

Hill of Content, Melbourne

Tsutaya Books, Tóquio

Los Papelotes, Tóquio

Shibuya Publishing, Tóquio

Page One, Pequim

Kids Republic, Pequim

La Irreductible, Lérida

Norma Cómics, Barcelona

Backstory, Barcelona

On the Road, Barcelona

# SOBRE AS CITAÇÕES

TENTEI NÃO PREJUDICAR a leitura do livro com referências bibliográficas, mas fui escrupuloso na documentação, de modo que todas as citações e dados reproduzidos em *Livrarias* podem ser facilmente rastreados na Webgrafia, na Filmografia e na Bibliografia listadas a seguir. As traduções são minhas (também pensei que citar em diferentes línguas dificultaria a leitura).

## WEBGRAFIA

AMERICAN BOOKSELLERS ASSOCIATION bookweb.org
BLOC DE LLIBRERIES http://delibrerias.blogspot.com.es
BOOK FORUM bookforum.com
BOOK MANIA bookmania.me
BOOKSELLER AND PUBLISHER booksellerandpublisher.com.au
BOOKSHOP BLOG http://bookshopblog.com
BOOKS LIVE http://bookslive.co.za
BOOKSTORE GUIDE bookstoreguide.org
BOOK PATROL bookpatrol.net
COURRIER DU MAROC http://courrierdumaroc.com

DÍA DEL LIBRO diadellibro.eu

DIARI D'UN LLIBRE VELL llibrevell.cat

EL BIBLIÓMANO bibliographos.net

EL LLIBRETER http://llibreter.blogspot.com.es/

EL PECECILLO DE PLATA http://elpececillodeplata.wordpress.com

GAPERS BLOCK gapersblock.com

JOSÉ LUIS CHECA CREMADES. BIBLIOFILIA E ENCADERNAÇÃO
http://checacremades.blogspot.com.es

HISTOIRE DU LIVRE http://histoire-du-livre.blogspot.com.es

KIPLING kipling.org.uk

LE BIBLIOMANE MODERNE http://le-bibliomane.blogspot.com.es

LIBRARY THING librarything.com

LIBRERIAMO libreriamo.it

PAUL BOWLES OFFICIAL SITE paulbowles.org

RAFAEL RAMÓN CASTELLANOS VILLEGAS
http://rrcastellanos.blogspot.com.es

READING DAVID MARKSON
http://readingmarksonreading.tumblr.com

RARE BOOKS COLLECTION DE PRINCETON
http://blogs.princeton.edu/rarebooks/

REALITY STUDIO. A WILLIAMS S. BURROUGHS COMMUNITY
realitystudio.org

RUE DES LIVRES rue-des-livres.com

THE BOOKSHOP GUIDE inprint.co.uk/thebookguide/shops

THE BOOKSELLER thebookseller.com

THE CHINA BEAT thechinabeat.org

THE HAUNTED LIBRARY teensleuth.com/hauntedli-brary

THE TICKNOR SOCIETY BLOG ticknor.org/blog

[E os sites e blogs de todas as livrarias citadas.]

## FILMOGRAFIA

*Before Sunrise* (*Antes do amanhecer*, 1995), de Richard Linklater

*Before Sunset* (*Antes do pôr do sol*, 2004), de Richard Linklater

*Californication* (Showtime, 2007–)

*Chelsea Girls* (1966), de Andy Warhol e Paul Morrisey

*Das Leben der Anderen* (*A vida dos outros*, 2006),
de Florian Henckel von Donnersmarck

*Fantômes de Tangier* (2007), de Edgardo Cozarinsky

*Fun in Acapulco* (*O seresteiro de Acapulco*, 1963), de Richard Thorpe

*Funny Face* (*Cinderela em Paris*, 1957), de Stanley Donen

*Hugo* (*A invenção de Hugo Cabret*, 2011), de Martin Scorsese

*Julie & Julia* (2009), de Nora Ephron

*Lord Jim* (*Lorde Jim*, 1965), de Richard Brooks

*Nine ½ Weeks* (*Nove semanas e meia de amor*, 1986), de Adrian Lyne

*Notting Hill* (*Um lugar chamado Notting Hill*, 1999),
de Roger Mitchell

*Portrait of a Bookstore as an Old Man* (2003),
de Benjamin Sutherland e Gonzague Pichelin
*Remember Me* (*Lembranças*, 2010), de Allen Coulter.
*Short Circuit* (*Short Circuit: o incrível robô*, 1986), de John Badham
*Short Circuit 2* (*Um robô em curto-circuito*, 1988), de Kenneth Johnson
*Smoke* (*Cortina de fumaça*, 1995), de Wayne Wang
*The West Wing* (NBC, 1999–2006)
*Vertigo* (*Um corpo que cai*, 1958), de Alfred Hitchcock
*You've Got Mail* (*Mensagem para você*, 1998), de Nora Ephron

## BIBLIOGRAFIA

AÍNSA, Fernando. *Del canon a la periferia. Encuentros y transgresiones en la literatura uruguaya*. Montevidéu: Trilce, 2002.

BÁEZ, Fernando. *Historia universal de la destrucción de libros. De las tablillas sumerias a la guerra de Irak*. Barcelona: Destino, 2004.

BANERJEE, Anjali. *La librería de las nuevas oportunidades*. Trad. de Rita da Costa García. Barcelona: Lumen, 2012.

BARBIER, Frédéric. *Historia del libro*. Trad. de Patricia Quesada Ramírez. Madri: Alianza, 2005.

BARICCO, Alessandro. *Los bárbaros. Ensayo sobre la mutación*. Trad. de Xavier González Rovira. Barcelona: Anagrama, 2008.

BATTLES, Matthew. *Library: An Unquiet History*. Nova York: W. W. Norton and Company, 2003.

BAUSILI, Mercè; GASCH, Emili. *Llibreries de Barcelona. Una guia per a lectors curiosos*. Barcelona: Columna, 2008.

BEACH, Sylvia. *Shakespeare & Company*. Trad. de Roser Infiesta Valls. Barcelona: Ariel, 2008.

BECERRA, Juan José. *La interpretación de un libro*. Avinyonet del Penedés: Candaya, 2012.

BECHDEL, Alison. *¿Eres mi madre? Un drama cómico*. Trad. de Rocío de la Maya. Barcelona: Mondadori, 2012.

BENJAMIN, Walter. *Libro de los Pasajes*. Ed. de Rolf Tiedemann. Trad. de Luis Fernández Castañeda, Isidro Herrera y Fernando Guerrero. Madri: Akal, 2005.

BOLAÑO, Roberto. *Los detectives salvajes*. Barcelona: Anagrama, 1998.

____. *Putas asesinas*. Barcelona: Anagrama, 2001.

____. *El gaucho insufrible*. Barcelona: Anagrama, 2003.

____. *2666*. Barcelona: Anagrama, 2004.

____. *Entre paréntesis. Ensayos, artículos y discursos* (1998–2003). Ed. de Ignacio Echevarría. Barcelona: Anagrama, 2004.

BORGES, Jorge Luis. *Obras completas*. Barcelona: Círculo de Lectores, 1992.

BOURDIEU, Pierre. *La distinción. Criterio y bases sociales del gusto*. Trad. de María del Carmen Ruiz de Elvira. Madri: Taurus, 2012.

BOWLES, Jane. *Cartas*. Ed. de Millicent Dillon. Trad. de José Manuel Pomares. Barcelona: Grijalbo, 1991.

BOWLES, Paul. *Memorias de un nómada*. Trad. de Ángela Pérez. Barcelona: Grijalbo, 1990.

\_\_\_\_. *En contacto*. Ed. de Jeffrey Miller. Trad. de Pilar Giralt Gorina. Barcelona: Seix Barral, 1994.

\_\_\_\_. *Travels. Collected Writings, 1950–93*. Londres: Sort of Books, 2010.

BRIDGES, Lucas E. *El último confín de la tierra*. Trad. de María Magdalena Briano. Buenos Aires: Sudamericana, 2000.

BURKE, Peter. *Historia social del conocimiento. Vol. II. De la Enciclopedia a la Wikipedia*. Trad. de Carme Font y Francisco Martín Arribas. Barcelona: Paidós, 2012.

CAMPAÑA, Mario. *Baudelaire. Juego sin triunfos*. Barcelona: Debate, 2006.

CAMPBELL, James. *Loca sabiduría. Así fue la Generación Beat*. Trad. de Breixo Viejo. Barcelona: Alba, 2001.

CANETTI, Elias. *Auto de fe*. Trad. de Juan José del Solar. Barcelona, Muchnik, 1981.

CARPENTIER, Alejo. *Los pasos recobrados. Ensayos de teoría y crítica literaria*. Caracas: Biblioteca Ayacucho, 2003.

CASALEGNO, Giovanni (ed.). *Storie di Libri. Amati, misteriosi, maledetti*. Turim: Eunadi, 2011.

CASANOVA, Pascale. *La República mundial de las Letras*. Trad. de Jaime Zulaika. Barcelona: Anagrama, 2001.

CAVAFIS, C. P. *Poemas*. Trad. e prólogo de Ramón Irigoyen. Barcelona: Círculo de Lectores, 1999.

CAVALLO, Guglielmo; CHARTIER, Roger. *Historia de la lectura en el mundo occidental*. Madri: Taurus, 1997.

CERTEAU, Michel de. *El lugar del otro. Historia religiosa y mística*. Buenos Aires: Katz, 2007.

CHARTIER, Roger. *Inscribir y borrar. Cultura escrita y literatura (siglos XI–XVIII)*. Trad. de Víctor Goldstein. Buenos Aires: Katz, 2006.

CHATWIN, Bruce. *En la Patagonia*. Trad. de Eduardo Goligorsky. Barcelona: Muchnik, 1994.

CHATWIN, Elizabeth; SHAKESPEARE, Nicholas (eds.). *Under the Sun. The Letters of Burce Chatwin*. Londres: Jonathan Cape, 2010.

CHIH CHENG, Lo. *Bookstore in a Dream*. Hong Kong: The Chinese University Press, 2011.

CHOUKRI, Mohamed. *Paul Bowles. El recluso de Tánger*. Trad. de Rajae Boumediane El Metni. Madri: Cabaret Voltaire, 2012.

CLEMENTE SAN ROMÁN, Yolanda. "Los catálogos de librería de las sociedades Anisson-Posuel y Arnaud-Borde conservados en la Biblioteca Histórica de la Universidad Com-plutense". *Revista General de Información y Documentación*, vol. 20, 2010. pp. 353–89.

COBO BORDA, Juan Gustavo. "Libreros colombianos, desde el constitucionalista don Miguel Antonio Caro hasta Karl Buchholz". Disponível em: <ciudadviva.gov.co/portal/node/32>.

COETZEE, J. M. *Desgracia*. Trad. de Miguel Martínez-Lage. Barcelona: Mondadori, 2000.

____. *Tierras de poniente*. Trad. de Javier Calvo. Barcelona: Mondadori, 2009.

COLE, Teju. *Ciudad abierta*. Trad. de Marcelo Cohen. Barcelona: Acantilado, 2012.

CORTÁZAR, Julio, *Cartas. 1937–1963*. Ed. de Aurora Bernárdez. Madri: Alfaguara, 2000.

CUADROS, Ricardo. "Lo siniestro en el aire". Disponível em: <ricardocuadros.com/html/lo_siniestro.htm>.

CUNNELL, Howard et al. *Kerouac en la carretera. Sobre el rollo mecanografiado original y la generación beat*. Trad. de Antonio Prometeo Moya. Barcelona: Anagrama, 2010.

DAHL, Svend. *Historia del libro*. Trad. de Alberto Adell. Madri: Alianza, 1972.

DEBORD, Guy. *Comentarios sobre la sociedad del espectáculo*. Trad. de Luis A. Bredlow. Barcelona: Anagrama, 1990.

DEMARCO, Eileen S. *Reading and Riding: Hachette's Railroad Bookstore Network in Nineteenth Century France*. Cranbury: Lehigh University Press, 2006.

DIDEROT, Denis. *Carta sobre el comercio de libros*. Trad. de Alejandro García Schnetzer. Buenos Aires: Fondo de Cultura Económica, 2003.

DIDI-HUBERMAN, Georges. *Ante el tiempo. Historia del arte y anacronismo de las imágenes*. Trad. de Antonio Oviedo. Buenos Aires: Adriana Hidalgo, 2008.

____. *Atlas. ¿Cómo llevar el mundo a cuestas?* Trad. de María Dolores Aguilera. Madri: Museo Nacional Reina Sofía, 2010.

DOMINGOS, Manuela D. *Bertrand. Uma livraria antes do Terramoto*. Lisboa: Biblioteca Nacional, 2002.

DONOSO, José. *Diarios, ensayos, crónicas. La cocina de la escritura*. Ed. de Patricia Rubio. Santiago de Chile: Ril, 2008.

EDWARDS, Jorge. *Persona non grata*. Madri: Alfaguara, 2006.

ELIOT, Simon; NASH, Andrew; WILSON, Ian. *Literary Cultures and the Material Book*. Londres: The British Library, 2007.

ÉNARD, Mathias. *Calle de los ladrones*. Trad. de Robert Juan Cantavella. Barcelona: Mondadori, 2013.

FERNÁNDEZ, Benito J. *Eduardo Haro Ibars: los pasos del caído*. Barcelona: Anagrama, 2005.

FERNÁNDEZ, Eduardo. *Soldados de cerca de un tal Salamina. Grandezas y miserias en la galaxia librería*. Barcelona: Comanegra, 2008.

FERNÁNDEZ DEL CASTILLO, Francisco (ed.). *Libros y libreros en el siglo XVI*. Cidade do México: Fondo de Cultura Económica, 1982.

FOUCAULT, Michel. *Las palabras y las cosas: una arqueología de las ciencias humanas*. Trad. de E. C. Frost. Madri: Siglo XXI, 2006.

GARCÍA MÁRQUEZ, Gabriel. *Vivir para contarla*. Barcelona: Mondadori, 2002.

GIL, Manuel; RODRÍGUEZ, Joaquín. *El paradigma digital y sostenible del libro*. Madri: Trama, 2011.

GOETHE, J.W. von. *Viaje a Italia.* Trad. de Fanny G. Garrido. Madri: Viuda de Hernando y Cía., 1891.

GOFFMAN, Ken. *La contracultura a través de los tiempos. De Abraham al acid-house.* Trad. de Fernando González Corugedo. Barcelona: Anagrama, 2005.

GOYTISOLO, Juan. *Novelas (1988–2003). Obras Completas IV.* Barcelona: Galaxia Gutenberg, 2007.

____. *Autobiografía y viajes al mundo islámico. Obras Completas V.* Barcelona: Galaxia Gutenberg, 2007.

GUERRERO MARTHINEITZ, Hugo. "La vuelta a Julio Cortázar en 80 preguntas", *Julio Cortázar. Confieso que he vivido y otras entrevistas.* Ed. de Antonio Crespo. Buenos Aires: LC Editor, 1995.

HANFF, Helene. *84, Charing Cross Road.* Trad. de Javier Calzada. Barcelona: Anagrama, 2002.

HEMINGWAY, Ernest. *París era una fiesta.* Trad. de Gabriel Ferrater. Barcelona: Seix Barral, 1985.

HOFFMAN, Jan. "Her Life Is a Real Page-Turner". *The New York Times,* 12 out. 2011.

JENKINS, Henry. *Convergence Culture. La cultura de la convergencia de los medios de comunicación.* Trad. de Pablo Hermida. Barcelona: Paidós, 2008.

JOHNS, Adrian. *The Nature of the Book. Print and Knowledge in the Making.* Chicago: The Chicago University Press, 1998.

KEROUAC, Jack; GINSBERG, Allen. *Cartas.* Trad. de Antonio Prometeo Moya. Barcelona: Anagrama, 2012.

KIŠ, Danilo. *Una tumba para Boris Davidovich.* Trad. de Nevenka Vasiljevic. Barcelona: Acantilado, 2006.

____. *Enciclopedia de los muertos.* Trad. de Nevenka Vasiljevic. Barcelona: Acantilado, 2008.

KRISHNAN, Shekhar. "Wheels within wheels". *The Indian Express,* 17 jun. 1997.

KUBIZEK, August. *The Young Hitler I Knew.* Trad. de Lionel Leventhal. Londres: Greenhill Books, 2006.

LABARRE, Albert. *Historia del libro.* Trad. de Omar Álvarez Salas. Buenos Aires: Fondo de Cultura Económica, 2002.

LADDAGA, Reinaldo. *Estética de laboratorio.* Buenos Aires: Adriana Hidalgo, 2010.

LERNOUT, Geert; VAN MIERLO, Wim. *The Reception of James Joyce in Europe. Vol. 1. Germany, Northern and East Central Europe.* Londres: Thoemmes Continuum, 2004.

LINK, Daniel. "Flaubert & Baudelaire". *Perfil,* Buenos Aires, 28 ago. 2011.

LISPECTOR, Clarice. *Cuentos reunidos.* Madri: Siruela, 2008.

LLANAS, Manuel. *El libro y la edición en Cataluña: apuntes y esbozos.* Barcelona: Gremi d'Editors de Catalunya, 2004.

LOEB SCHLOSS, Carol. *Lucia Joyce. To Dance in the Wake.* Nova York: Farrar Straus, 2004.

LOVECRAFT, H. P. *La casa maldita. Relatos de terror IV*. Trad. de José Ángel Álvaro Garrido e José María Nebreda. Madri: Edaf, 2003.

LYONS, Martyn. *Libros. Dos mil años de historia ilustrada*. Trad. de Carmen García Gómez. Madri: Lunwerg, 2011.

MACCANNELL, Dean. *El turista. Una nueva teoría de la clase ociosa*. Trad. de Elizabeth Casals. Barcelona: Melusina, 2003.

MACNIVEN, Ian S. (ed.) *Cartas Durrell-Miller. 1935–1980*. Trad. de María Faidella Martí. Barcelona: Edhasa, 1991.

MALLARMÉ, Stéphane. *Fragmentos sobre el libro*. Trad. de Juan Gregorio. Murcia: Colegio Oficial de Aparejadores y Arquitectos Técnicos, 2002.

MANGUEL, Alberto. *Una historia de la lectura*. Trad. de José Luis López Muñoz. Madri: Alianza, 2001.

_____. *La biblioteca de noche*. Trad. de Carmen Criado. Madri: Alianza, 2007.

MANZONI, Cecilia. "Ficción de futuro y lucha por el canon en la narrativa de Roberto Bolaño". In: GONZÁLEZ FÉRRIZ, Ramón (ed.). *Jornadas Homenaje Roberto Bolaño (1953–2003). Simposio internacional*. Barcelona: ICCI Casa América Catalunya, 2005.

MARCHAMALO, Jesús. *Cortázar y los libros*. Madri: Fórcola, 2011.

MARKSON, David, *La soledad del lector*. Trad. de Laura Wittner. Buenos Aires: La Bestia Equilátera, 2012.

MARTÍ MONTERDE, Antoni. *Poética del Café. Un espacio de la modernidad literaria europea*. Barcelona: Anagrama, 2007.

MARTIN, Gerald. *Gabriel García Márquez. Una vida*. Trad. de Eugenia Vázquez. Barcelona: Debate, 2009.

MARTÍNEZ LÓPEZ, María Esther. *Jane Bowles y su obra narrativa: ambigüedad moral y búsqueda de una respuesta existencial*. Cuenca: Servicio de Publicaciones de la Universidad de Castilla-La Mancha, 1998.

MARTÍNEZ RUS, Ana. *"San León Librero": las empresas culturales de Sánchez Cuesta*. Gijón: Trea, 2007.

MASON, David. *The Pope's Bookbinder: A Memoir*. Windsor: Biblioasis, 2013.

MELO, Adrián. *El amor de los muchachos: homosexualidad y literatura*. Buenos Aires: Lea, 2005.

MERCER, Jeremy. *La librería más famosa del mundo*. Trad. de Rubén Martín Giráldez. Barcelona: Malpaso, 2014.

MICHAUD, Joseph A. *Booking in Iowa: The Book Trade In and Around Iowa City. A Look Back*. Iowa City: The Bookery y The Press of the Camp Pope Bookshop, 2009.

MOGEL, Leonard. *Making It in Book Publishing*. Nova York: Arco, 1996.

MONNIER, Adrienne. *Rue de l'Odéon*. Trad. de Julia Osuna. Madri: Gallo Nero, 2011.

MONTAGNE, Michel de. *Los ensayos (según la edición de 1595 de Marie de Gournay)*. Trad. de J. Bayod Brau. Barcelona: Acantilado, 2007.

MONTRONI, Romano. *Vender el alma. El oficio de librero*. Trad. de Gabriela Romanone. Cidade do México: Fondo de Cultura Económica, 2007.

MORAND, Paul, *Venecias*. Trad. de Monique Planas. Barcelona: Península, 2010.

MORETTI, Franco. *Atlas de la novela europea. 1800–1900*. Trad. de Mario Merlino. Madri: Trama, 2001.

MORGAN, Bill. *Beat Generation in New York: A Walking Tour of Jack Kerouac's City*. San Francisco: City Lights Books, 1997.

MUYAL, Rachel. *Mis años en la Librairie des Colonnes*. Tánger: Khbar Bladna, 2012.

NANCY, Jean Luc. *On the Commerce of Thinking: of Books and Bookstores*. Trad. de David Mills. Nova York: Fordham University Press, 2008.

ORDÓÑEZ, Marcos. *Un jardín abandonado por los pájaros*. Barcelona: El Aleph, 2013.

ORSOGUÍN, Mijáil; RÉMIZOV, Alexéi; TSVIETÁIEVA, Marina. *La Librería de los Escritores*. Trad. de Selma Ancira. Barcelona/ Cidade do México: Edicions de La Central/Sexto Piso, 2007.

ORTIZ, Renato. *Modernidad y espacio. Benjamin en París*. Trad. de María Eugenia Contursi e Fabiola Ferro. Buenos Aires: Norma, 2000.

OTLET, Paul. *El tratado de documentación. El libro sobre el libro*. Ed. de María Dolores Ayuso García. Múrcia: Universidad de Múrcia, 2008.

PALMQUIST, Peter E.; KAILBOURN, Thomas R. *Pioneer Photographers of the Far West: A Biographical Dictionary, 1840–1865*. Stanford: Stanford University Press, 2006.

PARISH, Nina. *Henri Michaux. Experimentation with Signs*. Amsterdã: Rodopi, 2007.

PASCUAL, Carlos; PUCHE, Paco; RIVERO, Antonio. *Memoria de la Librería*. Madri: Trama, 2012.

PESSOA, Fernando. *Libro del desasosiego*. Trad. de Ángel Crespo. Barcelona: Seix Barral, 2008.

PETROSKI, Henry, *Mundolibro*. Trad. de Miguel Izquierdo. Barcelona: Edhasa, 2002 (*The Book on the Bookshelf*. Nova York: Vintage Books, 2000).

PIRANDELLO, Luigi. *Cuentos para un año*. Trad. de Marilena de Chiara. Madri: Nórdica, 2011.

PONTE, Antonio José. *Un seguidor de Montaigne mira La Habana/ Las comidas profundas*. Matanzas: Verbum, 1985.

PRIMERA, Maye. "La librería del exilio cubano cierra sus puertas". *El País*, 26 abr. 2013.

RAMÍREZ, Antonio. "Imaginar la librería futura". *The Huffington Post*, 18 set. 2012.

REYES, Alfonso; HENRÍQUEZ UREÑA, Pedro. *Correspondencia 1907–1914*. Ed. de José Luis Martínez. Cidade do México: Fondo de Cultura Económica, 1986.

RICE, Ronald; BOOKSELLERS ACROSS AMERICA (eds.). *My Bookstore. Writers Celebrate Their Favorite Places to Browse, Read, and Shop.* Nova York: Black Dog & Leventhal Publishers, 2012.

ROY, Claude. *El amante de las librerías.* Trad. de Esteve Serra. Palma: Olañeta, 2011.

RUIZ ZAFÓN, Carlos. *La sombra del viento.* Barcelona: Planeta, 2011.

RUSHDIE, Salman. *Joseph Anton. Memorias.* Trad. de Carlos Milla Soler. Barcelona: Mondadori, 2012.

SAINT PHALLE, Nathalie de. *Hoteles literarios. Viaje alrededor de la Tierra.* Trad. de Esther Benítez. Madri: Alfaguara, 1993.

SANSEVIERO, Chachi. "La librería limeña El Virrey". *Cuadernos Hispanoamericanos*, n. 691, dez. 2008.

SCHIFFRIN, André, *El dinero y las palabras: La edición sin editores.* Trad. de Jordi Tarré. Barcelona: Península, 2011.

SCOTT, Anne. *18 Bookshops.* Dingwall: Sandstone Press, 2011.

SEBALD, W. G. *Los anillos de Saturno: Una peregrinación inglesa.* Trad. de Carmen Gómez García e Georg Pichler. Barcelona: Anagrama, 2008.

____. *Austerlitz.* Trad. de Miguel Sáenz. Barcelona: Anagrama, 2002.

SENNETT, Richard. *El artesano.* Trad. de Marco Aurelio Galmarini. Barcelona: Anagrama, 2009.

SERRA, Cristóbal (ed.). *Apocalipsis.* Madri: Siruela, 2003.

SERVICE, Robert. *Lenin. Una biografía.* Trad. de José Manuel Álvarez. Madri: Siglo XXI, 2001.

____. *Stalin. Una biografía.* Trad. de Susana Beatriz Cella. Madri: Siglo XXI, 2006.

SHAKESPEARE, Nicholas. *Bruce Chatwin.* Trad. de José Manuel de Prada. Barcelona: Muchnik, 2000.

SISMAN, Adam. *Presuntuoso afán. Así escribió James Boswell "Vida de Samuel Johnson".* Trad. de Miguel Martínez-Lage. Barcelona: Belacqva, 2008.

SMITH, Gibbs M. *The Art of the Bookstore. The Bookstore Paintings of Gibbs M. Smith.* Layton: Gibbs Smith, 2009.

SONTAG, Susan. *Yo, etcétera.* Trad. de Eduardo Goligorsky. Barcelona: DeBolsillo, 2006.

SOREL, Patricia; LEBLANC, Frédérique. *Histoire de la librairie française.* Paris: Éditions du Cercle de la librairie, 2008.

STEINER, George. *Extraterritorial. Ensayos sobre literatura y la revolución lingüística.* Trad. de Edgardo Russo. Madri: Siruela, 2002.

STELOFF, Frances. *En compañía de genios. Memorias de una librera de Nueva York.* Trad. de José Manuel de Prada. Barcelona: La Rosa Cúbica, 1996.

STERNE, Laurence. *Viaje sentimental por Francia e Italia.* Trad. de Alfonso Reyes. Cidade do México: Fondo de Cultura Económica, 1987.

TALESE, Gay. *Vida de un escritor.* Trad. de Patricia Torres Londoño. Madri: Alfaguara, 2006.

THORPE NICHOLSON, Joyce; WRIXON THORPE, Daniel. *A Life of Books. The Story of DW Thorpe Pty. Ltd. 1921–1987*. Middle Park: Courtyard Press, 2000.

UNWIN, Sir Stanley. *La verdad sobre el negocio editorial*. Trad. de José Zendrera Fecha. Barcelona: Juventud, 1964.

VERNE, Jules. *El Faro del Fin del Mundo*. Trad. de Julio Prado. Buenos Aires: Biblos, 2005.

VILA-MATAS, Enrique. *París no se acaba nunca*. Barcelona: Anagrama, 2003.

VITKINE, Antoine. "*Mein Kampf*". *Historia de un libro*. Trad. de Marco Aurelio Galmarini. Barcelona: Anagrama, 2012.

VOLLMANN, William T. *The Royal Family*. Nova York: Penguin Books, 2000.

____. *Europa Central*. Trad. de Gabriel Dols e Roberto Falcó. Barcelona: Mondadori, 2007.

V.V. A.A. *El libro de los libros. Guía de librerías de la ciudad de Buenos Aires*. Buenos Aires: Asunto Impreso, 2009.

____. *El origen del narrador. Actas completas de los juicios a Baudelaire y Flaubert*. Buenos Aires: Mardulce, 2011.

WALSER, Robert. *El paseo*. Trad. de Carlos Fortea. Madri: Siruela, 1996.

WEISS, Jason. *The Lights of Home. A Century of Latin American Writers in Paris*. Nova York: Routledge, 2003.

WHITMAN, George. *The Rag and Bone Shop of the Heart*. Paris: Shakespeare and Company, 2000.

WILLIAMSON, Edwin. *Borges. Una vida*. Trad. de Elvio E. Gandolfo. Barcelona: Seix Barral, 2006.

YÁNOVER, Héctor. *Memorias de un librero*. Buenos Aires: Anaya & Mario Muchnik, 1994.

____. *El regreso del Librero Establecido*. Madri: Taller de Mario Muchnik, 2003.

ZWEIG, Stefan. *El món d'ahir. Memòries d'un europeu*. Trad. de Joan Fontcuberta. Barcelona: Quaderns Crema, 2001.

____. *Mendel el de los libros*. Trad. de Berta Vias Mahou. Barcelona: Acantilado, 2009.

# ÍNDICE ONOMÁSTICO

**Os números de páginas
em *itálico* indicam imagens.**

10 Corso Como, Milão **41, 237–238**
*18 Bookshops*, A. Scott **43**
22, La, livraria, Girona **289**
*84, Charing Cross Road*, H. Hanff **44**
*1984*, G. Orwell **298**
*2001, uma odisseia no espaço*,
   A.C. Clarke **134**
*2666*, R. Bolaño **165, 251**

A Través del Espejo, Cidade
   do México **289**
A.H. Wheeler and Company, rede
   **200–201**
Abbey's Henry Lawson's Bookshop,
   Sidney **104, 240**
Achar, Mauricio **198**
Acqua Alta, Veneza **227, 229**
Ahmed Chatr, Marrakech **124**
Aicha **121**

Aira, César **165, 219, 246–247**
Ak'abal, Humberto **42**
Alain Brieux, Paris **151**
Albatros, Genebra *319*
Alberti, Rafael **40, 248**
Alberto Casares, Buenos Aires **299**
Alborta, Freddy **111**
Alejandría 332 a.C., Caracas **161**
Alemián, Ezequiel **246**
"Aleph, O", J.L. Borges **29–32**
Alexandre, o Grande **117, 161**
Alexis **55**
*Alfred Hitchcock e os três detetives*
   **250**
Alibri, Barcelona **254**
Allais, Alphonse **286**
Allende, Salvador **163, 168**
*Allerzielen*, C. Nooteboom **99–100**
Alma Negra, Santiago do Chile **297**
Almedina Rato, Lisboa **285, *317***
*almoço nu, O*, W.S. Burroughs **135,
   187–188**
Alonso, Dámaso **183**
Altaïr, Barcelona **45, 251, 254**

Alvear, Elvira de **83**

*amante de Lady Chatterley, O,*
D.H. Lawrence **105, 113, 139-140**

*amateur de librairies, L'*, C. Roy **113**

Amazon **18, 205, 207, 209, 272, 306, 308, 310**

American Booksellers Association **20, 209**

American University, Cairo **127**

Amicis, Edmundo de **73**

*amor de los muchachos:*
*homosexualidad y literatura, El,*
A. Melo **179**

*anaglyphes géométriques, Les,*
livraria Vuibert **286**

Anagrama de Ensaio, prêmio **287**

*Anatomia da errância*, B. Chatwin **221**

Anderson, Sherwood **81, 143**

*anéis de Saturno, Os*, W.G. Sebald **74**

Angus & Robertson, Austrália Ocidental **240**

Angus & Robertson, Sidney **240**

Another Country, Berlim **230**

*Antes do amanhecer* (1995),
R. Linklater **148**

*Antes do pôr do sol* (2004),
R. Linklater **148**

*Antes que anochezca*, R. Arenas **112**

Antonio Machado, Madri **248, 308,**
***315, 325***

*Apocalipsis*, C. Serra (ed.) **215**

Apollinaire, Guillaume **136**

*Are You My Mother?*, A. Bechdel **139**

Arenas, Reinaldo **112, 271**

Argonaut, The, São Francisco **151**

Arkham Comics, Barcelona **251**

Arlt, Roberto **165**

*Arquipélago Gulag*, A. Soljenítsin **97**

Art & Language, coletivo **284**

Artemis Edinter, Cidade da Guatemala **41**

*artífice, O*, R. Sennett **69**

Asínio Polião, Gaio, general **56**

Aspley, William **43**

Astaire, Fred **147**

*Astronomica*, Marco Manílio **157**

Asturias, Miguel Ángel **83**

Atahualpa, inca **162**

Ateneo, El, Rosario **248**

Ateneo Grand Splendid, El, Buenos Aires **232-233**

Athenaeum Boekhandel, Amsterdã **276**

Ático **55**

*Atlas de la novela europea.*
*1800-1900*, F. Moretti **204, 219**

*Atlas: Como levar o mundo as*
*costas?*, G. Didi-Huberman **43**

Atomic Books, Baltimore **276**

Atrecto **56**

Atwood, Margaret **296**

Au Vieux Campeur, Paris **48**

Auden, W.H. **136**

Aunós, Eduard **256**

Auster, Paul **191**

*Austerlitz*, W.G. Sebald **215, 249**

*Auto de fé*, E. Canetti **251**

Autorenbuchhandlung, Berlim **99, 230, 233**

Auzolan, Pamplona **70**

Avellaneda, Nicolás **187**

Azevedo, Francisco **17-18**


Babel, Isaak **277**

Backstory, Barcelona **330**

Baedeker, Karl **199**

Bal des Ardents, Le, Lyon **276**

Balafrej, Si Ahmed **123**

Ballena Blanca, La, Mérida **40, 246**

Balzac, Honoré de **204**

Bandini, Galícia **310**

Banerjee, T.K. **200-201**

*barbari, I*, A. Baricco **273**

Barbey d'Aurevilly, Jules **258**

Barbier, Frédéric **202**

Barbusse, Henri **165**

Barea, Arturo **267**

Baricco, Alessandro **73, 273-274**

Barnes, família **197**

Barnes & Noble, Lincoln Square **18**

Barnes & Noble, rede **197, 205, 209, 272**

Barros, Fernando **194**

Barter Books, Alnwick **240**

Barthes, Roland **130, 179**

*Bartleby, o escrivão*, H. Melville **277**

Bartleby & Co., Berlim **264, *318***

Bartleby Bookstore, Valência **264**

Bass, Benjamin **141**

Bass, Fred **141**

Bass, Nancy **141**

"batalha que deu fim ao século, A.", H.P. Lovecraft **149-150**

Batalla del Ebro, Cidade do México **158**

Batlló, José **254**

Baudelaire, Charles **79-80, 130**

Bazar dos Livros, Istambul **125, 248**

Beach, Sylvia **43, 80-83, 87-89, 120, 137-138, 185, 190, 192-193, 211, 229**

Becerra, Juan José **152**

Bechdel, Alison **139**

Beckett, Samuel **81, 86, 184, 192, 194**

Bellatin, Mario **169, 219**

Bellow, Saul **143**

Ben Jelloun, Tahar **182**

Benda, Jules **83**

Ben-Gurion, David **107**

Benjamin, Walter **34, 39, 49, 77-78, 81, 99, 130, 288**

Bentaga, Abdallah **302**

Bergamín, José **183**

Bergé, Pierre **123**

Berinjela, Rio de Janeiro **156**

Bernadas, Josep **45**

+Bernat, Barcelona **254**

Berthe Trépat **176**

Bertolucci, Bernardo **120**

Bertrand Livreiros, rede **66, 73-74**

Bertrand Martin, João Augusto **74**

Beuf, Antonio **72**

Biblioteca da Cidade de Pequim **296**

Biblioteca de Alexandria **21, 54, 56**

"Biblioteca de Babel, A", J.L. Borges **29-31, 142**

Biblioteca de Babel, La, Palma de Mallorca **173, 249**

Biblioteca Gabriel García Márquez, Barcelona **296**

Bibliothèque Sainte-Geneviève, Paris **286**

Bichinho de Conto, O, Óbidos **306, 317**

Bizzio, Sergio **246**

Black Book, The, H. Miller **138**

Blackwell, Benjamin Henry **245**

Blackwell's, rede **245-246**

Blagg, Kim **273**

Blake, William **271**

Blanc, Patrick **235**

Blonde on Blonde, B. Dylan **134**

Bob Dylan **134, 284**

Boccaccio, Giovanni **141, 301**

Boekehuis, Joanesburgo **218, 224**

Boekhandel Selexyz Dominicanen, Maastricht **231**

Boêmios, D. Franck **91**

Bolaño, Roberto **157, 160, 163-166, 171, 173-175, 183, 233, 252, 271, 289**

Bona, Cracóvia **320**

Book City, Hollywood **151**

Book Culture, Nova York **321**

Book Lounge, The, Cidade do Cabo **40, 219-220, 233, 322**

Book on the Bookshelf, H. Petroski **66**

Bookàbar, Roma **236**

Bookdao **309**

Bookmall, Xangai **128**

Books & Books, Miami **276, 298, 322**

Books Inc., São Francisco **145**

Bookshop, The, Galápagos **323**

Bookstore in a Dream, Lo Chih Cheng **261, 264**

Bookworm, The, Pequim **109, 236**

Booth, Richard **223**

Borders, rede **205, 209-10**

Borges, Jorge Luis **29-32, 86, 98, 150-151, 164-165, 173-175, 183, 267, 271, 288, 299-300**

Borràs, Manuel **263**

Boswell, James **270**

Boulaich, Abdeslam **119**

Boumediane El Metni, Rajae **181**

Bouquinistes, Les, Montreal **295, 322**

Bourdieu, Pierre **81**

Bowles, Jane **119-120, 122, 181, 270**

Bowles, Paul **119-120, 122-123, 127, 180-181, 190-191, 218**

Boys, The, G. Ennis e D. Robertson **149**

Bozzi, Mario **72**

Bozzi, Tonino **72**

Índice onomástico

341

Bradbury, Ray **27**
Braque, George **135**
Bravo, Claudio **119**
Brazenhead, Nova York **293**
Brecht, Bertolt **96**
Brentano's, rede **18, 239**
Breton, André **81, 137, 184, 188**
Bridges, E. Lucas **222**
Bridle, James **290**
Brink, André **219**
Brock, Jack **103**
Brod, Max **187**
Brooks, Richard **120**
Bryson, Bill **48**
Bücherbogen, Berlim **230**
Buena Vida, La, Madri **248**
Bukowski, Charles **90**
Burke, Peter **57, 274**
Burrito Blanco, El, Montevidéu **161**
Burroughs, William S. **92, 119, 135, 179, 188, 228**
Buscón, El, Caracas **238**
Bush, George W. **73**
Bussola, La, Turim **263**
Byron, Lord **54, 220**

Cadabra.com **272**
Caellas, Marc **252**
*Cães de aluguel* (1992) Q. Tarantino **144**
Café Gluck **28–29, 142**
*Cahiers Idéalistes, Les* **86**
Cai Lun **129**
Cairns, Huntington **139, 217**
Cálamo y Antígona, Zaragoza **40**
Calle, Sophie **185**
Callejas, Mariana **166**
Callejón de los Milagros, El, Cidade do México **159**
Calvino, Italo **99**
Camacho, Jorge **271**
Camarasa, Paco **254**
Campbell, James **92**
Camus, Albert **39**
Cañeque, Camila **312**
Canet, Figueras **270**
Canetti, Elias **117–118, 251**
*cão dos Baskerville, O*, A. Conan Doyle **48**

Caparrós, Martín **169**
*capital, O*, K. Marx **101**
Capote, Truman **119, 179, 291**
Capriolo, Ettore **105**
*Carajicomedia*, J. Goytisolo **121–122**
Cardoso Pires, José **63**
Carlos Fuentes, Guadalajara *324*
"Carnê de baile", R. Bolaño **164**
*carnê dourado, O*, D. Lessing **186–187**
Carpentier, Alejo **82**
Carrefour des Livres, Casablanca **124**
*Carrion Colony*, R. King **217**
*Carta aberta*, H.S. Thompson **146**
*Carta sobre o comércio de livros*, D. Diderot **6, 140, 272**
*Carta sobre os surdos-mudos*, D. Diderot **140**
*Cartas a Sophie Volland*, D. Diderot **140**
*Cartas persas*, Montesquieu **141**
*Cartas sobre os cegos*, D. Diderot **79**
Casa de la Lectura, Puebla **284**
Casa de la Limpia, Puebla **283**
Casa del Libro **272**
Casa do Comum, Lisboa **306**
Casa Tomada, Bogotá **40, 308**
"Casa tomada", J. Cortázar **167, 174**
Casanova, Francesco **72–73**
Casanova, Pascale **85–86, 189–190**
Casares, Adolfo Bioy **299**
Casella, Francesco **44**
Casella, Gennaro **44**
Casella, Nápoles **44**
Castellanos, Rafael Ramón **160, 172**
Castellanos, Rómulo **160, 172**
Castillo, Abelardo **171**
Castro, Fidel **109–110**
Castro, Raúl **112**
Castroviejo, Logroño *316*
Catafixia, Cidade da Guatemala *323*
Catulo **56, 60**
Catunda, Márcio **155**
*Celestino antes del alba*, R. Arenas **271**
Cella, Jack **143**
*Cem anos de solidão*, G. García Márquez **187, 264**

Cendrars, Blaise **301**

Centésima Página, Braga *317*

Central, La, Barcelona **233**

Central de Callao, La, Madri **209, 233, 248**

Central del Raval, La, Barcelona **233, 249**

Central do Museu de História da Cidade, La, Barcelona **254-255**

Central do Museu Reina Sofía, La, Madri **248**

Cepeda Samudio, Álvaro **266**

Cercas, Javier **289**

Certeau, Michel de **15-16, 133**

Cervantes **256**

Cervantes Saavedra, Miguel de **39, 254, 257, 273**

Céspedes Libros, Buenos Aires **307**

*Chamadas telefônicas*, R. Bolaño **165**

Chapters, rede **204-205**

Chartier, Roger **15-23, 268-269** [assinatura do prólogo. incluir o trecho todo?]

Chartoprateia, Bizâncio **125**

Chateaubriand, François-René de **68, 84**

Chatwin, Bruce **46, 48-49, 202, 215, 218, 221-222**

Chatwins, Berlim **46**

Chejfec, Sergio **219**

*Chelsea Girls, The* (1966), A. Warhol **135**

"Chelsea Hotel # 2", L. Cohen **134-135**

Cheng, Sanguo **309**

Chichinadze, Zakaria **100-101**

Chih Cheng, Lo **261, 264**

Chomsky, Noam **90**

Choukri, Mohamed **119, 121, 180-182**

Churchill, Winston S. **47, 107**

Cicciolina **95**

Cícero, Antonio **55-56, 156**

*Cidade aberta*, T. Cole **182**

"cidade e os livros, A", A. Cícero **156**

*cidades invisíveis, As*, I. Calvino **99**

*Cinderela em Paris*, S. Donen **147**

Círculo de Leitores **300**

City Lights, San Francisco **49, 90, 92, 134, 145-146, 157, 229-30**

*ciudad de los prodigios, La*, E. Mendoza **254**

*Civil and Military Gazette* **201**

Clásica y Moderna, Buenos Aires **171, 232, 305, 307**

Clavel, Vicente **256-257**

Clinton, Hillary **311**

Cocteau, Jean **174, 271, 286**

Cody's, Berkeley **104**

Coelho, Paulo **220**

Coetzee, J.M. **143, 219-221**

Cofino, Ana María **41**

Cohen, Robert Benjamin **203**

Cole, Teju **182**

Colégio de Arquitetos, livraria do, Barcelona **255**

Coliseum Books, Nova York **18**

Collet's, Londres **104**

Colombo, Alberto **72**

*Comentários sobre a sociedade do espetáculo*, G. Debord **227**

Compagnie, Paris **184**

Compendium, Londres **271**

*confraria de tolos, Uma*, J.K. Toole **187**

*congreso de literatura, El*, C. Aira **247**

*Consejos de un discípulo de Morrison a un fanático de Joyce*, R. Bolaño e A.G. Porta **175**

Conte, Alberto **172**

*Contemporary Arabic Calligraphy*, N. Dukhan **127**

*Contos*, J. de La Fontaine **141**

*Contra Amazon*, J. Carrión **18, 304**

*contracultura através dos tempos, A*, K. Goffman **91**

*contrato social, O*, J.-J. Rousseau **141**

*Contrôle de la parole, Le*, A. Schiffrin **210**

Cook & Book, Bruxelas **236**

Cordero, Diómedes **246**

Corneille, Pierre **21-22**

*corpo que cai, Um* (1958), A. Hitchcock **151**

Corso, Gregory **90, 122, 135-136**

Cortázar, Julio **112, 155, 165, 167, 173-174, 188-189, 193, 267, 271, 288**

Índice onomástico

343

Corte Inglés, El **258, 263**

*Cortina de fumaça* (1995), W. Wang **156**

Cozarinsky, Edgardo **179–180, 182–183, 248**

Cristobo, Aníbal **156**

Crumb, Robert **145**

Cruzet, Josep Maria **263**

*Cuadernos Hispanoamericanos* **162**

Cuadros, Ricardo **166–167**

Cúpula, La, Cidade da Guatemala **40, 42**


Dae-o, museu do livro, Seul **289**

Dahl, Svend **66, 78**

Dain Usina Cultural, Buenos Aires ***327***

Dante & Descartes, Nápoles **40,** *318*

Darwin, Charles **101, 217**

Daunt, James **48, 206–207**

Daunt Books, Londres **48, 206–208**

Davies, Tom **270**

De Cabo, Marina P. **249**

De Falbe, Johnny **228**

De Filippo, Eduardo **44**

De Jesús, Verónica **147**

De La Bretonne, Rétif **64**

De Rokha, Pablo **165**

Debord, Guy **184, 227**

"decálogo del librero, El", R. Montroni **71**

*Decameron*, G. Boccaccio **141, 301**

Deichman Bjørvika, Oslo **296**

Delacroix, Eugene **119**

Delamain, Paris *319*

Deleuze, Gilles **307–308**

DeMarco, Eileen S. **199**

*Der Spiegel* **96**

"Derivas de la pesada", R. Bolaño **165**

*desenvolvimento do capitalismo na Rússia, O,* Lênin **98**

Desnivel, Madri **46**

*Desonra*, J.M. Coetzee **219–221**

Despentes, Virginie **298**

Di Benedetto, Antonio **165**

*Diante do tempo*, G. Didi-Huberman **34**

*Diário de um ano ruim*, J.M. Coetzee **221**

*Diário do ano da peste*, D. Defoe **187**

Díaz Plaja, Guillermo **256–257**

Dickens, Charles **199, 204**

*Dictionnaire français-grec moderne* **60**

Diderot, Denis **6, 79, 140, 272**

Didi-Huberman, Georges **34, 43**

Didion, Joan **219**

Dillons, rede **104, 206**

Disney, Walt **103, 133**

*distinção, A*, P. Bourdieu **81**

Divan, Le, Paris **193**

Documenta, Barcelona **254, 289**

Dog Eared Books, San Francisco **145, 147**

*Dom Quixote de la Mancha*, M. de Cervantes **128, 254, 256**

Domain, Catherine **45, 305**

Donoso, José **142**

Doria Llibres, Mataró **264**

Dos Passos, John **190**

*Doutrina social da Igreja,* J.M. Ibáñez Langlois **166**

Drieu La Rochelle, Pierre **83**

Drummond de Andrade, Carlos **155–156**

Duarte, Jordi **254**

*Dublinenses*, J. Joyce **64**

Dubuisson, Sylvain **184**

Duchamp, Marcel **137, 285–286**

Duchamp, Teeny **286**

Duchesne, família **64**

Duchiade, Andrei **155**

Dugdale, Edgar **106**

Dumas, Alexandre **204**

Duras, Marguerite **184**

Durrell, Lawrence **138–139, 192**

*Dusklands*, J.M. Coetzee **219**


Eberhard, Hermann **221**

Eça de Queirós, José Maria **63**

Echeverría, Maurice **41**

Eco, Umberto **22–23**

École de la Librairie, L', Paris **310**

Écume des Pages, L', Paris **40, 184, 193**

Ediciones del Banco Nacional **54**

Edifício do Livro de Pequim **108**

Edwards, Jorge **112**

Eggers, Dave **264**

Einaudi, Luigi **44**

el Fassi, Si Abdelkebir **123**

Elena Garro, Cidade do México ***324***

Eliot, T.S. **47, 137**

Éluard, Paul **165**

Elzevir, família **198**

"Em busca das livrarias perdidas de Nova York", *O Globo* **17-18**

Embryo Concepts, Los Angeles **147**

Eminem **103**

*En compañía de genios. Memorias de una librera de Nueva York*, F. Steloff **138**

*En los reinos de taifa*, J. Goytisolo **121**

Enard, Mathias **182**

*Enciclopédia* **79, 140, 198-199**

*Enciclopédia dos mortos, A*, D. Kiš **29, 31-32, 98-99, 264**

Ende, Michael **281, 301**

*Eneida*, Virgílio **190**

Engelsing, Rolf **268**

English Bookshop, The, Estocolmo **290**

English Bookshop, The, Uppsala **290**

Ennis, Garth **149**

*Entre paréntesis*, R. Bolaño **174-175**

Epicarmo **55**

Ernst, Max **184**

Escalera, José Luis **283**

Escaramuza, Montevidéu **307**

Escari, Raúl **246**

*Estado e a Revolução, O*, Lênin **109**

*Estética de laboratório*, R. Laddaga **219**

*Estrela distante*, R. Bolaño **166**

*Étant donnés*, M. Duchamp **286**

Eterna Cadencia, Buenos Aires **40, 99, 220, 232, 307**

*Europa Central*, W.T. Vollmann **97, 99-100**

*Extraterritorial*, G. Steiner **86**


Fabre, Luis Felipe **272**

*Faca*, S. Rushdie **299**

Faccio, Leonardo **169**

*Fahrenheit 451*, R. Bradbury **27**

Falanster, Moscou **297, *328***

Falena, Buenos Aires **307**

Family Christian Stores, rede **198**

Fanti, Cecilia **307**

*Fantômes de Tangier*, E. Cozarinsky **179**

Fargue, León-Paul **81-82**

*farol no fim do mundo, O*, J. Verne **224**

Faulkner, William **270**

Federação Europeia e Internacional de Livreiros **299**

Federação Internacional de Associações de Bibliotecários e Bibliotecas **296**

Fedro **149**

"Felicidade clandestina", C. Lispector **277**

Feltrinelli, Bolonha **71**

Feltrinelli, Florença **49**

Feltrinelli, Nápoles **248**

Feltrinelli, rede **209, 308**

Feria Chilena del Libro, rede **166**

Ferlinghetti, Lawrence **90, 92, 136, 145, 191, 211, 270**

Fermor, Patrick Leigh **46**

Fernández de Avellaneda, Alonso **187**

Fernández del Castillo, Francisco **95**

Ferreiro, Rosa **171**

Ficciones, Bogotá **307**

*Ficções*, J.L. Borges **173, 300**

Fiennes, Ranulph **48**

*fiesta vigilada, La*, A.J. Ponte **110**

Finestres, Barcelona **291**

*Finnegans Wake*, J. Joyce **82, 137**

Fischer, Bram **218**

Fitzgerald, Francis Scott **81, 190, 230, 298n**

Fitzgerald, Zelda **230**

Flaubert, Gustave **79-80, 117**

*flores do mal, As*, Ch. Baudelaire **79-80**

Flourish & Blotts, Londres **151**

Fnac, rede **204-205, 232, 258, 263, 269**

Fogazzaro, Antonio **72**

Foix, J.V. **39**

Fondo de Cultura Económica, livraria, Santiago do Chile **163**

Fondo de Cultura Económica, rede **234**

Índice onomástico

345

Forbes, Malcom **120**

*forja de un rebelde, La*, A. Barea **267**

Fort, Paul **87**

Fortuny, Mariano **119**

Foucault, Michel **35, 179**

Foyle, Christina **46-47, 106**

Foyle, William **48, 106**

Foyles, Londres **46-48, 106**

Fraga Iribarne, Manuel **257**

*Fragmentos sobre o libro*, S. Mallarmé **77**

France, Anatole **44**

Franck, Dan **91**

Franco, Francisco **21, 102, 183**

Frauenhuber, Viena **27**

Freund, Gisèle **83**

Frizzo, Luigi **227**

*Front Table, The* **142**

Frost, Robert **143**

*Fuck You* **136**

Fuenmayor, Alfonso **266**

Fuentes, Antonio **119**

Fuentes, Carlos **247**

*funâmbulo, O*, J. Genet **302-303**

"Funes, o memorioso", J.L. Borges **29**

Future Library, projeto ambiental **296**

*Futuro de las librerías y editoriales independientes*, S. Hernández **290**

Galeano, Eduardo **161**

Galeno **267**

Galeón, El, Montevidéu *326*

Galeria do Livro, Atenas **54**

*Galerie du Palais, La*, P. Corneille **21-22**

Gallardo, Damià **249**

Gallimard **120, 193**

galo para Esculapio, Un, Buenos Aires **241**

Gandhi, Buenos Aires **241**

Gandhi, Cidade da Guatemala **304**

Gandhi, Cidade do México **198, 271, 304**

Gandhi, Rajiv **103**

Gaou, Stéphanie **307**

*Gapers Block* **143**

Garabato, Bogotá **308**

Garamona, Francisco **246**

García, Roberto **254**

García, Santiago **276**

García Lorca, Federico **148, 165**

García Márquez, Gabriel **220, 264-267, 296**

García Martín, David **248**

Garcilaso de la Vega, inca **258**

Garin, Laurent **310**

Garza, Cristina Rivera **312**

gata y la luna, La, Buenos Aires *327*

Gatta, Massimo **255**

*gaucho insufrible, El*, R. Bolaño **252**

Genet, Jean **119-121, 136, 180-181, 302-303**

*gênio do cristianismo, O*, Chateaubriand **68**

Gerardi, Juan, bispo **40**

Gerofi, Isabelle **120, 122**

Gerofi, Robert **120**

Gerofi, Yvonne **120, 122**

Gheerbrant, Bernard **185**

Gide, André **81, 120**

Gigamesh, Barcelona **253**

Gilardoni, José **299**

Gili, Gustavo **18, 257**

Ginsberg, Allen **73, 90, 99, 122, 135-136, 179, 187, 191**

Girod, Patrice **231**

Girodias, Maurice **187-188**

GiuntiOdeon, Florença **308**

Gleebooks, Sidney **215-217**

*Gli Azzurri e i Rossi*, E. de Amicis **73**

*Globo, O* **17-18**

Goethe, Johann Wolfgang von **67-68, 85, 88, 158, 238, 270**

Goffman, Ken **91**

Goldsboro Books, Londres **44**

Gómez-Palacio, Gonzalo **283**

González de León, Theodore **234**

Gotham Book Mart **18, 134, 137-139, 184**

Goytisolo, Juan **119, 121, 126, 180-181**

Gramsci, Antonio **176**

Gran Pulpería del Libro, La, Caracas **160, 172**

*Gran Vilas*, M. Vilas **258**

Grande Bibliothèque de Montreal **295**

*grande Gatsby, O*, F.S. Fitzgerald **298**

*grande vidro, O*, M. Duchamp **286**

Grant, Hugh **147**

Grass, Günter **99**

Gray, Sebastián **170**

Green Apple Books, San Francisco **40, 145-147, 264**

Gris, Juan **135**

Guadalquivir, Buenos Aires **232**

Guarino, Gustavo **249**

*Guatemala: Nunca Más* **40, 42**

Guattari, Félix **307-308**

*guerra dos mundos, A*, H.G. Wells **187**

Guerrero Marthineitz, Hugo **174**

Guevara, Ernesto Che **110-111, 163**

Guggenheim, Peggy **134, 137, 184**

Guillén, Nicolás **110**

Guirao, Maribel **233**

Gustavo Gili, Barcelona **18**

Gutenberg, Johannes **129**

Hachette, Louis **200**

Hachette, rede **199-201**

Haines, Robert D. **151**

Hamelin, Simon-Pierre **123**

Hamri, Mohamed **119**

Hanks, Tom **149**

Haro Ibars, Eduardo **121-122**

Harris, Jim **143**

*Harry Potter*, J.K. Rowling **103, 151, 191**

Hart, Michael S. **272**

Hatchard, John **65**

Hatchards, Londres **65-66, 207**

*Haunting Jasmine*, A. Banerjee **149**

Hayles, N. Katherine **311**

Heaney, Seamus **143**

Heker, Liliana **171**

Hellas, Turim **73, 184, 190**

Hemingway, Ernest **49, 81-82, 111, 193, 230**

Hemingway, Margaux **193**

Hendrix, Jan **235**

Henríquez Urena, Pedro **111**

Hepburn, Audrey **147**

Heras, Antonio de las **22**

Hércules **55**

Hériz, Enrique de **217**

Hernández, Felisberto **161, 267**

Hernández, José **119**

Hernández, Selva **289-290**

Herralde, Jorge **292**

Herz, Eva **198**

Hesíodo **55**

Het Spui, Amsterda **255**

Hill of Content, Melbourne **217, 220, *328***

Hiperión, Madri *315*

Hirst, Damien **284**

*Histoire de la littérature française contemporaine*, R. Lalou **86**

*Histoire du livre*, S. Dahl **66**

*histoire par le Théâtre, L'*, T. Muret **77**

*História abreviada da literatura portátil*, E. Vila-Matas **184**

*história da leitura, Uma*, A. Manguel **58, 106**

*História do livro*, F. Barbier **202**

*história sem fim, A*, M. Ende **281**

*história social do conhecimento, Uma*, P. Burke **57**

*História universal da infâmia*, J.L. Borges **174**

*History of the Ottoman Empire and Modern Turkey*, S.J. Shaw e E. Kural Shaw **126**

Hitchcock, Alfred **151, 250**

Hitler, Adolf **100, 106-108, 165**

Hodges Figgis, Dublin **64, *320***

Hoffman, Jan **209**

Hollande, François **210**

Homero **55, 57, 190**

Hopper, Edward **135**

Horácio **56**

Horacio, Cidade do México **158**

Housing Works Bookstore Café, Nova York **70**

Hudson Group, rede **203**

Hudson News, rede **203**

Huella Botánica, Buenos Aires **292**

Hugo, Victor **101, 109, 190, 204**

"Hum Bom!", A. Ginsberg **73**

Hune, La, Paris **17, 184-185, 193, 234**

Hunziker, Philippe **304**

Husein, Saddam **73**

Ianos, Atenas **59**
Ibáñez Langlois, José Miguel
**166–167, 174**
Ibn al-Farid, Omar **157**
Ici, Paris **17**
Igarashi, Hitoshi **105**
Iglesias, Josep Maria **45**
*Ilíada*, Homero **190**
Illibrairie, Genebra **300**
*impensado, Lo*, N.K. Hayles
**311**
*império dos signos, O*,
R. Barthes **130**
Increíble Librería, La, Cidade do
México **289**
Independent Bookstore Day **20**
*India Today* **103**
*Indian Express, The* **201**
Índice de Livros Proibidos **112**
Inframundo, Cidade do México **159**
*Inscrever e apagar: cultura escrita
e literatura (séculos XI–XVIII)*,
R. Chartier **268**
Insolite, La, Tânger **307**
Internacional Argentina, La, Buenos
Aires **246**
*interpretación de un libro, La*,
J.J. Becerra **152**
*invenção de Hugo Cabret, A* (2011),
M. Scorsese **151**
*invenção do cotidiano, A*, M. de
Certeau **15–16**
Irreductible, La, Lérida **330**
*Istambul otomano*, J. Goytisolo
**126**

Jackson, Michael **133**
*Jacques, o fatalista*, D. Diderot
**140–141**
Jaime García Terrés, Cidade do
México *324*
James Joyce Society **137**
*jardín abandonado por los pájaros,
Un*, M. Ordóñez **245**
*Jean Genet y Tennessee Williams
en Tánger*, M. Choukri **181**
Jenkins, Henry **103**
Jícara, La, Oaxaca **70**
Jiménez, Juan Ramón **183**

*jogo da amarelinha, O*, J. Cortázar
**155, 165, 187–189, 191, 254**
John Sandoe Books, Londres **40,
228,** *320*
Johns, Adrian **247**
Johnson, Samuel **270**
Jones, Patrick **206**
*Josemaría Escrivá, como escritor*,
J.M. Ibáñez Langlois **166**
*Joseph Anton*, S. Rushdie **103–105**
Joyce, Giorgio **81**
Joyce, James **64, 81, 83, 85–87,
138, 152, 158, 175–176, 185, 188,
229–230, 270**
Joyce, Lucia **81**
*Jules e Jim*, H.P. Roché **271**
*Julie & Julia* (2009), N. Ephron **149**
Jullien, Genebra *319*
Júpiter **190**
Juvenal **141**

Kabacali, Alpay **125**
Kafka, Franz **150, 165, 187**
Kahlo, Frida **59, 134**
Kang, Han **296**
Karl Marx Buchhandlung, Berlim
**96–97, 99, 246**
Karma, rede **168**
Katakrak, Pamplona **297**
Katchadjian, Pablo **246**
Kauffmann, Hermann **59**
Kedros **54**
Kelly, Ned **217, 219**
Kennedy, Mary **65**
Kerouac, Jack **92, 136, 180, 187–188,
191**
Kezich, Tullio **168**
Khan, Saber **70**
Khomeini, aiatolá **104, 299**
Kids Republic, Pequim *329*
*Kim*, R. Kipling **201**
Kingsley, Charles **64**
Kipling, Rudyard **201**
Kiš, Danilo **29, 31–32, 98–99, 112**
Knausgård, Karl Ove **296**
Kodama, María **299**
*Kölnische Zeitung* **78**
Komikova, Alexandra **97–98**
Krishnan, Shekhar **201**

Kubizek, August **108**
Kupriyanov, Boris **298**
Kurosawa, Akira **271**

Laberinto, El, Cidade do México **159**
Lackington, James **67**
Laddaga, Reinaldo **219-221**
Laguna, Fernanda **246**
Laie, Barcelona **99, 229, 232, 234, 251, 254**
Laie, Madri **249**
Lalou, René **86**
Lamborghini, Osvaldo **165**
Lange, Monique **121**
Larbaud, Valery **81, 83**
Larumbe, Lola **248**
Last Bookshop, Brighton **307**
Last Bookstore, The, Los Angeles **236, 290**
Lawrence, D.H. **113, 138**
Layachi, Larbi **119**
Lebel, Nina **286**
Lebel, Robert **286**
Lefebvre, Henri **176**
Lello, António **72**
Lello, José Pinto Sousa **72**
*Lembranças* (2010), A. Coulter **149**
Lemebel, Pedro **169**
Lemunier, Jacqueline **185**
Lênin **97-98, 101, 109, 176**
Lennon, John **47**
Ler Devagar, Lisboa **41, 70, 236, 238, 306**
Lessing, Doris **186-187**
Letras Corsarias, Salamanca *316*
Levertov, Denise **90**
Levrero, Mario **219**
Lévy, Calmann **199**
Lévy, Michel **199**
Lezama Lima, José **158**
Li Dazhao **108**
Librairie Bonheur d'occasion, Montreal **295**
Librairie Delamain, Paris **64, 271,** *319*
Librairie des Colonnes, Tânger **119-124, 180-181, 229, 307**
Librairie du Donjon, Bécherel **224**
Librairie Espagnole León Sánchez Cuesta, Paris **183**

Librairie Kauffmann, Atenas **59**
Librairie Lingue, Montreal **295**
Librairie Papeterie de Mlle. El Ghazzali Amal, Marrakech **124**
Librería Antiquaria, Trieste **86**
Librería Casanova **72**
Librería Catalònia, Barcelona **17-18, 261-263**
Librería Colonnese, Nápoles **248,** *318*
Librería de Ávila, Buenos Aires **65-66, 72, 229**
Librería de Historia, Caracas **172**
Librería de la Ciudad, Buenos Aires **173**
Librería del Colegio, Buenos Aires **65-66**
Librería del Pensativo, Cidade da Guatemala **40-41, 304**
Librería del Sur, rede **109**
Librería Mundo, Barranquilla **266-267**
Librería Norte, Buenos Aires **173**
Librería Rayuela, La Habana **112**
Librería Rosario Castellanos, Cidade do México **234**
Librería Sur, Lima **162**
Librería Universitaria, Santiago do Chile **166**
Librerío de la Plata, Sabadell **264**
*Libreros. Crónica de la compraventa de libros en la Ciudad de México*, S. Hernández e M. López **289**
Libro Books, Tóquio **128**
Libros Prólogo, Santiago do Chile **166-168, 170**
Libros Traperos, Múrcia *316*
*Libros y libreros del siglo XVI*, F. Fernández del Castillo **95**
*Libros y libreros en la Antigüedad*, A. Reyes **55, 267-268**
*licenciado Vidriera, O*, M. de Cervantes **248**
*lieu de l'autre, Le*, M. de Certeau **133**
*Life of Books, A*, J.T. Nicholson e D.W. Thorpe **240**
Lihn, Enrique **163-164**
Lima, Ulises **157, 160**
Limónov, Eduard **271**

Linardi y Risso, Montevidéu **289,** *326*

Link, Daniel **79**

*Linos*, Alexis **55**

Lispector, Clarice **277**

Literanta, Palma de Mallorca **40, 249**

*literatura nazi en América, La*, R. Bolaño **163, 174**

Livingstone, David **48**

"livraria, A", M. Catunda **155**

Livraria 41, Járkov **271**

Livraria Bertrand, Lisboa **49, 63, 72-74, 229**

Livraria Bozzi, Genova **72**

Livraria Cultura, São Paulo **198**

Livraria da Sociedade Educacional Popular, Berlim **108**

Livraria da Travessa, Rio de Janeiro **220**

Livraria dos Escritores, Moscou **44, 247**

Livraria Internacional Ernesto Chardron, Porto **72**

Livraria Lello, Porto **49, 72, 151, 229, 293,** *317*

Livraria Leonardo da Vinci, Rio de Janeiro **155-156, 248,** *316*

*livre et l'éditeur, Le*, E. Vigne **19**

*Livro: uma história viva*, M. Lyons **6**

*livro da selva, O*, R. Kipling **201**

*livro do desassossego, O*, F. Pessoa **63**

*livro por dia, Um: Minha temporada parisiense na Shakespeare and Company*, J. Mercer **192**

Lizardi, Cidade do México **157**

Llibreria Calders, Barcelona **254-255**

Lolita, Santiago de Chile **169-170, 264**

*Lolita*, V. Nabokov **105, 187-188, 298**

London Review of Books, The, Londres **41**

López, Josep **263**

López, Mercurio **289**

López, Ventura **159**

López Barrientos, Ubaldo **289**

López Casillas, irmãos **289**

*Lord Jim*, R. Brooks **120**

Lost Books, Los Angeles **291,** *322*

Lost City Books, Washington *321*

Lovecraft, H.P. **149-150**

Lowry, Malcolm **187**

*Luces de bohemia*, R.M. del Valle-Inclán **159-160**

Lucrécio **149**

Ludens, Caracas **161**

Lugan, Mathieux **72**

*lugar chamado Notting Hill, Um* (1999), R. Mitchell **147-148**

Luiselli, Valeria **296**

Lukas, Paul **120**

*Luna Park* **176**

Lunch, Lydia **298**

Lupa, La, Montevidéu **40, 249**

Luxemburg, Turim **72-73, 285**

Lyons, Martyn **6, 129, 198, 309**

Maalouf, Amin **121**

*macaco gramático, O*, O. Paz **6**

MacCannell, Dean **186**

MacLehose Press **292**

Macmillan, rede **239**

*Madame Bovary*, G. Flaubert **79, 187, 270**

Madbouly, Cairo **127**

Madonna **134**

Maestro, Domingo **172**

Magallanes, Alejandro **289**

Mahfuz, Naguib **127**

Maison des Amis des Livres, La, Paris **43, 80-81, 83, 85, 88, 92, 192, 229**

Mallarmé, Stéphane **71, 77, 84, 191**

Malraux, André **59**

Mamut, Alexander **207**

Mandel, Ernest **176**

*Maneiras de ser*, J. Bridle **290**

Manguel, Alberto **58, 106**

*manifesto comunista, O*, K. Marx e F. Engels **109**

*Mantis religiosa*, A. Brink **219**

Mao Tsé-Tung **108**

*Mapa de librerías de México*, S. Hernández **290**

Maradona, Diego **248**

Marcial **56**

Marco Manílio **157**

Marinetti, Filippo T. **44**

Markson, David **277–278**

Mármol, Luis del **241**

Martín, Alicia **284**

Martínez Rus, Ana **183**

Maruzen, Tóquio **271**

Marx, Karl **97, 100–101, 107, 109, 176**

*Marxismo: visão crítica, O,*
J.M. Ibáñez Langlois **166**

Más Puro Verso, Montevidéu **276**

Matisse, Henri **49, 119**

Matorral, Bogotá **308,** *325*

Matras, Cracóvia **64**

*Max,* H. Miller **138**

Mayer, Johann Jakob **54**

McNally, Sarah **209, 211**

McNally Jackson Books, Nova York
**41, 209, 308**

McPhillips, Joseph **122**

*Medo e delírio em Las Vegas,*
H.S. Thompson **291**

*Mein Kampf,* A. Hitler **106–107, 113**

Melo, Adrián **179**

*Memórias de além-túmulo,* F.-R. de
Chateaubriand **84**

"Memórias de Londres", A. Monnier
**87**

*Memorias de un librero,* H. Yánover
**172–173**

*Mendel dos livros,* S. Zweig **27, 29**

Meneses, Juan Pablo **169**

*Mensagem para você* (1998),
N. Ephron **149**

Mercer, Jeremy **89, 192**

*Mercurio, El* **166**

Merkx, Evelyne **231**

Merlín, Bogotá *325*

Mertzenich, Franz Jacob **64**

Meskis, Joyce **144**

Metales Pesados, Santiago de Chile
**40, 168–170,** *327*

Metales Pesados, Valparaíso **40**

*metamorfose, A,* F. Kafka **150**

Mexicana, Cidade do México **158**

*mi rinconcito. El Sophos de Marilyn
Pennington, Un,* V. Vargas **305**

Michaux, Henri **86, 184–185**

Michelangelo **186**

*Mil platôs: capitalismo e
esquizofrenia,* G. Deleuze e
F. Guattari **307–308**

Milano, Cláudio **198**

Milhões, Mafalda **306**

Milla, Benito **160, 211**

Milla, Leonardo **160–161**

Milla, Ulises **160–161, 172**

Miller, Henry **89, 113, 138, 192**

Miłosz, Czesław **143**

Milton, Cidade do México **158**

Ministério da Cultura da França **19**

Minnelli, Liza **171**

Miró, Joan **235**

*Mis años en la Librairie des
Colonnes,* R. Muyal **122–123**

*Misérable miracle,* H. Michaux **185**

Missoula Public Library, Missoula
**296**

Mistral, La, Madri *315*

Mistral, Le, Paris **89**

Mitrani, Nora **185**

*Modernidad y espacio. Benjamin
en París,* R. Ortiz **197**

Modiano, Patrick **281**

Moe's Books, Berkeley **145**

Molea, Javier **209**

Mollat, Bordeaux **276**

*Momo,* M. Ende **301**

Mondadori, rede **308**

*Mondo di carta,* L. Pirandello **29–30**

Monnier, Adrienne **43, 80–84,
86–88, 211, 229**

Monroe, Marilyn **147**

Monsiváis, Carlos **157**

Montaigne, Michel de **5, 110, 133,
267**

Montané, Bruno **176**

Montesquieu **276**

Monti, François **223**

Montroni, Romano **71, 211**

Moore, Alan **149**

Morand, Paul **121**

Moreau, Émile **200–201**

Moretti, Franco **204–205**

Morrison, Toni **143**

Moschos, Myrsine **81**

Moskowitz, Doris **145**

Moskowitz, Moe **145**

Mouat, Francisco **169–170**

Mrabet, Mohammed **119**

*Mucha mierda,* C. Cañeque **312**

Mundo, El, Cidade do México **158**

*mundo de ontem, O*, S. Zweig **27**
Murakami, Haruki **128**
Muret, Théodore **77**
Murray, John **199**
Museu Reina Sofía, Madri **248, 287**
Müteferrika, Ibrahim **125–126**
Muyal, Rachel **122–124, 180–181, 305**
*My Bookstore. Writers Celebrate
    Their Favorite Places to Browse,
    Read, and Shop* **143, 264**


*Na Patagônia*, B. Chatwin **222**
Nabokov, Vladimir **86, 298n**
*Nación, La* **150**
*Nadja*, A. Breton **188**
Napoleão Bonaparte **39, 57**
National Library of Victoria,
    Melbourne **295**
NaturaLlibres, Alins **297**
*Nature of the Book, The*, A. Johns
    **247**
*Navire d'Argent, Le* **83**
Negra y Criminal, Barcelona **254,
256**
*Nejma* **123**
*Neonomicon*, A. Moore **149**
Neruda, Pablo **164–166, 174–175**
*New York Times, The* **104, 203,
209–210**
*Nicaragua tan violentamente dulce*,
    J. Cortázar **174**
Nicholson, Joyce Thorpe **240**
Nieto, Amalia **161**
Nietzsche, Friedrich **86**
Nightingale, Florence **48**
Nin, Anaïs **137–138, 192**
*No café da juventude perdida*,
    P. Modiano **281**
Nobel, rede **198**
Nodo & Nodo, Milão **49**
Noel, Eugenio **258**
Nollegiu, Barcelona **71, 249, 255**
Nooteboom, Cees **99–100, 276**
Norli, Oslo,
Norma Cómics, Barcelona **330**
*Noturno do Chile*, R. Bolaño **166**
*Nove semanas e meia de amor*
    (1986), A. Lyne **135**
*Noventa e três*, V. Hugo **101**

Nueno, Xavier **194**
Numax, Santiago de Compostela **284**
Nygaard, William **105**


Obama, Barack **144**
*Obra poética*, J.L. Borges **175**
Obregón, Alejandro **266**
"obsessão de Nova York, A",
    J. Donoso **142**
Ocampo, Victoria **83, 267**
*Odisseia*, Homero **190**
Oficios Terrestres, Los, Palma de
    Mallorca **249**
Ogawa, Yoko **294**
On the Road, Barcelona *330*
*On the Road*, J. Kerouac **188**
Ona, Barcelona **284**
Onetti, Juan Carlos **161**
Oodi Helsinki Central Library,
    Helsinki **296**
*Ópio: diário de uma desintoxicação*,
    J. Cocteau **174**
Ordóñez, Marcos **245**
Orfeu **55**
*origen del narrador, El*, Flaubert-
    Baudelaire **79**
*Orlando*, W. Woolf **150**
Orozco, Cidade do México **158**
Ortega y Gasset, José **83**
Ortiz, Renato **197, 203**
Osorguín, Mijaíl **247**
Otlet, Paul **239**
Ovídio **55**


P&G Wells, Winchester **64–65**
Pacelli, Eugenio, Pio XII **113**
Padrol, Albert **45**
Padrón, Alejandro **246**
Page One, Pequim **292,** *329*
*País, El* **162**
Palácio Santos, Montevidéu **289**
Palahniuk, Chuck **143–144**
*palavras e as coisas, As*, M. Foucault
    **35**
Palinuro, Medellín *323*
Palladio, Andrea **67, 85**
Pamuk, Orhan **127, 143**
Pandora, Istambul **263–264**

Panero, Leopoldo María **122**

*pão nu, O*, M. Choukri **180, 182, 187**

Papelotes, Los, Tóquio *329*

Papirvm, Barcelona **255**

*Para ler Parra*, J.M. Ibáñez Langlois **166**

*Paradiso*, J. Lezama Lima **158**

*Paris é uma festa*, E. Hemingway **82**

*Paris não tem fim*, E. Vila-Matas **182**

*Paris-Guide*, V. Hugo **190**

Parker, Dorothy **134**

Parlamento de Paris, livraria **21-22**

Parra, Nicanor **164, 166, 174**

Parra, Sergio **168**

Parra, Teresa de la **258**

Parrot, The, Londres **43**

Pascual, Carlos **5**

Passagem do Livro, Atenas **54**

*Passagens*, W. Benjamin **39, 49, 77**

*passeio, O*, R. Walser **252**

"Passeio sem guia", S. Sontag **6**

Pasternak, Borís **277**

Paterson, Katie **296**

*Paul Bowles, el recluso de Tánger*, M. Choukri **181**

Paul's Churchyard, Londres **43**

Paz, Octavio **6, 163–165**

Peace Eye Bookstore, Nova York **136**

Pendleburys, Porthyrhyd **276**

Péndulo, El, Cidade do México **41**

Péndulo, El, rede **234–235, 240**

Penguin Books **104, 221**

Pennington, Marilyn **304**

*Pensamiento crítico* **112**

Pensativo da Cúpula, El, Guatemala **304**

Pepys, Samuel **247**

*Pequenos contos negros*, B. Cendrars **301**

Pequod, Barcelona **256**

Peri Rossi, Cristina **161**

Perón, Juan Domingo **161**

*perseguidor, O*, J. Cortázar **173**

*Persona non grata*, J. Edwards **112**

"Pés de duende", J.R.R. Tolkien **245**

Pessoa, Fernando **63**

Pessoa, Querétaro **284**

Petrônio **141**

Petroski, Henry **66–67**

Pezzana, Angelo **73–74**

Pezzoni, Enrique **171**

Phoenix Bookshop, The, Nova York **136**

Piano, Renzo **54**

Picasso, Pablo **49, 81, 83, 135, 190**

Pied a Terre, Amsterdã **45**

Piglia, Ricardo **165, 305**

Pinard, Ernest **79–80**

Pinho, Joana **307**

Pinho, José **70, 306**

Pinner, H.L. **55**

Pinochet, Augusto **163, 166**

Pinto de Sousa, José **72**

Pinto, Aurora **293**

Pinto, Pedro **293**

Pio XI **113**

Piotrovsky, Moscou **298**

Piraccini, Milena **155, 172**

Piraccini, Vanna **155, 172**

Pirandello, Luigi **29–30**

Pisístrato **56**

*pista de gelo, A*, R. Bolaño **163**

Pivano, Fernanda **73**

Pla, Josep **270**

Plant, Ricardo **171**

Plínio, o Jovem **56**

Plinio el Joven, Cidade do México **157**

Poblet Hnos, rede **171**

Poblet, Emilio **171**

Poblet, Francisco **171**

Poblet, Natu **171–173, 305, 307**

Pocitos Libros, Montevidéu *326*

*Poemas dogmáticos*, J.M. Ibáñez Langlois **166**

*polícia da memória, A*, Y. Ogawa **294–295, 309**

Polícrates **56**

Politeia, Atenas **59**

Politics and Prose, Washington **310**

Pollock, Jackson **137**

Polo, Marco **117**

Ponte, Antonio José **110**

*Pope's Bookbinder, The*, D. Mason **228**

Porrúa, Francisco **188**

Port'Alba, Nápoles *318*

Porta, A.G. **175**

*Portrait of a Bookstore as an Old Man*, B. Sutherland e G. Pichelin **191**

Poulet-Malassis, Auguste **80**

Pound, Ezra **81, 166**

Powell's City of Books, Portland **144**

Prairie Lights, Iowa **143**

Presley, Elvis **120, 133**

Prévert, Jacques **191**

Prévost, Jean **81**

*Primavera negra*, H. Miller **139**

"Primeiro Manifesto Infrarrealista",
R. Bolaño **271**

Primera, Maye **111**

Primo de Rivera, Miguel **256**

Profética, Puebla **283**

Prólogo, Bogotá **308**

Prólogo Livreiros **72**

*protocolos dos sábios do Sião, Os*
**127**

*Protocols of Used Bookstore, The*,
D. Mason **228**

Proust, Marcel **286**

Puche, Francisco **102**

Puig, Manuel **165**

Puro Verso, Montevidéu **276, 289,
326**

*Putas assassinas*, R. Bolaño **176**

Putin, Vladimir **298**


*Quarteto de Alexandria*, L. Durrell
**192**

*Que me maten si...*, R. Rey Rosa **42**

Quental, Antero de **63**

Querilo **55**

Quijas, Guillermo **159**

Quintero, Ednodio **247**


R. Viñas & Co., Barranquilla **265–266**

Rachou, sra. **135**

Rafael Alberti, Madri **40, 248**

*Rag and Bone Shop of the Heart,
The*, G. Whitman **194**

Ramírez, Antonio **233–234**

Ramírez Hoffman, Carlos **163, 166,
174**

Ramoneda, Marta **233**

Ray, Juliet **286**

Ray, Man **82–83, 286**

Rayuela, Málaga *315*

*Reader's Block, The*, D. Markson **278**

*Reader's Digest* **211**

Reader's Feast Bookstore,
Melbourne **217**

*Reading and Riding*, E.S. DeMarco
**199**

Readings, Melbourne **295**

Rebeca Nodier, Cidade do México
**157–158**

Rebolledo, Efrén **157**

Reduta, La, Bratislava **95**

*regreso del Librero Establecido, El*,
H. Yánover **176**

*Reivindicación del conde don Julián*,
J. Goytisolo **121**

*república mundial das letras, A*,
P. Casanova **85–86**

Reverdy, Pierre **83**

*Revolucionários cibernéticos*,
E. Medina **168**

Rexroth, Kenneth **92**

Rey Rosa, Rodrigo **42**

Reyes, Alfonso **55–56, 83, 111, 157,
267**

Rhodes, Cecil **48**

Ribeiro, Aquilino **63**

Ricci, Franco Maria **173**

*Rilke, Pound, Neruda: três chaves
para a poesia contemporânea*,
J.M. Ibáñez Langlois **166**

Rilke, Rainer Maria **165**

*Rinconete e Cortadillo*, M. de
Cervantes **248**

"*Rive gauche*", A. Souchon **17**

Rivera, Diego **134**

Rivera Figurita, Orlando **266**

RiverRun, Portsmouth **70**

Rizoma, Uruguai **307**

Rizzoli, Nova York **18**

Robafaves, Mataró **250–251, 253,
264**

Roberts, Julia **147**

Robertson, Darick **149**

Robinson Crusoe 389, Istambul **40,
71, 99, 126, 232–233**

*robô em curto-circuito, Um* (1988),
K. Johnson **142**

Rogés Llibres, Mataró **250–251, 253**

Rolling Stones, The **120**

Romain, Jules **81**

Roman, Anton **145**

Rondón Hederich, Jorge **266**

Roosevelt, Franklin D. **107**

Ross, Harold **134**

Ross, Rosario **248**

Roth, Samuel **140**

Rousseau, Jean-Jacques **64**

Roussel, Raymond **184**

Roy, Claude **113**

*Royal Family, The*, W.T. Vollmann **146**

*Rua de mão única*, W. Benjamin **99**

Rucar, Georgette **183**

Ruche, La, livraria-escola, Paris **310**

*Rue de l'Odéon*, A. Monnier **80, 270**

*rue des voleurs, La*, M. Enard **182**

Ruedo Ibérico, Paris **183**

*Ruído branco*, D. DeLillo **277**

Rulfo, Juan **164**

Rushdie, Salman **103-104, 298n, 299**

Ryan, Meg **149**

Saba, Umberto **86**

Sacristán, José **171**

Sagarra, Josep Maria de **257**

Sahaflar Carsisi, *ver* Bazar dos Livros, Istambul

Said, Edward **182**

Sal, Miguel **209**

Salinas, Pedro **183**

Salmona, Rogelio **234**

*"San León Librero": las empresas culturales de Sánchez Cuesta*, A. Martínez Rus **183**

Sandburg, Carl **143**

Sanders, Ed **136**

*Sandoe Bag. A Miscellany to Celebrate 50 Years, The* **228**

Sandro **171**

*sangue frio, A*, T. Capote **291**

Sano, Riki **271**

Sanseviero, Chachi **162, 172, 211**

Sanseviero, Eduardo **162, 172**

Sanseviero, Malena **162, 172**

Sanseviero, Walter **162**

Santo Domingo, Julio Mario **266**

Saraiva, rede **198**

Saraiva, São Paulo **198**

Saraiva, Joaquim Ignácio da Fonseca **198**

Sartre, Jean-Paul **110, 158**

Satie, Erik **82**

Savoy, Richard **146**

Schiffrin, André **210**

Scott, Anne **43**

Scott, Robert **48**

Scott, Walter **199, 204**

Scribner's, rede **239**

Scuola per Librai, Veneza **22**

Sebald, W.G. **74, 215, 219, 249, 288, 339**

Sebreli, Juan José **171**

Secundus **56**

Sefer Ve Sefel, Jerusalém **127**

*seguidor de Montaigne mira La Habana, Un*, A.J. Ponte **110**

Seidenberg, Michael **293**

Seminary Co-op Bookstore, Chicago **142, 221, 248**

Semprún, Jorge **99**

*Senhor das moscas*, W. Golding **298**

*senhor dos anéis, O*, J.R.R. Tolkien **245**

Sennett, Richard **69**

"Sensini", R. Bolaño **165**

Serao, Matilde **72**

*seresteiro de Acapulco* (1963), *O*, R. Thorpe **120**

Serra, Cristóbal **215, 249**

Serrano, Montse **254**

Service, Robert **100-101**

*Sex* **134**

Shakespeare, Nicholas **222**

Shakespeare, William **43, 68, 194, 202, 257**

Shakespeare and Company, Paris **43, 81-83, 85, 89-92, 136, 148, 176, 184, 191-193, 229-230**

Shakespeare and Company, rede **197**

*Shakespeare and Company*, S. Beach **80**

Shakespeare and Sons, Berlim **284**

Shambroom, Donald **286**

Shasta Book Store, Shasta City **145**

Shaw, George Bernard **44, 47**

Sherwood, Robert **134**

Shestov, Lev **83**

Shibuya Publishing & Booksellers, Tóquio *329*

*siglo de la máquina de escribir, El*,
  M. Lyons **310**
Sinclair, Iain **271**
Sitin, São Petersburgo **97**
Skylight Books, Los Angeles **291**
Smedh, Jan **290**
Smith, William Henry **67, 201**
Snyder, Gary **92, 136**
*Sobre heróis e tumbas*, E. Sábato
  **189**
Sociedade Cultural de Livros,
  Changsha **108**
Sociedade José Pinto Sousa Lello &
  Irmão, *ver* Livraria Lello, Porto
"Socrate", E. Satie **82**
Söderbokhandeln, Estocolmo *320*
Solanas, Valerie **145**
Solís, César **249**
Soljenítsin, Aleksandr **97**
*sombra do vento, A*, C. Ruiz Zafón
  **149**
*Songlines, The*, B. Chatwin **46, 215**
Sontag, Susan **6, 91, 102**
Sophos, Cidade da Guatemala **41,
  304–305**
Soria, Carmelo **167**
Soriano, Antonio **183**
Soriano, Osvaldo **165**
Sosii, irmãos **56**
Sótano, Cidade do México **158**
Souchon, Alain **17**
Stálin, Iósef **100–101, 107, 165, 277**
Stanfords, Londres **46–48**
Stein, Gertrude **81, 120, 127,
  189–190**
Steiner, George **86, 150**
Steloff, Frances **137–139, 211, 229**
Stendhal **204**
Sterne, Laurence **68**
Stock, Pierre-Victor **64**
Stockton, Jo **147**
Strand Bookstore, Nova York **18,
  141–142, 144, 149, 277–278**
Stravinski, Ígor **81**
Studium, Veneza **285**
*Sur* **29, 65, 83**
Svevo, Italo **86**
Swipe Design, Toronto **276**

Tácito **101**
Taifa, Barcelona **254**
Talese, Gay **139**
*tamanho de minha esperança, O*,
  J.L. Borges **150**
Tamir Books, Jerusalém **127**
*Tampax* **73**
Tarantino, Quentin **145**
Taschen, rede **308**
Tattered Cover, Denver **143–144**
Teca, La, Cidade da Guatemala
  **305**
Temple of the Muses, The, Londres
  **67, 239**
Thackeray, William Makepeace **64,
  199**
Thesiger, Wilfred **48**
*This is Not a Novel*, D. Markson
  **277**
*This is the Beat Generation*,
  J. Campbell **92**
Thomas, Dylan **134**
Thompson, Hunter S. **146, 291**
Thorpe, Daniel Wrixon **240**
*Through the Eyes of Turkish
  Travelers. Seven Seas and Five
  Continents*, A. Kabacali **125**
Tipos Infames, Madri **248**
Todostuslibros.com **308**
Tolomeo, Quito *323*
Tolstói, Lev **148, 308**
Tongmunwang, Seul *328*
Tooley, John Peter **134**
Topping & Company, Bath **70**
Topping & Company, rede **69–70**
Torrades, Barcelona **245**
Townley, Michael **167**
*trabalhadores do mar, Os*, V. Hugo
  **101**
Traficantes de Sueños, Madri **297**
*Tratado de documentação*, P. Otlet
  **239**
Travel Book Company **148**
*Travels*, P. Bowles **218**
*Trópico de câncer*, H. Miller **89, 113,
  138–139, 187**
Tropismes, Bruxelas **276**
Trótski, León **176**
Troyes, Chrétien de **223**
Tschann, Marie-Madeleine **194**

Tschann, París **194**

Tsutaya Books, Tóquio *328*

*túmulo para Boris Davidovich, Um,*
D. Kiš **98**

Türkmenoglu, Burak **127**

Twain, Mark **134, 143**


*Uivo*, A. Ginsberg **90, 187**

Ulises Lastarria, Santiago de Chile
**170,** *327*

Ulpiano **268**

*última frase, La*, C. Cañeque **312**

*último día de Duchamp, El*,
D. Shambroom **286**

Ulysse, Hendaye **45**

Ulysse, Paris **45, 305, 307,** *319*

*Ulysses*, J. Joyce **64, 81–82, 87, 105,
113, 147, 152, 176, 183, 187–188,
270**

Ulysses Rare Books, Dublin **289**

Ulyssus, Girona **45**

*Under the Sun*, B. Chatwin **218**

Universal, Miami **111**

Universidade McGill, biblioteca da
**295**

Uribe, Fernando **295**

Uslar Pietri, Arturo **83**

U-tópicas, Cidade do México **297,**
*324*

*Uttermost part of the earth*,
E. Lucas Bridges **222**


"Vagabundo na França e na Bélgica",
R. Bolaño **176**

Valente, Ignacio, *ver* Ibáñez Langlois,
José Miguel

Valéry, Paul **44, 81, 83**

Valle-Inclán, Ramón María del **159**

Vallianos, irmãos **54**

Van Damme, Andries **273**

Van Gogh, Vincent **49, 190**

*Vanguardia Española, La* **257**

Vargas, Germán **266**

Vargas, Vania **305**

Vargas Llosa, Mario **270**

Vásquez, Juan Gabriel **266**

Vázquez, Ángel **119**

"Veio ler", Kaváfis, C. **53**

*Vender el alma. El oficio de librero,*
R. Montroni **71**

*Verão: cenas da vida na província,*
J.M. Coetzee **221**

Verbitsky, Horacio **171**

*verdadeira história do bando de Ned
Kelly, A*, P. Carey **217, 219**

Verga, Giovanni **72**

Verghese, Abraham **143**

Verne, Jules **224**

*Verso y prosa*, P. Fort **87**

*versos satânicos, Os*, S. Rushdie
**103–105, 298**

*Viagem à Itália*, J.W. von Goethe
**67–68, 85**

*Viagem sentimental*, L. Sterne **68**

*viajante do século, O*, A. Neuman
**78**

"viaje de Álvaro Rousselot, El",
R. Bolaño **252**

Vicéns de la Llave, Juan **183**

*vida dos outros, A* (2006), F.H. von
Donnersmarck **96**

*vida perra de Juanita Narboni, La,*
A. Vázquez **119**

Vidal, Gore **121**

Vidal, Xavi **249**

*Viejo Topo, El* **175**

Viejo y Raro, Caracas **172**

Vigne, Éric **19**

Vila-Matas, Enrique **72, 182–184,
254, 271**

Vilas, Manuel **258**

Villoro, Juan **169**

Viñas, David **171**

*Vinte poemas de amor e uma
canção desesperada*, P. Neruda
**164**

Vinyes, Ramón **265, 267**

Virgílio **190, 198**

Virrey de Lima, El, Lima **162**

Vitali, Elvio **241**

Vitkine, Antoine **107**

Vitrúvio **67**

*Viver para contar*, G. García
Márquez **267**

*Voces* **265**

*Vodu urbano*, E. Cozarinsky **183**

Vollmann, William T. **97–98, 112, 146**

Voltaire **64**

*vozes de Marrakech, As*, E. Canetti 117–118

Vuibert, Paris **286**

Vulgata **255**

Walcott, Derek **143**

Walk A Crooked Mile Books, Filadélfia **240**

*Walladmor*, W. Scott **199**

Walser, Robert **252–253, 258**

Warhol, Andy **134–135, 152, 191**

Waters, John **276**

Waterstone, Tim **206**

Waterstones, Cardiff **206**

Waterstones, Londres **206–207**

Waterstones, rede **65, 206–208, 210**

*We Moderns. Gotham Book Mart, 1920–1940* **138**

Weber, Max **109**

Weiwei, Ai **109**

Wells, H.G. **47**

*West Wing, The* **149**

Wheeler, Arthur Henry **200–201**

Whitman, George **89–92, 136, 191–194, 229–230**

WHSmith, rede **104, 201, 204, 206, 209–210**

Wilborada 1047, Bogotá **308,** *325*

Wild Detectives, The, Dallas **284**

Wilde, Oscar **49, 79–80**

Wilkins, John **150**

Williams, Tennessee **119, 179, 181**

Williams, William Carlos **90**

Williamson, Edwin **174**

Wilson, Edmund **134**

Wilson, Mike **169**

Winch, Tara June **217**

*Winter of Artifice*, A. Nin **137**

Witt, Nicole **292**

*Woodcutter*, M. Wilson **169**

Woolf, Virginia **83, 150**

*World of Books in Classical Antiquity, The*, H.L. Pinner **55**

World's Biggest Bookstore, Ontário **142**

Writer's Block Bookstore, The, Las Vegas **291,** *321*

Wutopia Lab, Xangai **292**

Wyden, Ava Rose **141**

Wyden, William Peter **141**

Yacoubi, Ahmed **119**

Yadav, Lalu Prasad **201**

Yann Vernay Libraire, Montreal **295**

Yánover, Débora **173**

Yánover, Héctor **172–173, 176, 211**

Yenny, rede **232**

Yourcenar, Marguerite **121**

Yüksel, Rasim **127**

Zamora, Crispín **158**

Zeus **190**

Zhongshuge, Huai'an **309**

*Zombie International* **73**

Zondervan, irmãos **198**

Zurita, Raúl **174**

Zweig, Stefan **27, 29–30, 32–34, 78, 109, 273, 288**

Este livro foi editado pela Bazar do Tempo, na cidade
de São Sebastião do Rio de Janeiro, no inverno de 2018.
Ele foi composto com as tipografias Local Gothic,
Zenon e Founders Grotesk Text, e impresso
em papel Pólen Bold 70g/m².

3ª edição, maio 2025